D1738303

Vivir sin arrepentimiento

Vivir sin arrepentimiento

La experiencia humana a la luz
del Budismo Tibetano

Arnaud Maitland

con Caroline van Tuyll van Serooskerken

Prólogo de Tarthang Tulku
Traducción de Carolina Duggan

GRUPO
EDITORIAL
norma

Bogotá, Barcelona, Buenos Aires, Caracas, Guatemala,
Lima, México, Panamá, Quito, San José,
San Juan, Santiago de Chile, Santo Domingo

Maitland, Arnaud, 1946-
    Vivir sin arrepentimiento : la experiencia humana a la luz del Budismo
Tibetano / Arnaud Maitland ; traductor Carolina Duggan. --
Grupo Editorial Norma, 2008.
    312 p. ; 23 cm.
    Titulo Original : Living Without Regret. Human Experience in the
Light of Tibetan Buddhism.
    ISBN 978-958-45-0722-8
    1. Budismo 2. Meditación (Budismo) 3. Vida religiosa -
Aspectos psicológicos 4. Vida religiosa - Tíbet (China)
5. Envejecimiento - Aspectos religiosos I. Duggan, Carolina, tr.
II. Tít.
294.3 cd 21 ed.
A1148632

    CEP-Banco de la República-Biblioteca Luis Ángel Arango

Título original:
LIVING WITHOUT REGRET
Human Experience in the Light of Tibetan Buddhism
de Arnaud Maitland y Caroline van Tuyll van Serooskerken
Una publicación de Dharma Publishing
2425 Hillside Avenue, Berkeley CA 94704
Copyright © 2005 por Arnaud Maitland y Caroline van Tuyll van Serooskerken.

Copyright © 2008 para Latinoamérica
por Editorial Norma S. A.
Avenida El Dorado No. 90-10
http://www.librerianorma.com

Impreso por Banco de Ideas Publicitarias Ltda.
Impreso en Colombia — Printed in Colombia
Febrero 2008
Este libro se compuso en caracteres Joanna

ISBN: 978-958-45-0722-8

A Tarthang Rinpoche,
quien me mostró la posibilidad del desarrollo humano
y me ayudó a escuchar el llamado de mi vocación.

¿De qué sirve leer palabras?
Las leeré con mi cuerpo.
¿Cómo puede un enfermo beneficiarse
leyendo un libro de medicina?
—Shantideva

Aquí no hallarán nada que no se haya
    dicho antes.
Tampoco tengo habilidad alguna en
    composición.
Es así que escribo esto, no pensando en ayudar
a los demás, sino lo compuse para
cultivar mi propia mente.

Con estas líneas,
mientras cultivo la virtud,
aumentaré mi propia fe.
Si hay otros con inclinaciones
similares,
al ver estas palabras
podrían hallarlas útiles.
—Shantideva

Contenido

Prólogo

Mientras infinidad de seres humanos llegan a este mundo, que muy pocos comprendan plenamente cómo es que nos originamos, cómo es que seguimos apareciendo y hacia dónde exactamente nos dirigimos es un testimonio notable del misterio del ser. Para muchos, el misterio de nuestro ingreso en este mundo pasa inadvertido, y entonces no se plantean nunca estas preguntas o las consideran poco relevantes. Como una vela titilando en el viento, cada ser humano se expresa de un modo único y participa de infinitas y variadas maneras para abrazar la existencia. Por naturaleza, estamos compuestos por diversos elementos, nos manifestamos de maneras y formas diferentes, y es indudable que un carácter singular se expresa a través de nuestro ser. Pero quiénes somos verdaderamente y cómo es que hemos aparecido continúa eludiéndonos. Ni en el plano microscópico ni en el macroscópico de nuestra investigación tanto intelectual como experiencial hemos llegado aún a una definitiva y genuina comprensión.

En el transcurso de la historia, en todos los campos fecundos del conocimiento humano —pasando por la religión, la filosofía y la ciencia moderna—, se intentó responder con coherencia a la pregunta sobre nuestra existencia, ya sea para definir su propósito último o para indagar en la naturaleza causal detrás de su apariencia. Aunque tales intentos ofrezcan perspectivas convincentes, permanecen en el territorio de la mente conceptual ordinaria: una mente que busca algo que "tenga sentido," un producto en definitiva destinado a ser consumido por la mente misma. ¡Con qué facilidad nos olvidamos de que somos los arquitectos de nuestro propio destino! Satisfechos y hasta fascinados por nuestras respuestas y elaboraciones ingeniosas, no podemos ver aquello que se esconde detrás de la estructura subyacente a nuestros pensamientos. La naturaleza esencial de nuestro ser sigue siendo un misterio.

¿Cuántos billones de antepasados nos precedieron en el viaje por este planeta, llamado Jambudvipa por la tradición budista? Y sin embargo, aquí estamos, en el siglo XXI, empezando a comprender la interacción dinámica entre infinitas dimensiones que convergen en un ser sintiente, esa milagrosa, invisible fusión mente-cuerpo-espíritu. Más que nunca, la ciencia moderna trata de entender los procesos bioquímicos que se hallan involucrados en la conciencia del cuerpo y de la mente, así como también la relación causal entre pensamiento-emoción y cuerpo-mente. No obstante, una conciencia existencial más sutil pero esencial está ausente: la conciencia de que la totalidad de nuestra forma de vida dentro del entorno material en el que habitamos es un proceso fenoménico compuesto, en sí mismo producto de la mente y el cuerpo y sus interacciones.

Haciendo caso omiso de esta dialéctica que la tradición budista dilucida como el principio del karma, nuestra indagación es impenetrable al conocimiento genuinamente transformador y edificante del significado del ser humano. Nuestros esfuerzos parecen estar condenados a ejecutarse y reforzarse perpetuamente dentro del corral autoestructurante del pensamiento mismo.

El propósito de este vasto camino del ser humano aparece aun más impenetrable cuando reconocemos que el misterio de nuestro frágil continuum individual de ser permanece oculto, a pesar de nuestros sinceros esfuerzos por comprender. Al examinar la expansión de nuestra vida desde el nacimiento, vivir y morir, podemos descubrirnos profundamente inquisitivos por lo absoluto del comienzo de nuestro comienzo y podemos naturalmente preguntarnos si existe realmente un verdadero final para nuestro fin. La cuestión de nuestra propia génesis nos invita a la perspectiva cosmológica, que toma en cuenta el continuo, aparentemente infinito, escondido detrás o dentro de la apariencia de todos los seres sintientes que habitaron el cosmos durante un breve lapso. Confundidos por la enormidad de estos niveles micro y macro de investigación sobre la naturaleza de nuestro ser, podemos retirarnos al terreno más cómodo de lo inmediato y conocido. Si bien podemos negar la posibilidad de que exista una conclusión teórica que verdaderamente refleje nuestra condición, tarde o temprano llegará el momento en que no podremos evitar la evidencia inmediata de una verdad empírica: detrás de toda apariencia hay un "desde" y un "hacia", una especie de paternidad y también un legado. Más allá de los condicionamientos de la civilización, la cultura y los sistemas de creencias personales, cada vida individual refleja y representa algo realmente muy precioso.

Pero, ¿qué es esto tan precioso que no se puede expresar, ese algo que representamos que se siente, pero no puede verse? Durante nuestra breve corporización, con este cuerpo, mente y espíritu unificados en nuestra propia y singular expresión, ¿no debemos nosotros mismos descubrir la naturaleza de nuestro ser y, más profundamente aún, el verdadero significado del bienestar de nuestro ser? Aunque es difícil encontrar ciertas respuestas, estas preguntas son fundamentales e importan mucho a nuestra mente y a nuestro corazón, que en definitiva son lo único que somos o tenemos. Entonces, seguramente no habrá mejor búsqueda a emprender antes de que esta fuerza vital, estos sentidos y estos elementos empiecen a desintegrarse.

Con el tiempo limitado para adquirir este conocimiento, su necesidad es entonces imperiosa, puesto que cada vez tendremos menos tiempo para vivir el don de nuestra vida a la luz de un saber tan genuino. Dado que cuerpo, mente, espíritu y hasta conocimiento pronto se desintegrarán en fragmentos destinados a configuraciones y direcciones desconocidas, es difícil saber cuándo volveremos a encontrar semejante confluencia de buena suerte –un nacimiento humano donde sea posible despertar la maravillosa y profunda apreciación por estar vivo convierte esa vida en algo realmente precioso.

Si bien todos los seres parecen destinados a anhelar el bienestar, el predominio del escepticismo actual nos separa cada vez más de aquello que afirma y sostiene ese bienestar anhelado. Cuando el sentido mismo es atacado en todos los frentes por el nihilismo de los actuales abordajes al conocimiento, hasta nuestros valores más preciados pueden ser cuestionados. Como resultado de esta inexorable intromisión de la falta de sentido, el corazón y la mente se fragmentan y entran en conflicto. Cada vez más la duda pasa a ser moneda corriente del conocimiento, al punto tal que podemos llegar a equiparar nuestro escepticismo totalizador con la inteligencia, de modo que la incertidumbre se convierta en la última medida y destino del conocimiento. Si no se producen cambios en esta trayectoria, el conocimiento podría llegar a arruinarse, perdiendo la capacidad e incluso su legitimidad para estar al servicio de la felicidad del hombre.

Aunque han transcurrido más de 2.540 años desde que la luz de la sabiduría introducida por Buda iluminó las mentes y los corazones de los seres vivientes, sigue siendo una guía eficaz en la búsqueda de las fuentes más profundas y duraderas del bienestar. Si viviéramos como el Buda libremente nos invita a hacerlo, tomaríamos muy en serio sus palabras. Seríamos bondadosos, no solamente con los demás sino también con nosotros mismos, y podríamos guiar, no sólo a los demás sino también a nosotros mismos. Nutridos por la intención de guiarnos amablemente hacia un genuino bienestar para así poder beneficiar a todos los seres, paso a paso estaríamos próximos a alcanzar esa paz duradera que es el más profundo deseo de todo ser viviente. Entonces, con el regalo de la sabiduría sanadora del Buda, nuestros pensamientos podrían ser más amables y amplios, y poco a poco volveríamos a confiar en nuestra propia mente. Una vez reconquistada esta confianza interior, los pensamientos e intenciones incluso más ordinarios empezarán a guiarnos con seguridad a la fuente de una experiencia no conceptual, y cada vez más profunda, de bienestar.

Descartar esta antigua tradición de conocimiento y sabiduría como anacrónica sólo reflejaría nuestra perspectiva muy limitada en la vasta extensión de nuestro recorrido humano. Los 2.540 años pueden parecer muy distantes de nuestro tiempo y lugar actual. No obstante, vista en relación con la gran narrativa del viaje humano en Jambudvipa, es reciente la aparición de Buda demostrando la posibilidad de la iluminación como último destino de todo ser sintiente. Por cierto, la actual escasez de modelos iluminados en nuestro mundo estimula nuestro escepticismo y hace más tentador creer en la imposibilidad de que exista un conocimiento que guíe a un total despertar.

Sin embargo, hasta un repaso breve de la historia del Dharma revela que muchos grandes iluminados y bodhisattvas aparecieron en nuestro mundo y seguirán iluminando el largo viaje al despertar universal del conocimiento. Padmasambhava, por ejemplo, el maestro iluminado que ayudó a instalar el budismo en el Tíbet en el siglo VIII, no es un mero personaje del folclore mítico. Tales maestros iluminados probaron con sus propias vidas que el karma y la emocionalidad que oprimen la experiencia ordinaria pueden transformarse totalmente en sabiduría y compasión.

En el Tíbet, en el pasado, hubo mucha gente común, buscadores honestos como nosotros quienes, inspirados y guiados por el linaje de maestros como Padmasambhava, dedicaron sus vidas a la búsqueda apasionada de la iluminación. Cuando sus esfuerzos fueron consumados por la transformación del cuerpo, de la mente y del espíritu disolviéndose en cuerpos de luz arcoíris, se hizo evidente que el linaje del conocimiento era real y efectivo.

Pero hoy es muy raro hallar en Occidente esa convicción y seguridad. La mente ordinaria no encuentra una explicación racional para semejante transformación total, y se hace muy difícil aceptar la posibilidad de que todavía pueda ocurrir la iluminación en nuestro mundo actual. Son muchas las causas y las condiciones internas y ambientales que parecen atentar contra un entrenamiento de la mente sostenido y eficaz. Sin la presencia de la fe, la disciplina y el mérito, las grandes y majestuosas puertas que llevan al conocimiento permanecen silenciosamente cerradas. Las circunstancias para el entrenamiento de la mente pueden no estar disponibles, y aunque lo estuvieran, el divorcio entre las instituciones tradicionales de enseñanza y la gente laica común −practicantes y no practicantes, tanto en Oriente como en Occidente− socava la estructura necesaria para sostener un amplio y genuino acceso a las enseñanzas para la iluminación.

En condiciones tan empobrecidas, la mente ordinaria se encuentra perdida, sin guías confiables que le permitan identificar y cultivar fuentes de bienestar. A pesar de nuestras más sinceras intenciones, la mente simplemente no puede estabilizarse por sí sola. El malestar, la duda y la ansiedad que surgen a continuación y que colorean la conciencia no entrenada pueden volverse crónicos, hasta parecer facetas naturales e indelebles de la misma mente. A medida que se nubla la conciencia, la memoria de la conciencia abierta y hasta el anhelo de esta pueden alejarse a una oscuridad cada vez mayor. Sin siquiera saber qué pasó, poco a poco perdemos nuestras cualidades humanas más esenciales, y nuestro ser interior puede caer presa de la confusión y la ignorancia.

Afortunadamente, la naturaleza extremadamente sensible de la mente también puede estar al servicio del resurgimiento y el fortalecimiento de la conciencia. Si aprendiéramos a estabilizar la mente un poquito más podríamos percibir cualidades propias de ella cada vez más sutiles como expresiones de su naturaleza transparente y radiante. Vislumbre tras vislumbre, este percibir se tornaría más diáfano, más profundo y sostenido, para que todo nuestro ser se enriquezca y se transforme por la seguridad que brinda el conocer nuestra naturaleza más íntima. Antes que dar vueltas y vueltas en interminables círculos conceptuales creados por nuestra propia confusión, como un perro que persigue su cola, podríamos detenernos sin más y ver el círculo por lo que es: un vano intento de asignar dualidad a la brillante e indivisible luz de la conciencia plena, que es totalmente abarcadora, carente de fronteras, libre de todo signo. Entrenando nuestra mente en forma gradual como lo hicieron infinidad de hombres que nos precedieron, abrazaremos las mismas falencias de nuestro fragmentado y atormentado corazón como recurso de integración a la totalidad del ser.

Si el conocimiento logra despertarnos a una completa libertad del ser como ésta, entonces seguramente ha de ser el Conocimiento Correcto que enseñó el Buda. Dado el momentum del conocimiento actual, al servicio de fines utilitarios, y de una prosperidad material en continuo aumento, ¿existe la posibilidad de que este impulso inexorable pueda tomar un nuevo rumbo? Si la búsqueda de prosperidad espiritual es la medida y la finalidad del conocimiento, el entendimiento espiritual se compartirá entre todos los seres humanos de todas las épocas y el conocimiento mismo se convertirá en una sinfonía universal que celebrará la maravilla del ser. Estoy convencido, y es mi sueño, que tal evolución de la conciencia universal es posible. Y tengo la sincera esperanza de que obras como ésta, inspiradas por una noble intención, ayuden a los lectores a descubrir y cultivar el bienestar perdurable del ser que cada uno realmente merece tener.

Tarthang Tulku
Odiyan Center, EE. UU.
12 de marzo de 2005

A pedido de Arnaud Maitland y Caroline van Tuyll, pasé algunas horas dictando mis pensamientos a Pema Gellek, que escribió este prólogo, y a Leslie Bradburn, que lo editó. Espero que esto pueda alentar a los lectores a considerar seriamente y reflexionar sobre el significado de nuestra oportunidad humana.

—Tarthang Tulku

Prefacio

Nunca es demasiado tarde

Vivir sin arrepentimiento está inspirado en la historia de mi madre, una mujer que vivió sana y feliz durante la mayor parte de su vida, pero cuyos últimos años transcurrieron en una clínica para pacientes dementes. Este drama, tan conocido en los últimos años, impactó sobre la vida de todos los que la rodearon. Nos enfrentamos a situaciones y emociones para las que no había respuestas adecuadas ni remedio eficaz. Los sentimientos de impotencia, la culpa y el resentimiento reprimidos, la mala comunicación, la incomunicación y, por sobre todas las cosas, un temor que corroía las entrañas se apoderaron de nosotros, impidiéndonos comprender la situación en su totalidad y ser de verdadera ayuda.

La demencia no solamente socava la conciencia del paciente, sino que además pone al descubierto la trama familiar. Mientras el ser amado se aleja gradualmente al mundo de sombras, los que quedan atrás se convierten en extraños que no se reconocen a sí mismos, murmurando un constante adiós a todo lo que es conocido y familiar. En esas circunstancias, parece imposible encontrarles un sentido a las cosas y hallar seguridad en ninguna parte.

No obstante, según las enseñanzas budistas, no es necesario temer al sufrimiento propio o de los demás.

El Buda nos enseña a aprovechar las oportunidades que nos brinda la vida para ser más plenamente humanos enfrentando las experiencias sin culpa ni acusación. Si las personas que rodeaban a mi madre hubieran sido más conscientes de estas otras posibilidades, la situación podría haber tomado una dirección diferente.

Vivir sin arrepentimiento aborda la impermanencia y sus dolores concomitantes, ya sean grandes o pequeños, y también temas relacionados como la responsabilidad personal y las posibilidades y limitaciones del ser humano. Estos temas son especialmente oportunos cuando sectores cada vez mayores de la sociedad alcanzan o se acercan a la vejez. La vejez y la enfermedad entrañan un tipo específico de sufrimiento para el que la sociedad aparentemente no tiene respuestas.

Este libro puede ser útil para los trabajadores de la salud, tanto profesionales como voluntarios, y para aquellas personas que ven a sus padres o a otros miembros de la familia enfrentar la enfermedad y la muerte. También puede servir a aquellas personas que están aún en la plenitud de su vida y quieren utilizar los conocimientos de este libro como preparación para su propia vejez. Sin importar la edad, podemos protegernos del temor y de la confusión, y prepararnos para abordar la fase final de la vida con sabiduría y confianza.

Este libro también puede servir de guía para un público más amplio. El reflexionar sobre la relación con nuestros padres, vivos o no, es sanador para todos, independientemente de la edad. Según el budismo tibetano, una relación sana con nuestras madres y nuestros padres sienta las bases para una vida en armonía.

La descripción que hago de mi madre en estas páginas no le hace justicia a su vida. Las anécdotas al comienzo de cada capítulo sólo describen parcialmente las situaciones. Tampoco se analiza en detalle la dinámica familiar que desempeñó un papel clave en los acontecimientos. No fue mi intención escribir una reseña biográfica ni hacer un repaso de los últimos adelantos en Alzheimer. Mi principal objetivo ha sido mostrar las múltiples maneras en que podemos asumir el control de nuestras vidas siguiendo las enseñanzas del budismo tibetano. Y eso ante cualquier circunstancia, ya sea que estemos felices o desesperados, sanos o enfermos, presos o libres, jóvenes o viejos. Las posibilidades que dejamos pasar, las elecciones que no hacemos por temor, los pasos en falso no son necesariamente irreversibles.

Al enfrentar nuestras fallas con honestidad, renunciando a la pena de sí y a la vergüenza, nos fortalecemos. Con el poder que esta fuerza nos otorga, podemos corregir nuestros errores. El tiempo siempre nos ofrece nuevas oportunidades. Al escribir este libro, también me propuse mostrar cómo podemos ampliar la dimensión espiritual de nuestra vida. Aceptando la certeza de la muerte y tomando conciencia de la impermanencia como una característica de la existencia misma, aceptamos el desafío de vivir acorde con esas verdades y comenzamos a florecer como seres humanos. Entonces, cuando volvemos la mirada a nuestro pasado ya no nos asalta ni el temor ni el arrepentimiento, porque vemos una vida que valió la pena vivir. Espero que este libro inspire a los lectores a encontrar la respuesta a la pregunta "¿Cómo quiero vivir en realidad?" y luego, que pongan manos a la obra.

Me fui de mi país a los veinticuatro años. Ya transitando los cincuenta volví a Holanda y empecé a escribir. Mi propósito era contar la historia de mi madre en mi lengua nativa, proyectada sobre el telón de fondo de mi entrenamiento en budismo tibetano.

Un año después de la publicación del libro en idioma holandés se editó la versión inglesa en los Estados Unidos, el país donde viví por más de treinta años. Todo lo que ahora sé lo aprendí bajo la tutela inspiradora de mi maestro tibetano, Tarthang Tulku. Gracias a sus enseñanzas he podido reflexionar sobre el pasado, y ver el destino de mi madre bajo una óptica diferente y con una comprensión mucho más profunda de lo que le ocurrió a ella y a todos los que la amaron. Porque nunca es demasiado tarde: todavía podemos sanar el pasado.

1

Despedida sin fin

El templo débilmente iluminado se eleva sobre nosotros; su silueta se recorta como una vela gigantesca contra el fondo de nubes gris y rojo. Es la luna nueva. Tradicionalmente, es tiempo de ceremonias de oración para las almas atormentadas, para los enfermos y los muertos. Como participante de la ceremonia de esta noche espero de pie, al atardecer, frente a la entrada de bronce en el ala este de la estructura maciza, mientras distribuyen incienso y caracolas. Durante la ceremonia haremos sonar las caracolas mientras emitimos sonidos desgarradores como una manada de elefantes trompeteando. A medida que se leen los nombres de las personas destinatarias de las oraciones, me escucho pronunciar el último nombre para añadir a la lista: "Madre".

Esta noche es mi turno para tocar la campana. Oscurece. Me alejo del grupo y camino los cien pasos entre el templo y la campana, un camino que ya he recorrido muchas veces. Con cada paso que avanzo siento que mi corazón se aliviana. Llego al pie del edificio de la campana, me agacho para recoger guijarros que usaré como contadores, luego giro para subir los escalones. Encima de mi cabeza se encuentra la gigantesca campana de bronce, con inscripciones por dentro y por fuera con textos sagrados tibetanos. Tomo la soga y tiro de ella con fuerza para imprimirle velocidad al badajo. *Bommmmm*. El sonido reverbera durante un tiempo y luego tiro de ella otra vez, y otra, hasta que la campana suena veinticinco veces. Cada resonancia parece crear más espacio, cada tono parece viajar más y más lejos, las ondas sonoras se expanden hasta los confines más remotos del universo. Se desdibujan los límites; pasado y presente confluyen en el espacio que lo abarca todo. El tiempo que lleva completar las veinticinco repeticiones parece una eternidad.

Mi madre había muerto cinco años antes de la ceremonia. No sé con certeza qué ocurre después de la muerte, pero de una cosa sí estoy seguro: nada se pierde de verdad. Su cuerpo físico había desaparecido, pero todo lo demás quedó. Sus gestos, sus palabras, todo lo que alguna vez realizó, pensó, soñó –hasta sus temores en los últimos años de vida–, todo eso estaba presente, preservado como huellas en el tiempo. ¿Es posible captar este sentido en palabras? Las palabras relevantes abundan en el idioma tibetano, pero escasean en el español; las que más se aproximan son *mente*, *alma* y *espíritu*. Independientemente de las palabras, todavía podía sentir el ser de mi madre, como la estrella que permanece visible durante siglos después de su muerte. Al finalizar la ceremonia, supe que había llegado el momento de despedirme de mi vida como hijo suyo; esa fase había terminado. Para ella, la ceremonia fue una bendición; para mí, era el comienzo de una despedida.

En las semanas subsiguientes, volví a examinar la vida de mi madre. Era tanto lo que recordaba –cosas que me contaron, cosas que ella compartió conmigo– y finalmente pude admitir mi sentimiento de arrepentimiento.

Su vida se desplegó ante mí como una película. La vi primero como una niña libre y despreocupada, luego como una joven prometedora, y más tarde como esposa, madre y voluntaria de tiempo completo que realizaba sus tareas con alegría y creatividad. Su actitud cuidadosa y su buen carácter habían nutrido a todos los que la rodeaban.

La película de la vida de mi madre no tuvo un final feliz. A los setenta y cuatro años aparecieron las primeras señales de la enfermedad de Alzheimer. A medida que la enfermedad avanzaba, parecía como si hubiera muerto mucho antes de su último suspiro. Gradualmente fue perdiendo el control de su cuerpo, del habla y de la mente. Su capacidad para expresarse y afirmarse como la mujer que habíamos conocido desapareció, y los seres queridos que la rodeaban parecían incapaces de ayudar. Al final, de nada sirvieron el tiempo y las energías que había dedicado a forjarse una vida plena y rica en afectos. Parecía que nada quedaba de todo aquello que había construido con tanto empeño; su mundo entero se derrumbó.

Durante años esta visión me atormentó, pero después de la ceremonia empecé a revisar sus últimos años desde una nueva perspectiva, a verla con los ojos de un practicante del budismo tibetano. Situaciones y emociones que antes no podía explicar empezaron a mostrar un nuevo sentido.

Al revisar los diez años que había durado su enfermedad, pude comprender cómo el Alzheimer había afectado a mi madre, a su familia y amigos, y sobre todo a mí. Años después de su muerte, pude finalmente reconciliarme con algunos de estos hechos usando los métodos budistas tradicionales de observación, indagación y expansión de la conciencia. Como resultado de los *insights* que logré, su vida y su muerte adquirieron un sentido más profundo, y pude dejarla ir y empezar a decir adiós.

El budismo tibetano

Todas las tradiciones budistas cuentan la historia de Siddhartha Gautama, un príncipe indio nacido hace más de dos mil quinientos años, que se propuso hallar un remedio para el sufrimiento humano. El príncipe dejó a su familia y renunció a su futuro reino para iniciar una búsqueda. Quería entender por qué el ser humano nacía para volver a morir. Estudió con los más importantes maestros espirituales de la época, pero ninguno pudo responder a sus preguntas. Tras años de meditación, pudo comprender profundamente las causas del sufrimiento humano y logró la iluminación. A partir de ese momento se le llamó el Buda, el Iluminado. Durante más de cuarenta años enseñó a sus seguidores su visión, sus experiencias y el conocimiento profundo de la naturaleza de la realidad; con frecuencia, daba sus enseñanzas respondiendo a sus preguntas. Muchas de estas enseñanzas, llamadas *sutras*, se conservan en la actualidad, y son la base de estudio en todas las escuelas budistas.

Las enseñanzas del Buda describen en detalle su camino hacia la iluminación, tanto los obstáculos que debió superar, como los métodos que utilizó para lograr plena conciencia. Se estimula a los estudiantes a analizar la experiencia interior del Buda, a imitarla, y finalmente, a corporizarla. A través del estudio, la reflexión y la práctica, sus seguidores adquieren conocimiento de sí mismos y del mundo, y aprenden a enfrentar la realidad –cómo son las cosas realmente– sin ilusiones ni autoengaño.

El gran maestro Padmasambhava, llamado el segundo Buda, llevó las enseñanzas de la India al Tíbet, en el siglo VIII. Más de un siglo antes el rey Strogsten Gampo del Tíbet había preparado el camino para la transmisión dando órdenes de crear un idioma escrito tibetano capaz de comunicar niveles sutiles de significado. Bajo la dirección de Padmasambhava y el rey Trisong Detsen se construyó el primer monasterio tibetano, Samye.

La ordenación de los primeros monjes tibetanos y la transmisión de los tantras interiores marcaron el comienzo del más antiguo linaje budista tibetano, que se conoció como los Nyingmapa, o Los Antiguos.

Entre los siglos X y XI se produjo un segundo ingreso de las enseñanzas budistas en el Tíbet, y en los años subsiguientes las enseñanzas del Buda se asimilaron totalmente en todos los aspectos de la cultura de ese país.

Hasta mediados del siglo XX, muy poco se sabía del budismo tibetano en Occidente. A fines del siglo XIX comenzaron a traducirse al inglés sólo algunas enseñanzas del Buda y textos tibetanos específicos como el *Libro Tibetano de los Muertos*. Esta situación cambió radicalmente en la década de 1950, cuando los chinos ocuparon el Tíbet y más de cien mil tibetanos huyeron del invasor y se refugiaron en los países vecinos. Muchos lamas tibetanos –los líderes espirituales y maestros del Tíbet– finalmente viajaron a Occidente, con lo cual se cumplió una antigua profecía de Padmasambhava:

> *Cuando el pájaro de hierro vuele*
> *y los caballos corran sobre ruedas*
> *el pueblo tibetano se habrá*
> *dispersado como hormigas*
> *por sobre todo el mundo*
> *y el Dharma vendrá*
> *a la tierra del hombre de rostro colorado.*[1]

Florecimiento humano

Hay un cuento en las enseñanzas budistas que muestra cómo la mente tiende a moldear la realidad dándole un tamaño y una forma conocida. Había una vez un sapo que vivía en un estanque. Un día se encontró con una tortuga que venía del océano. El sapo nunca se había alejado de su casa y el océano despertaba su curiosidad. "¿Cómo es el océano?" preguntó. "¿Se parece a este estanque?" "No", dijo la tortuga, "el océano es mucho más grande". "¿Tres veces más grande?", preguntó el sapo, con asombro. "No, mucho, mucho más grande", respondió la tortuga. "¿Diez veces más grande?", preguntó el sapo, incrédulo. La tortuga negó con la cabeza e intentó explicar la inmensidad del océano, pero al final el sapo se desmayó. El hecho de pensar en semejante masa de agua fue demasiado para él.[2]

Aquella noche de la ceremonia, mi pasado y mi presente se fusionaron y mi vida cobró un sentido diferente. Los estudios de abogacía que había comenzado en los Países Bajos se fundieron con la educación budista tibetana que había iniciado en California. Como muchos jóvenes que habían crecido en los Países Bajos después de la Segunda Guerra Mundial, me empapé de la filosofía de Sartre y de Camus. Pero percibí en sus escritos el sentido de un futuro aburrido y predecible que generaba melancolía y arrepentimiento por las oportunidades desperdiciadas. En los años setenta, asistí a una visión diferente del mundo cuando participé en el Movimiento del Potencial Humano en California. Esta experiencia me permitió vislumbrar las posibilidades del crecimiento humano. Fue la vía de acceso a las enseñanzas budistas tibetanas, la llave que me permitió abrir las compuertas de mis propios recursos interiores.

Las enseñanzas del budismo tibetano me conectaron con algo inconmensurable, superior a todo lo que había conocido hasta entonces. A los treinta años, el muchacho que flotaba en un zueco de madera en los canales de Holanda había encontrado el acceso al océano. La primera vez que asistí a una conferencia budista, el tema principal era "¿Cómo puede el ser humano volver a encontrar su unidad?". Pensé que si podíamos responder a esa pregunta, hallaríamos el sentido de la vida. Los *insights* que emergieron después de este interrogante inicial rebosaban de conocimiento, de vida y de esperanza. Estudiando las enseñanzas budistas tibetanas en la tradición Nyingma, que se centran en el florecimiento humano, empecé a experimentar una suave revolución interior.

Inteligencia y energía

Estudiando la tradición budista, aprendí que todo potencial humano posee dos componentes fundamentales: inteligencia y energía, o las cualidades del saber y del sentir. El estudio del budismo se centra en estas dos capacidades, y las desarrolla a través del estudio y la práctica. El estudio promueve el saber y la práctica estimula el sentir. Cuanto mejor comprendamos las enseñanzas, más profunda será nuestra experiencia. Y cuanto más plena sea nuestra experiencia, más fácil será captar el sentido de las enseñanzas.

Las enseñanzas escritas se encuentran en los *sutras*, las palabras habladas del Buda, y en los *shastras*, los comentarios que escribieron los grandes maestros budistas en la India y el Tíbet a lo largo de dos mil quinientos años. El crecimiento personal requiere la capacidad de conocer y sentir al mismo tiempo. Por eso, estos textos apelan a ambos, inteligencia y energía, para fortalecerlos simultáneamente. Algunos textos antiguos parecen muy exigentes, pero su aplicación es de gran utilidad práctica. Sus palabras y su tono son a la vez personales y universales, y han sobrevivido muy bien al paso del tiempo; hay textos que datan de más de mil años y parecen haber sido escritos hoy.

Las primeras enseñanzas exhortaban a los practicantes a dejar atrás todo apego mundano, incluyendo el hogar, la familia, la sociedad. El retirarse del cotidiano trajín es aún muy valorado, pero no necesitamos vivir como ermitaños ni ser monjes o monjas para beneficiarnos de estas enseñanzas. La finalidad es familiarizarnos con nuestra conciencia y vivir en armonía con nuestra energía. Para lograrlo, debemos entender que ciertas formas de apego son limitativas, sobre todo nuestro apego a la autoimagen. El desapego interior conduce a la apertura.

Podemos dividir las enseñanzas budistas en tres áreas de estudio. La primera concierne a lo *individual*. Cuando le preguntaban al Buda cómo se podía ayudar a los demás, él respondía: "Primero aprende a cuidar de ti mismo". El Buda nos estimula al autoconocimiento, a descubrir las causas de nuestro sufrimiento y seguir el camino que nos permite darle fin. El entrenamiento del cuerpo y de la mente conduce al equilibrio y a experimentar equilibrio en el mundo que nos rodea.

La segunda área de estudio se centra en la naturaleza de la *realidad*. Cuando seguimos estrictamente las leyes de la lógica y el sentido común, nuestro conocimiento y nuestra experiencia se basan en presunciones. Los pensamientos, llevados a sus conclusiones lógicas, o bien desaparecen o terminan contradiciéndose a sí mismos. Y así vemos que todo lo que pensábamos, creíamos y temíamos carece de fundamento y que la realidad es abierta por naturaleza.

La tercera área de estudio explora la naturaleza de nuestro *ser*. La fuente de seguridad que buscamos se encuentra en nuestro mundo interior. Cuando destrabamos el corazón de lo humano, comprendemos que la mente está programada para alcanzar la perfección. El ser humano es bueno por naturaleza.

Fuente de sabiduría

"Sé una luz para ti mismo", dijo el Buda en su última enseñanza. A las preguntas: "¿Qué será de mí?" "¿Qué debo hacer con mi vida?", responde: "Todo depende de tu propia mente". En la mente se originan la tristeza y el dolor; de nuestra actitud frente a la vida depende el grado de felicidad que podamos obtener. Los obstáculos y dificultades que enfrentamos a lo largo de la vida no vienen de afuera, se originan en nuestra cabeza y nuestro corazón y es allí donde debemos buscar las soluciones. Ampliando la conciencia podemos gradualmente transformar nuestras tendencias negativas y los pensamientos limitativos. Podemos aprender a vivir con heroísmo, en contacto con la vitalidad que nos corresponde por derecho; cada lágrima puede convertirse en fuente de renovado coraje.

El camino espiritual comienza ni bien decidimos sacarle el máximo provecho a nuestra vida, aceptando nuestra situación y a nosotros mismos como punto de partida. Cuando el estudiante protesta: "¿Cómo lo hago? ¡Más fácil es decir que hacer!", el maestro responde: "No te pongas tan serio. Relájate". A menudo los maestros tibetanos nos enseñan a relajarnos. Esto no significa resignarse a la situación, sino alivianar nuestra carga y permitirnos estar plenamente presentes en cualquier experiencia que estamos viviendo. Al abrirnos de esa manera nos relajamos naturalmente, y a su vez, esa relajación nos permite meternos más profundamente en la experiencia. Con la relajación, todo cobra vida.

Si nos relajamos y nos hacemos responsables de todo acontecer, nuestra vida cotidiana —lo que la tradición Budista llama *samsara*—, con sus alegrías y sus tristezas, sus posibilidades y sus limitaciones, nos señala el camino hacia la iluminación. Descubrimos que las respuestas a todas las preguntas ya están disponibles; sólo necesitamos preguntar y observar. Esta sabiduría nos pertenece como la humedad al agua. Cuando conectamos con este recurso interior, la mente se vuelve clara y fuerte. Nos damos cuenta de que este tiempo que nos es dado vivir en la tierra como seres humanos nos provee de todas las oportunidades que necesitamos para hacer lo mejor de nuestras vidas.

2

La vida humana, un bien precioso

Holanda es más hermosa a comienzos de mayo. La primavera prodiga sus encantos colmando nuestro barrio de colores y perfumes. En el jardín de casa asomaban los tulipanes, y los árboles y arbustos en flor alcanzaban su máximo esplendor. El manzano silvestre en el patio delantero parecía una imagen sacada de un calendario. La naturaleza eclosionaba expectante en el umbral del verano.

Todos los años, el 4 de mayo, mis compatriotas evocan a los héroes que entregaron su vida para la liberación de Holanda en la Segunda Guerra Mundial. El servicio vespertino era el evento central, y un ánimo solemne colectivo se hacía sentir a lo largo del día. Banderas a media asta en casi todas las casas, gente vestida de medio luto, y un silencio que no dejaba oír ningún ruido innecesario. Este día era para recordar los horrores de la invasión alemana y honrar a todos aquellos que habían muerto durante esos cinco años de la guerra.

Alrededor de las siete, cuando los últimos rayos de sol se filtraban por entre los árboles, mi madre y yo nos pusimos nuestros abrigos y partimos para el servicio. Era a comienzos de los años cincuenta y yo tenía ocho años. Caminamos por calles silenciosas dirigiéndonos al pequeño cementerio del Schouwweg. En los veinte minutos que duraba el trayecto desde nuestra casa hablamos muy poco. En ese viaje personal al pasado, mi madre siempre se recluía en sus pensamientos.

Venía gente de todas partes al homenaje local a los caídos. Un rato antes de las ocho nos unimos al grupo frente a la Tumba al Soldado Desconocido. Habitualmente el clima era agradable, pero en algunas ocasiones una ligera llovizna perlaba nuestras ropas oscuras. A las ocho se detuvo el tiempo. Durante dos minutos el país entero, hasta los colectivos, los trolebuses y los automóviles en las autopistas, todo se detuvo. Cesaron las conversaciones y hubo silencio hasta en la radio. Exactamente dos minutos pasadas las ocho, empezaron a repicar las campanas y la vida volvió a la normalidad.

En el viaje de regreso, mi madre sufrió una transformación. Su andar se tornó ágil y cadencioso y su estado de ánimo mejoró, aunque todavía estaba pensativa. Parecía sentirse liberada. "Este momento es siempre tan especial para mí", decía alegremente y empezaba a relatar historias de cuando las fuerzas aliadas habían entrado en Holanda después del invierno de hambre del 1944, y de su único hermano —un piloto británico de la RAF— que había vuelto a Inglaterra cargado de exquisiteces. Escucharla hablar de esos momentos históricos hacía volar mi imaginación. Y preguntarme si yo, al igual que esos soldados norteamericanos y canadienses, hubiera tenido el coraje de sacrificar mi vida. Y si yo viviera en Canadá o los Estados Unidos, ¿hubiera sentido ese llamado a abandonar hogar y familia para luchar contra un enemigo en tierras lejanas?

En ese entonces, los recuerdos de aquellos que habían vivido la Segunda Guerra Mundial estaban aún frescos en la memoria, y nosotros, los niños, habíamos escuchado esas historias una y otra vez. Había sido desde un lugar próximo a La Haya que los alemanes habían lanzado su V2 contra Inglaterra. Empezaba con un fuerte silbido y todos contaban los segundos. Como la bomba se dirigía al otro lado del Mar del Norte, si pasados los veinte minutos no había explosión significaba que el vecindario estaba fuera de peligro.

La historia que más me gustaba era la de un joven soldado alemán que había subido las escaleras al departamento donde vivían mis padres. Con su largo abrigo color gris que le quedaba grande, parecía poco más que un niño. Observó con curiosidad esa habitación donde tres niños jugaban en el piso. Mi padre se había escondido en el desván para evitar ser capturado y deportado a Alemania, donde lo hubieran puesto a trabajar en el *Arbeitseinsatz* (campo de trabajo). Cuando el soldado vio su foto en el escritorio de mi madre, dijo "*Ein netter Mann*" (un hombre agradable), luego dio media vuelta, bajó las escaleras y salió a la calle.

Como la mayoría de los holandeses, mi madre repetía este viaje año tras año, recordando los horrores de la ocupación y el coraje de aquellos que habían ofrecido su vida en sacrificio. Durante breves instantes, ante la Tumba del Soldado Desconocido, se concentraba en los acontecimientos de aquella época realizando un peregrinaje mental desde la destrucción y la desesperación hasta la liberación, que ella vivía como una suerte de purificación. Al revivir el miedo y el dolor de los cinco años de ocupación alemana, se desataban los nudos emocionales traumáticos y una vez más quedaba libre para vivir en plenitud. A través de este proceso natural de sanación, volvía a recuperar su fe en la vida, que después de todo tenía sentido a pesar del dolor de la condición humana.

Recordar los momentos dolorosos y angustiosos de nuestra vida es un paso necesario en todo proceso de sanación. Para aprender a manejar el dolor y la aflicción no debemos suprimir estos sentimientos, sino reconocerlos y trabajarlos internamente. Para dejar atrás el pasado debemos enfrentar todo lo que nos salió mal, admitir nuestra participación y aceptar nuestros errores. Esta resolución es nuestra libertad.

Un día mi madre ya no pudo realizar este peregrinaje mental. Su cerebro dañado se negó a obedecer órdenes y su mente ya no tuvo la vitalidad necesaria para su tarea de introspección. Ya no pudo trabajar a través de su conocimiento del sufrimiento humano hacia la luz. Vieja y decrépita, ella misma se convirtió en víctima, un soldado desconocido perdido en los estragos de su enfermedad.

Viviendo con la verdad

"Amigos, un precioso cuerpo humano,
por ser una ocasión única y la conjunción correcta,
es muy difícil de hallar dentro de las seis formas de vida.
Tan encantado como un ciego
que se topa accidentalmente con un tesoro escondido,
usen este cuerpo para alcanzar prosperidad y bienaventuranza.[3]

¿Cómo podemos sacarle el máximo provecho a nuestra vida? Para un budista tibetano, la respuesta a esta pregunta siempre comienza contemplando nuestra enorme suerte por tener una existencia humana. Una imagen tradicional dice: "Tiene mayor probabilidad una tortuga de mar ciega de pasar su cabeza por el agujero de un yugo arrojado al océano, que nosotros de adquirir un cuerpo humano". Entendiendo que la vida humana es un regalo precioso que debemos apreciar, un budista tradicional suele comenzar el día recitando un texto o una frase para invocar la apreciación del cuerpo, de la mente y de los sentidos, los medios que disponemos para aprovechar al máximo nuestra vida.

Cinco verdades o enseñanzas Dharma nos proveen la estructura que orienta hacia una vida plena de sentido. Estas verdades siempre son válidas, independientemente del tiempo y del espacio. En su simplicidad, cualquiera, jóvenes o viejos, puede entenderlas. Estas cinco verdades centrales –apreciación, impermanencia, karma, inutilidad del sufrimiento innecesario y libertad– son el corazón de la práctica budista cotidiana.[4]

Si no logramos integrar estas verdades de vida a las experiencias del día a día sentimos una suerte de vacío. Algo indefinible nos está faltando. Nuestras metas permanecen inalcanzables; nos sentimos incomprendidos. Las frustraciones, las emociones, las lágrimas, las resistencias internas y la esperanza infundada de que algún día todo esto mejorará espontáneamente, todo ello es indicio de la falta de conocimiento.

Encarnando estas cinco verdades a través de la meditación y la ejercitación, podremos acceder a la profundidad que tanto anhelamos. Nuestra vida adquirirá dimensión espiritual. A medida que estas verdades formen parte de lo que pensamos, decimos y hacemos, viviremos más armoniosamente con las cosas como son, sin arrepentimiento ni tiempo malgastado. Si estas verdades están presentes en nuestra mente, estaremos preparados para cuando la muerte nos alcance. Ellas forman un marco referencial en el que la mente se despliega hacia su intrínseca perfección. En las páginas siguientes expondré mis propias reflexiones acerca de su importancia, y para ello me basaré en mis estudios y en mi experiencia a través de estos años, cuando me propuse comprender el significado de estas enseñanzas básicas, pero profundas.

Apreciación

El camino espiritual comienza al darnos cuenta de que nuestra vida y la de todos los seres sintientes tiene valor y merece respeto. Cada ser humano tiene cuerpo, mente y la energía vital para usarlos de manera provechosa. Se puede ser feliz y ser útil a los demás de muchas maneras diferentes. El poder apreciar estas oportunidades es la clave de una existencia plena de sentido.

Nuestro cerebro y los circuitos neuroquímicos prosperan en la apreciación. La investigación científica muestra que, así como la adquisición de nuevas destrezas estimula la producción de neuronas, generar sentimientos de apreciación también incrementa la cantidad de neuronas en el cerebro.[5] La gratitud y la apreciación fortalecen el sistema inmunológico, además de otros sistemas en el organismo. Mejora la circulación y hace que la mirada adquiera brillo. Según las enseñanzas budistas, esta vivacidad y vitalidad son nuestro patrimonio.

Como toda actitud mental, desarrollar la apreciación es cuestión de costumbre. Cuando estamos entrampados en pautas negativas, parece que no hay nada que apreciar; toda nuestra energía parece centrarse en los problemas. El negativismo tiene su propia lógica apremiante. Sin embargo, aun cuando no nos sintamos particularmente agradecidos, podemos aprender a despertarnos a los aspectos positivos de cualquier experiencia del momento.

Así como adquirimos pautas negativas por la repetición constante de pensamientos y sentimientos negativos, podemos desarrollar la apreciación cultivando pensamientos y sentimientos de gratitud. Todo sentimiento de apreciación, hasta el más pequeño, estimula nuestra energía y nuestro entusiasmo, y nos impulsa a avanzar. Pronto la mente se acostumbra a la energía vital de los sentimientos y los pensamientos positivos, se pone en marcha una transformación interior y nuestra inteligencia y energía asumen nuevas formas.

Podemos comenzar apreciando todo lo que aprendimos y realizamos hasta este momento. Luego, podemos apreciar las posibilidades latentes en nuestras circunstancias actuales. ¿Cuánta más sabiduría y amor somos capaces de vivenciar antes de morir? En momentos de crisis, la apreciación puede ser un potente remedio. Podemos preguntarnos: "A pesar de todos mis problemas, ¿qué hay de bueno detrás de esta situación y en mi vida?". "¿De qué cosas estoy seguro entre tanto cambio e incertidumbre?". Plantearse estas preguntas genera apreciación.

Buscamos soluciones al preguntarnos cosas como "¿Cómo puedo mejorar esta situación?" y escuchando la respuesta. La gratitud por la orientación que recibimos nos ayuda a entender que ninguna condición es definitiva, ningún sufrimiento es desesperanzado. Cada situación nos brinda la oportunidad de abrirnos a un conocimiento más amplio. Al profundizar la apreciación, nace el amor y la sabiduría.

Impermanencia

Entender la impermanencia enciende nuestra pasión por explorar aun más nuestro potencial. Se considera que el hombre vive en promedio unas cuatro mil semanas. Es como si viviéramos un tiempo prestado, y un reloj de arena invisible midiera los días dejando caer los granitos. ¿Cuántos días nos quedan? Cada vez nos queda menos tiempo. Estamos seguros de que vamos a morir; lo que no sabemos es cuándo ni cómo. Nuestra respiración nos une a la vida. Un día, después de haber inhalado varias veces, exhalaremos por última vez y ese será el fin de esta vida. Toda vida tiene un plazo. Todo momento —sobre todo este— cuenta.

La impermanencia quizá sea la principal característica de la existencia humana. En nuestra vida diaria, los buenos y los malos momentos vienen y van. Los niños crecen y los adultos envejecen. La vida se perpetúa en infinitos ciclos. Todo tiene un comienzo, un centro y un final; cada comienzo contiene su propio fin, y cada fin encierra la promesa de un nuevo comienzo. Nada permanece tal como es ahora: el presente no vuelve. Parte del arte de vivir es poder comenzar bien cada momento, centrar la atención, soltarse gentilmente y, luego, despedirse dándole a cada instante sus propias cualidades.

Un día que no concluyó adecuadamente proyectará los elementos no procesados al día siguiente. Quizá sea algo que descuidamos o pasamos por alto, o un sentimiento que no hemos podido sentir; cualquiera sea su forma, los elementos del día no resueltos nos acompañan como un equipaje molesto. La frustración de hoy obedece a causas que ocurrieron en el pasado; si tampoco cuestionamos nuestro desengaño, este se convierte en otro resto de experiencia antigua que va apilándose como basura en una esquina.

Si experimentamos la transición de un día al otro con conciencia, podemos ingresar en el futuro con una mente más liviana y abierta. Al finalizar el día o una fase, podemos pasar revista a todo: recuerdos intensos, logros, arrepentimiento y remordimiento. Aceptamos lo ocurrido y, luego, lo dejamos ir. Así, la transición al día siguiente es más fácil. Ya no cargamos con el peso de relaciones tirantes o penosos recuerdos de nuestras acciones desconsideradas. Nada pesa sobre nuestra conciencia; los pensamientos culposos o la pena de sí no nos consumen. Hasta la muerte se convierte en algo para celebrar, como un nacimiento, una vida valiosa que concluye y el comienzo de algo nuevo.

Impermanencia no es un simple concepto, sino una experiencia vital. Con la práctica, mente y corazón se familiarizan con la impermanencia, y nos movemos con el cambio en lugar de resistirlo. Hay un método para ser conscientes del paso del tiempo: se trata de focalizar la conciencia en el ciclo de la respiración, centrándonos en cada inspiración y exhalación de manera neutra. A medida que nos acoplamos al ritmo de la respiración, la cualidad siempre cambiante del tiempo se vuelve inseparable de la conciencia. La apreciación por el flujo constante del tiempo pasa a ser algo natural en nuestra vida cotidiana. Consustanciados con el flujo, nos sentimos cómodos con el cambio. La impermanencia ya no es más un obstáculo o una amenaza, sino la puerta hacia el cambio positivo.

Karma

En el budismo, la conexión causa–efecto se conoce como ley del karma. Todo lo que pensamos, decimos y hacemos –o dejamos de hacer– tiene sus consecuencias. Hasta el pensamiento más fugaz, la palabra más simple, el más pequeño gesto, todo tiene sus efectos. Nuestra conducta anterior nos ha conducido a las actuales circunstancias. La tensión corporal expresa la verdad del karma, así como nuestro cuerpo guarda el registro de nuestro pasado. Si nos falta alguna cualidad en nuestra vida es porque no la introdujimos previamente; sin una causa en particular no podemos esperar el resultado correspondiente. De la misma manera, nuestras acciones en el presente determinan nuestra felicidad futura. Aunque quisieran intentarlo, nadie puede arreglarnos la vida. La gracia no nos llega de afuera, sino de nuestro interior.

Es fácil confundir karma con destino. Y decimos "Oh, ese es mi karma", mientras suspiramos con resignación. Esta respuesta tiende a eximirnos de nuestra responsabilidad, como si dijéramos "en realidad no es mi culpa". La raíz de la palabra karma es "kr", que significa "hacer", "realizar" o "llevar a cabo". Karma se refiere a acción, o motivación y también a resultado. Si la motivación de los pensamientos es impura, será imposible lograr un resultado plenamente positivo. Una intención negativa socava el valor del ser humano y causa sufrimiento innecesario a todos; no puede producir un resultado constructivo. Sólo una actitud positiva puede, eventualmente, generar un resultado positivo.

Dado que nuestra conducta tiende a ser una mezcla de intenciones positivas y negativas, puede resultar difícil distinguir los efectos de nuestros actos. Sin embargo, si aprendemos a seguir nuestras motivaciones en sus desvíos y logramos enderezarlas una y otra vez, con el tiempo obtendremos los resultados deseados. Los actos madurarán según como fueron realizados. Sus resultados revelan nuestra intención. Si las cualidades del cuidado y la atención focalizada son parte de un proyecto, ellas seguramente se manifestarán en los resultados. Formar a una familia en armonía, crear obras de arte para que los demás puedan disfrutar, trabajar para una buena causa, estas acciones generan karma positivo. Nuestro buen karma se multiplicará geométricamente en la medida en que otros se beneficien de nuestra obra y que los resultados perduren. Karma positivo significa sabiduría en acción.

Sufrimiento innecesario

En un sentido la mente es neutral, tan capaz de producir felicidad como dolor. No tiene preferencias por una expresión alegre sobre una enojada, o viceversa. No obstante, es cierto que la manera en que funciona la mente —a gran escala o limitada— determina nuestra forma de vida. Si la mente genera felicidad, nuestra experiencia será positiva; si, en cambio, funciona para generar sufrimiento, nuestra experiencia será negativa. Dado que la naturaleza de la mente es neutral, es posible reducir las causas del sufrimiento y fortalecer las de la felicidad.

Un trozo de tela mojado en aceite se empapará de aceite; de la misma manera, los seres humanos asumen las características del ambiente que los rodea. Algunos aprenden desde niños a desconfiar de sus propios sentimientos y pensamientos, lo cual desemboca en alienación respecto de sí mismos y de los demás. Una vez consolidada semejante pauta de desconfianza de sí mismo, esta tiende a moldear todas las experiencias subsiguientes. A cualquier edad podemos buscar validación adhiriendo a las normas y valores de otras personas, tomando las expectativas del mundo que nos rodea como la vara que usaremos para medirnos. Al no reconocer nuestro propio valor, somos incapaces de reconocer y apreciar cualidades especiales en los demás.

Los atletas luchan para sobreponerse a pautas personales que socavan su desempeño proponiéndose aprender de los obstáculos y aprovechar al máximo su talento. También nosotros podemos proponernos abordar los obstáculos en nuestro camino como maestros, es decir, en tanto oportunidades para fortalecer nuestros recursos mentales y de energía. Seremos más sabios reconociendo nuestros errores y aprendiendo de ellos. Nuestras frustraciones, el desamparo y la resistencia a la vida pueden convertirse en importantes fuentes de conocimiento. Observando lo que se esconde detrás de estas experiencias podemos aprender a descifrar sus mensajes ocultos. Entonces, los contratiempos ya no lograrán desviarnos de nuestro camino porque sabemos que son una fuente invalorable de autocomprensión.

El sufrimiento ocurre en el cuerpo y en la mente, por lo tanto debemos buscar las soluciones en ambas instancias. A través de la pena y el dolor, la vida nos informa de aspectos de nuestro ser que permanecen poco desarrollados. Aunque no siempre podamos descifrar el mensaje o seamos inconscientes de gran parte del conocimiento que yace velado en nuestro interior, aun así podemos reunir la confianza necesaria para profundizar, recordando que somos responsables de nuestras propias desilusiones. En lugar de buscar un culpable afuera, podemos optar por el camino más sensato, el de examinar las causas de nuestro sufrimiento y la dinámica que lo sostiene. Una base sólida de autoconocimiento puede reemplazar gradualmente la base inestable del Yo que sufre sin saber por qué. Porque nos ayuda a descubrir las condiciones que conducen a la felicidad, el sufrimiento nos muestra el camino a la libertad.

Libertad

El budismo tibetano sugiere que existen cuatro puertas que conducen a la libertad. La primera puerta tiene un cartel que dice: "Olvida el pasado". No te aferres a aquello que te ocurrió anteriormente porque podrías perderte todo lo que la vida tiene para ofrecerte. Considera el pasado como una ciudad que has dejado atrás y atraviesa la primera puerta sin arrepentimiento. El cartel en la segunda puerta dice: "Participa en todo lo que ocurre en este momento, no te retengas". La llave que encaja en la cerradura de esta puerta es la participación plena. Cada vez que te entregues con el alma y el corazón se abrirá la segunda puerta. Cuando no estás obsesionado con el pasado y te hallas totalmente inmerso en el presente –en tu trabajo y en tu amor por la vida y por otros seres– naturalmente llegas a la tercera puerta, cuyo cartel dice: "Abandona todo sentido del Yo". En lugar de detenerte en preocupaciones egoístas centrándote en todo lo bueno que pueden procurarte tus actos –como lograr fama y fortuna–, te centras en ser y en hacer con pasión: en experiencia y vida desligada del Yo. Ahora, de la manera menos pensada, te hallas frente a la cuarta y última puerta: "Despójate de toda idea de futuro". Cuando tu mente deje de divagar por el futuro, por aquello que serás o harás más adelante, te quedarás con el "ahora", y la última puerta se abrirá de par en par. Sin pasado, totalmente comprometido, liberado del Yo y sin expectativas, serás libre.

Nos han condicionado a creer que los seres humanos se encuentran imposibilitados de cambiar sustancialmente. Es el conocido "Yo soy así". Si bien a veces nos sentimos contentos, libres y seguros de nosotros mismos, no tenemos control sobre esos estados de ánimo y no podemos sostenerlos. A la larga nos sentimos frustrados al comprobar nuestra impotencia y nuestra incapacidad para manejar nuestra vida. Si no trabajamos con esta frustración, podremos terminar en un camino sin salida, confiando nuestra sed de libertad interior a un diario íntimo, o encerrándola en algún rincón privado de nuestra mente.

Hay otra manera. Cuando logramos prestar atención a nuestras emociones negativas sin la compulsión de actuarlas, la conciencia se expande y descubrimos que somos libres de elegir la cualidad de nuestras actitudes y respuestas. La conducta compulsiva cede, y los pensamientos constructivos y los actos positivos surgen con mayor facilidad y naturalidad. Ya dejamos de correr detrás de aquello que nos hace felices o de evitar lo que nos ofende. Erigimos nuestro hogar en el espacio y en el poder de la mente abierta, antes que en los límites del Yo mismo. La vida es lo que hacemos de ella, y el tiempo nos ofrece oportunidades de cambiar y crecer.

La reflexión sobre estas cinco verdades –apreciación, impermanencia, karma, sufrimiento innecesario y libertad– puede encender una transformación interior que ponga fin a la punzada de la impotencia. Nos damos cuenta de que no saber cómo darles un giro positivo a nuestras emociones también es conocimiento. Sabemos que no sabemos, todavía no tenemos el conocimiento que necesitamos. Pero las respuestas no se producen a través del intelecto. Las enseñanzas budistas ofrecen el insight así como también un camino de acción para fortalecer nuestra capacidad de conocer. A nosotros nos corresponde elegirlo, y esta libertad de elección es la libertad de ser.

En el budismo, todos somos estudiantes de por vida. El proceso de desarrollar la conciencia es como tallar un diamante: la paciencia y la pericia harán aparecer las cualidades más exquisitas de la piedra. El proceso de despertar la conciencia tiene múltiples facetas, que cobran sentido y belleza con tiempo y trabajo. A medida que empezamos a entender y encarnar las cinco verdades, esperanza y temor se convierten en certeza y confianza.

Los textos clásicos del budismo se refieren a este viaje como el Camino de los Héroes. El sobreponerse a las pautas personales y culturales requiere coraje heroico y resolución. Como reza un antiguo dicho tibetano, "deberá crecer un hueso en nuestro corazón".

3

La mente es el capitán del barco

Mi madre siempre se resfriaba para sus cumpleaños. Nunca se enfermaba, pero ese día se la pasaba resollando. En realidad, ese día todo estaba arrevesado; en lugar de tomarse las cosas con calma, iba de acá para allá haciendo miles de cosas de la mañana a la noche. Era uno de sus días más ocupados.

Comenzaba con los regalos en la cama, un momento que todos los hijos disfrutábamos. ¿Cómo reaccionaría frente a nuestros regalos? Mi padre y yo siempre comprábamos mi regalo en la misma tienda. Un año fue un frasco de Chanel n° 5, al año siguiente un *corsage* de seda que usaba sobre un vestido de fiesta de color oscuro, y un par de zapatos muy delicados y demasiado angostos. Con el dinero que había ganado cortando el césped y lavando el coche colaboraba con diez florines holandeses, y mi padre ponía el resto. De regreso en el automóvil, yo sostenía el regalo con ambas manos. A la mañana siguiente mi madre se mostraba encantada y sorprendida: "¿Cómo adivinaste?".

Después del desayuno nos íbamos al colegio y ella empezaba a correr de acá para allá, atareadísima. Por la mañana recibía a las señoras del *Club El Caleidoscopio*, a la tarde invitaba a sus amigas del barrio a tomar el té, y después de cenar venían las parejas y los parientes. No paraba un instante sirviendo café, torta, jerez, té, masitas y, finalmente, la cena. Cuando cumplíamos años, mi padre, mis hermanos y yo elegíamos nuestros platos favoritos para la cena; no así mi madre, ya que a ninguno de nosotros nos gustaban los riñones con repollitos de Bruselas que a ella le encantaban.

A comienzos de la secundaria, me gustaba ayudarla con sus invitados; en la cocina, no dejábamos de charlar y reír. Una vez le conté un chiste: "¿Qué cosa es verde con rayas blancas?" Por supuesto no tenía ni idea. "¡Un pepinillo con tirantes!" Y nos reímos a carcajadas. "¿En serio?", dijo. "Tengo que recordar ese chiste." Entonces sonó el timbre y recibimos a los nuevos invitados. Cuando todos se hubieron sentado ella preguntó quién quería té o café y sirvió masitas y chocolates. Y volvió a la cocina.

Minutos más tarde la encontré apoyada sobre la mesada. Estaba pálida, sosteniendo débilmente el jarro que usaba para calentar la leche. Nunca la había visto tan pálida y derrotada. "¿Quién quería qué?", susurró. Por un momento parecíamos dos actores que habían olvidado su papel, hasta que empezó a reír y murmuró por lo bajo. "¿Quién sabe?". Volvía a ser la misma de siempre. Entre los dos armamos una bandeja grande con té y café y un montón de tazas y platillos. Ella iba adelante, aliviada y triunfante. Pasaron unos minutos hasta que todos estuvieron sentados y servidos. Cuando ella se sentó se hizo un silencio. Queriendo romperlo, ella hizo una pequeña risa y se dirigió a mí: "Arnaud, ¿por qué no cuentas ese chiste tan gracioso del pepinillo con tirantes?"

Quizás ese día yo haya visto las primeras señales de la enfermedad incipiente que se manifestaría muchos años después. También es cierto que la falta de memoria no necesariamente indica el comienzo de una demencia. La mayoría de las personas saben lo que es extraviar algo que sostuvieron hace apenas un instante, u olvidarse de una palabra que tenían en la punta de la lengua. Seguramente, nada de esto les hará perder la confianza o la fe en sí mismos, ya que todavía se sienten con pleno dominio de sus facultades mentales. Sólo la repetición una y otra vez de las mismas preguntas e historias —cuando se pierde la conexión con el tiempo y desaparece la orientación espacial— nos indica que estamos claramente en presencia de una demencia incipiente. Entonces el paciente empieza a perder terreno y a crearse un escenario de confusión y temor.

Mi padrino y tío, único hermano de mi madre que también padecía Alzheimer, repetía incesantemente la misma pregunta: "Lindo tiempo, ¿no?". Le encantaba estar con otra gente, pero ya no podía sostener una conversación normal. Su esposa lo ayudaba hablando de una etapa muy importante de su vida, los años de la Segunda Guerra Mundial. Mi tío siempre se había negado a referirse a sus recuerdos de la guerra; a los veintitrés años se había alistado en la RAF británica, y como piloto bombardero había realizado cientos de vuelos sobre Alemania, durante ese tiempo. Una vez declarado el Alzheimer las imágenes dejaron de torturarlo, a pesar de que recordaba nítidamente todos los hechos, los rostros y las cifras de esa época. En cambio, era el presente el que se desvanecía. En sus últimos momentos, su esposa lo tranquilizaba diciéndole: "Vas a emprender tu último vuelo".

Mente clara, mente impura

"Todas las cosas tienen la naturaleza de la mente" son las primeras palabras del *Dhammapada*, una elocuente colección de enseñanzas que impartió el Buda. "La mente es jefe y asume el mando. Si la mente es clara, todo lo que hagas o digas traerá una felicidad que te seguirá como tu sombra. Si la mente está corrompida, todo lo que hagas o digas generará un sufrimiento que te seguirá como un carro que tira del caballo".[6]

A veces, puede parecer que hay alguien en nuestra cabeza que controla todo, una autoridad independiente a quien llamamos Yo que es responsable de nuestros actos. Tendemos a equiparar a este Yo con nuestra mente. Sin embargo, el Buda nos enseña que creer en un Yo revela falta de insight sobre la naturaleza de la mente. En el idioma filosófico tibetano —que se desarrolló para traducir textos budistas del sánscrito— hay muchas palabras para referirse a la mente, según sea la actividad que se esté realizando. Todos los budistas saben que ella tiene una gran variedad de funciones. En el sentido más amplio, podríamos decir que la mente es nuestra respuesta total al hecho de estar vivos.

Todas nuestras reacciones al mundo que nos rodea se producen en la mente. El sentirnos seguros o inseguros, confiados o desconfiados, depende de cómo fue entrenada nuestra mente. Nuestra forma de vivir, nuestros actos y palabras, todo ello revela la cualidad de la mente. Por ejemplo, si estamos "desparramados" en una silla, la mente no puede estar abierta ni alerta. Si nos sentamos en el borde, participando plenamente sin retraernos, irradiamos energía y calidez.

La mente es el capitán del barco: regula el tono, determina la carga y marca el rumbo. El capitán establece prioridades y decide qué registrar en el cuaderno de bitácora, qué vale la pena recordar y qué debe ser ignorado. El estar hoy aquí es resultado de nuestras elecciones en el pasado, y el futuro depende de lo que está ocurriendo en nuestra mente en este preciso instante. Nuestro estado anímico determina nuestra vida.

La mente es infinitamente compleja, posee un potencial que ni en sueños llegamos a imaginar. Sin embargo, tiende a funcionar de manera algo limitada: los motores de nuestro barco operan a media máquina. A pesar de las múltiples opciones que la mente nos presenta, solemos elegir dentro del restringido repertorio de cuatro o cinco posibilidades. Nuestros principales motivadores son la esperanza y el miedo, y las habituales reacciones por costumbre. Lo que nos atrae, lo que valoramos, lo que ignoramos, lo que preferimos apartar de nuestro camino y lo que hacemos empujados por simple necesidad: este es el campo de acción que dictamina el marco en que opera la mente.

Refinando nuestros recursos

Los dos principales recursos interiores del ser humano son la mente y el cuerpo, o la inteligencia y el sentimiento. El desarrollo humano supone la refinación de tales recursos.

Inteligencia y sentimiento siempre están activos simultáneamente. Toda experiencia consiste en una acción inteligentemente dirigida y un tono que dicta el sentimiento. En un plano ideal ambos se realizan plenamente, están equilibrados e integrados y generan armonía interior. Sin embargo, en la práctica suele ocurrir que la inteligencia y el sentimiento no se llevan bien, lo cual conduce al desequilibrio.

No es fácil reintegrar el pensar y el sentir. La brecha entre ambos suele empujarnos a expresar lo opuesto a lo que sentimos. Podemos usar nuestro intelecto como brújula mientras anulamos nuestros sentimientos o, por lo contrario, darles primacía a nuestras emociones a expensas del intelecto. Eventualmente podemos estar tan acostumbrados a la confusión y el conflicto resultante, que ya no podamos reconocer nuestros verdaderos sentimientos.

Los pensamientos se mueven velozmente, empujando y tironeando y exigiendo nuestra atención. El proceso de pensamiento es más rápido que un abrir y cerrar de ojos. En ocasiones, ellos saltan de un lado al otro, como monos. Otras veces parecen esculpidos en piedra o rodeados por una niebla densa e impenetrable. No importa su índole, los pensamientos surgen implacablemente.

Muy por debajo del carnaval del mundo del pensamiento y escondido dentro del cuerpo, yace el paisaje sutil del sentimiento. Los sentimientos son inseparables de las sensaciones físicas, cuyo tono emocional puede definirse como agradable, doloroso o neutro. Sea cual fuere su tono, los sentimientos son tímidos y tienden a permanecer en segundo plano. En esto se diferencian de las emociones, que pueden entenderse como juicios acerca de los sentimientos, por lo cual son en gran parte producto del pensar.

Se necesita tiempo y conciencia para que se manifiesten los sentimientos, y es por eso que suelen dejarse de lado. Mientras los pensamientos tropiezan llevándose unos a otros por delante instándonos a actuar, los sentimientos se mueven más lentamente. Mucho antes de que los sentimientos puedan balbucear un mensaje, los pensamientos siguen su camino. Frecuentemente nuestros pensamientos evalúan una situación e inducen a actuar antes de que los sentimientos hayan tenido tiempo de aflorar. Al fin del día, o quizás en la quietud de la noche, cuando finalmente podemos relajarnos y escuchar nuestros sentimientos, puede ser demasiado tarde. La carta ya se envió, las palabras fueron pronunciadas, el contrato se firmó. Nuestros sentimientos perdieron la oportunidad de unirse a la inteligencia para aportar lo suyo.

Los sentimientos nos proveen de energía a través de su conexión con el cuerpo. Si no pueden integrarse con los pensamientos y las acciones, sus mensajes se pierden. Sin la combinación sentimiento–energía que nos habilita, aparece la tensión. Los sentimientos reprimidos se pudren en el cuerpo, alimentando una profunda frustración que puede irrumpir "de repente" en síntomas físicos, o en un arranque de palabras rencorosas de las que más tarde nos arrepentiremos. Cuando ocurren esas cosas, es señal de que la mente pensante, con la emocionalidad concomitante, tiene demasiado control. Estamos desequilibrados. Para restablecer la armonía, necesitamos relajarnos y darnos tiempo para conectarnos con los sentimientos.

Ejercicio: La conciencia de la respiración hace de puente entre el pensar y el sentir, a medida que la respiración conecta la cabeza con el cuerpo. El concentrarnos en la respiración durante cinco minutos tres a cuatro veces por día restablece el equilibrio entre el pensamiento y el sentimiento. Comience focalizando en la inhalación, evitando manejar la respiración. Si se olvida de focalizar en la respiración, vuelva a empezar. La constancia y el ritmo activan un proceso de integración. Usted llega al momento; está presente en su cuerpo. Inteligencia y sentimiento se están fundiendo.

Construcciones mentales

Los pensamientos monopolizan nuestra atención. De noche nos dormimos apenas desaparece el último pensamiento inconcluso. A la mañana siguiente, al despertar, el primer pensamiento ya nos está esperando. Ellos gobiernan nuestros días como un amo que da órdenes a un esclavo. Parece como que no tenemos ni voz ni voto sobre lo que ocurre en nuestra mente: estamos forzados a pensar nuestros pensamientos.

Si estudiáramos nuestro mundo interno con la misma seriedad con que estudiamos el mundo externo, la mente nos revelaría un sinfín de posibilidades. Sin embargo, no precisamos empezar de cero para estudiar la mente, ya que hoy en día contamos con el apoyo de la tradición budista. Innumerables textos budistas tratan sobre la mente. Los textos del *Abhidharma* contienen las enseñanzas psicológicas del Buda y un estudio profundo de la mente humana. Las actividades interiores de esta son catalogadas muy detalladamente y van acompañadas de un comentario.[7]

La experiencia humana es activada por hechos que la mente considera importantes. Por ejemplo, los sentidos son atraídos a un objeto como el hierro al imán. El contacto entre uno de los sentidos y su objeto enciende una sensación, y entonces vemos, oímos, sentimos, gustamos u olemos algo. La sensación conduce a una interpretación: la experiencia es rotulada y nace un pensamiento. El pensamiento es, por lo tanto, el último eslabón en un complejo proceso interior, una reacción mental en cadena.

Una vez ubicado el pensamiento, la experiencia directa desaparece. Podemos creer que el pensamiento es un reflejo de la realidad, y sin embargo no es más que un sustituto pobre de la experiencia perdida. Si nos explayáramos en un largo comentario sobre el alimento que comemos, ¿podríamos aun así disfrutar los sabores de la comida? Si vamos clasificando plantas mientras caminamos por un lujoso jardín, ¿podremos captar su belleza? Las interpretaciones de la experiencia nos quitan del presente; el momento pasa sin previo aviso. Cuando pensamos una experiencia en voz alta ya está en el pasado, ya está "muerta".

El primer paso del proceso para empezar a controlar la mente consiste en identificar el instante preciso en que aparece un pensamiento en escena. Permaneciendo quietos y volviendo la mirada a nuestro interior, podemos ver cómo se inicia un único pensamiento. También podemos presenciar el flujo de pensamientos. Estando muy atentos a lo que se desarrolla seguidamente en nuestro interior evitamos perdernos en la maraña de construcciones mentales.

Conocimiento de la conciencia plena

Una de las funciones de la mente es evaluar y seleccionar aquello que nos conviene y lo que no nos conviene. Esta capacidad de discriminar es indispensable para las decisiones y elecciones prácticas tales como llenar un formulario, cruzar la calle o pagar las cuentas. Pero esta mente crítica tiende a ahogar otras formas de actividad mental. Al ejercitarla más y más, inevitablemente el aspecto racional de la mente se formará opiniones y juicios críticos de todo lo que observe. A menos que desarrollemos la conciencia de la actividad mental, toda experiencia se filtrará a través del intelecto, dejando los sentimientos a un lado. La mente se empeña en tironear o empujar; el juicio crítico atropella la conciencia plena y la integridad de la experiencia queda destruida.

La inteligencia incluye otras fuentes de conocimiento además de pensamiento e intelecto. Dedicación, atención plena, interés, foco, concentración, introspección, fantasía, imaginación creativa y presencia mental, todos contribuyen al saber. La cualidad de nuestra sabiduría depende del grado en que estos diversos aspectos de la inteligencia colaboran con el mundo del sentimiento para generar equilibrio.

El despertar espiritual es el proceso de adquirir conciencia, y la conciencia está ligada a la plena realización de todas las capacidades inteligentes, incluido el pensamiento. El interés es el motor que impulsa este proceso. Sin embargo, estar interesado es más que estar curioso; el interés mantiene el involucramiento y persiste, y es así como aprenden los seres humanos. Prestar atención estimula el interés. Este puede gradualmente llegar a ser concentración; a su vez, la concentración genera conocimiento y, finalmente, sabiduría. Cuando sentimos verdadero interés y somos capaces de sostenerlo, nuestra inteligencia nos conduce a la sabiduría.

Las enseñanzas del Buda apuntan a devolver unidad a la experiencia destruida. Existen muchos métodos para volver a la experiencia directa y restablecer su integridad; los textos tradicionales hablan de 84.000 métodos. La atención plena es fundamental y en muchas tradiciones budistas, ella comienza con la conciencia de la respiración. Practicando la atención plena en medio de las infinitas experiencias confusas por las que transitamos diariamente, llegamos al momento presente en su integridad. Aquí no hay fragmentación.

Confiar es creer

Para que haya actividad mental constructiva, debemos aplicar nuestra inteligencia. La tranquilidad y el equilibrio mental se consiguen sin entregarse a las emociones destructivas ni haciendo esfuerzos deliberados por suprimirlas. Por el contrario, se logran cultivando conscientemente hechos mentales positivos. Cuando actúan las cualidades positivas y constructivas, no hay lugar para la destructividad. El cultivo consciente de estados positivos permite frenar la negatividad.[8] Una actitud mental negativa contrae la conciencia, mientras que la mirada positiva abre la mente. Confianza, apreciación, agradecimiento, alegría, dicha, satisfacción y buena voluntad son estados mentales positivos que intensifican la conciencia y aportan energía y estabilidad. Cultivando hechos mentales positivos, podremos manejar la direccionalidad de nuestra mente.

Para el Abhidharma, la confianza o fe es el primer hecho mental positivo, base indispensable para entrenar la mente. Sin confianza, seguramente desembocaremos en el temor. Tradicionalmente, se describe la fe budista en términos de tres tipos de confianza, basados en la admiración, el anhelo y la convicción. Pero esto también puede expresarse de otra manera: primero, la confianza en la propia capacidad de manejar y despertar la mente: no se trata de una fe ciega ni de una esperanza infundada, sino más bien de la certeza de poder despertar colocando nuestra confianza en lo que es valioso. Segundo, confiamos en que nuestros actos producen resultados, depositamos nuestra confianza en lo real. Tercero, nos damos cuenta de que el sufrimiento suele ser innecesario, depositamos nuestra confianza en lo posible.[9]

El primer tipo de confianza es la certeza de que los seres humanos son potencialmente capaces de lograr un estado de plena conciencia. La enseñanza implícita en la vida del Buda histórico es que el hombre tiene plena capacidad de realización plena. Así como el agua se puede purificar, así también la mente se puede limpiar. Esto ocurre en el camino hacia la iluminación.

En la vida diaria, simplemente reconocer que toda experiencia alberga un aspecto positivo que podemos cultivar puede considerarse un hito. Si confiamos en ello, confiamos en la dinámica inherente a la resolución de problemas. Cada vez que resolvemos un pequeño problema, se produce un cambio positivo. Esta energía positiva se potencia con cada desafío, e incluso llegaremos a disfrutar el tener que manejar situaciones más difíciles. Gradualmente, ni los más serios dilemas podrán abatirnos porque, lejos de dominarnos, sabremos cómo enfrentarlos. La expansión del insight genera una fe inconmovible en la fuerza y el poder de la conciencia.

El segundo tipo de confianza es la fe en la ley del karma. Si no creamos una causa, no podemos esperar un resultado. Este conocimiento nos da seguridad en nuestro desarrollo personal. Si plantamos un bulbo de tulipán y lo regamos y nutrimos, crecerá un tulipán, no un pino. Si no plantamos nada, ya sea por casualidad o adrede, nada crecerá. Nuestras acciones hacen la diferencia. Detrás de todo resultado hay una causa.

El tercer tipo de confianza es la certeza de que muchas de nuestras decepciones y frustraciones podrían haberse evitado, que gran parte de nuestro sufrimiento es innecesario y sin sentido. El sufrimiento sin sentido disminuye cuando entendemos cuáles son los patrones que perpetúan los problemas. Como mínimo, una actitud mental constructiva puede impedir que los problemas se intensifiquen. Si tenemos suficiente interés, fe y perseverancia, podremos eliminar el sufrimiento completamente.

Las once actividades mentales positivas

En las enseñanzas Abhidharma, confianza o fe es el primero de once hechos mentales positivos. Al desarrollar estas once actitudes empezamos a controlar nuestra vida interior, y por ende nuestras posibilidades. Al comienzo, el trabajo deliberado para desarrollar estructuras mentales positivas puede parecer forzado o poco sincero. Pero pronto el ánimo positivo cobra ímpetu y promueve resultados tangibles: funciona. A la confianza le siguen el respeto por sí mismo, el decoro, el no apego, la no aversión, el no autoengaño, el esfuerzo, la presencia mental, el cuidado, la ecuanimidad y, por último, la no violencia.[10] Las primeras diez de estas actividades mentales positivas proveen un camino de crecimiento personal que culmina en el factor positivo de la no violencia. Esta no violencia es tanto física como mental, y se manifiesta hacia nosotros mismos y también hacia los demás. Se ha descrito esta no violencia como la culminación de una mente totalmente realizada, que no le desea mal a nadie.

En nuestro transitar hacia el crecimiento personal, distintos tipos de obstáculos pueden surgir en el camino. Los mayores impedimentos se hallan en nuestro interior. Son muchos los posibles obstáculos, según sean los hábitos personales. Además de inseguridad y pereza, podemos padecer de arrogancia, desinterés, distracciones, estrés, torpeza, y el deseo de que el camino fuera diferente.[11] El *Abhidharma* describe estas actitudes internas como "dolencias mentales", lo que significa que pueden curarse.

Al familiarizarnos con la mente, comprendemos quiénes somos y qué podemos hacer con nuestra vida. Una vez logrado este conocimiento, ya no podremos ignorar nuestra brújula interior. Con nuestra mente capitaneando el barco, conocemos el curso a seguir.

Pero, ¿y si el barco carece de timón? ¿Qué haremos entonces?

4

Somos quienes creemos ser

Mi madre tenía su propia filosofía sobre el amor. Yo tendría unos doce años cuando me la reveló: En algún lugar de la Tierra hay alguien cuyo lugar es a tu lado. No importa cuán diferentes sean, es indudable que se pertenecen el uno al otro. Piensa en una manzana partida al medio. Sólo esas dos mitades calzan perfectamente para volver a formarla. "¿Cómo hacen ambas mitades para encontrarse?", le pregunté. "Si verdaderamente lo crees, algún día encontrarás tu media manzana".

Para mí, eso tenía sentido. De pequeño, una vez le pregunté: "Si tuvieras que elegir entre papá y nosotros, ¿a quién elegirías?". Ella protestó: "¡Qué pregunta imposible!". Pero yo seguí insistiendo hasta que finalmente respondió: "A papá". Fue muy amarga mi desilusión en ese momento, pero años más tarde lo entendí. Yo era solamente una parte de su mitad de la manzana.

En realidad, yo sabía poco acerca de la relación entre mis padres; su matrimonio era territorio privado e infranqueable. De noche, la puerta de su dormitorio estaba cerrada con llave. Sólo durante un temporal, o cuando alguno tenía pesadillas, mi madre salía del dormitorio y a veces nos llevaba a su cama. Habitualmente mi padre seguía durmiendo, pero ella esperaba hasta escuchar nuestra respiración pareja y recién entonces se volvía a dormir.

Mis padres formaban un frente común imponente. Si le hacíamos una pregunta a uno, antes de responder quería saber si el otro ya había dado su opinión; si era así, no había más que decir. Los de afuera nunca los escucharon hablarse con enojo, y nosotros mismos rara vez detectamos gestos de impaciencia. Tampoco había exhibiciones de amor. A la mañana, cuando mi padre se iba a la oficina, mi madre le daba un beso; nunca pareció molestarle que él recibiera su muestra de afecto pasivamente.

La unión entre mis padres era absoluta y nada se interponía entre ellos. Pero, ¿cuáles eran sus valores más elevados y sus aspiraciones? ¿Había algún principio rector en sus vidas que valoraran especialmente? Durante nuestra infancia jamás nos impartieron reglas de comportamiento o códigos claros de conducta, salvo que no debíamos tirar la comida ni despilfarrar el dinero. Mis padres creían firmemente en el trato igualitario hacia sus cuatro hijos, sin incurrir en favoritismos. Y daban por sentado que todos nosotros seríamos profesionales exitosos, preferentemente en el mundo de los negocios

Una noche, en enero de 1964, observamos un gesto de intimidad entre mis padres que jamás habíamos presenciado. Ese día festejaban sus bodas de plata en familia con una cena especial. La mesa estaba puesta con la vajilla más fina. La adornaban unos candelabros de plata y un arreglo floral bellísimo como centro de mesa. Hileras de calentadores para el té ardían en las ventanas.

Como de costumbre, mi padre se sentó a la cabecera, mi madre al pie, y dos hijos a cada lado. Todos estábamos vestidos con ropa formal: mi madre con vestido de fiesta, *corsage* y joyas, mi padre y los cuatro hijos de traje oscuro. Mi padre fue el primero en hablar, y se levantó, dirigiéndose a cada uno de nosotros por separado. Finalmente, se volvió hacia su mujer. Las lágrimas se deslizaban por su rostro mientras le decía: "Eres la luz de mis ojos". Nunca antes lo había visto llorar.

Mientras hablaba, nos contaba detalles de su sombría juventud. Como hijo mayor, su misión había sido llenar el vacío que reinaba entre los padres. Su padre, un hombre de bigotes callado e imponente, rara vez le hablaba; su madre también hablaba poco. Más adelante, cuando estuvo en la Universidad de Ámsterdam, a pesar de su adusta timidez, mi padre fue presidente de una organización estudiantil. Cuando se acercaba la fecha del aniversario del club, no tenía quién lo acompañara al festejo. Pero alguien de la comisión organizadora tenía una prima en París, así que ¿por qué no invitarla? A los pocos meses mis padres se comprometieron. Se casaron seis años después, justo antes de comenzar la Segunda Guerra Mundial

"Cuando entraste en la casa de mis padres, fue como si de pronto todo se iluminara", le dijo mi padre a mi madre. Se hizo un pesado silencio. Él masculló: "Eso es todo lo que tengo que decir", y se sentó abruptamente. Las sillas se movían, y se escuchó el tintinear de las copas y los cubiertos.

De pronto, mi madre se puso de pie. "Yo también quiero decir algo". Yo no cabía en mí del orgullo. Todos los ojos se posaron en ella. Por lo general, cada vez que ella llamaba la atención, alguno de mis hermanos hacía chistes tontos. No así esta vez. Estábamos todos expectantes, en silencio. Mi madre no era tímida para dirigirse a los demás, pero no era común verla como ahora, ocupando el centro de la atención.

Cuando hablaba, era como un capitán parado en el puente al mando de su barco, su mirada fija en el horizonte. Habló acerca de comenzar una nueva etapa en su vida, ahora que los hijos se habían ido del hogar. Claramente se esforzaba por proyectar una imagen positiva del futuro. En lugar de detenerse en el pasado que había quedado atrás y en la melancolía del nido vacío, estaba firmemente decidida a darle un nuevo giro a su vida.

Permanecimos en silencio un buen rato. Nos impresionaba su sentido de liderazgo y la manera en que tomó las riendas de su destino. Parecía saber lo que quería. Ni se nos ocurrió preguntarle cómo había llegado a tener esa visión del futuro.

Sólo tenía cincuenta y un años, y tenía el futuro en sus manos. Rememorando aquella noche, todavía no sé cuáles eran sus ideas en ese momento. ¿Estarían aún vigentes sus antiguas ideas sobre la maternidad y las dos mitades de una manzana como principales referentes en su vida? ¿O acaso sus pensamientos cambiaban con ella a medida que envejecía?

Círculo de pensamientos

"Somos quienes creemos ser", dijo el Buda, "porque llegamos a ser quienes creímos ser antes." Los pensamientos crean nuestra realidad. Viéndonos a nosotros mismos y al mundo que nos rodea, sacamos conclusiones basadas en pensamientos y observaciones. Constantemente buscamos la confirmación de nuestras opiniones, y eso nos da seguridad. Con los años, *aquello que* pensamos y *cómo* pensamos se convierten en el estándar para nuestra realidad. Empezamos a considerar nuestros pensamientos e impresiones como representaciones de una verdad absoluta.

Para el que piensa, los pensamientos pueden parecer frescos, pero en realidad estos urden infinitas variaciones sobre unos pocos temas, apoyados por patrones recurrentes de opiniones e interpretaciones. Convencidos de que nuestras presunciones se basan en la verdad objetiva, nos sentimos apegados a nuestra forma de pensar. Y si llegáramos a sospechar que nuestros pensamientos y percepciones se ajustan a los viejos moldes, igual parece imposible cambiar nuestra percepción. Siempre encontramos los mismos problemas, provocamos las mismas reacciones conocidas y reaccionamos de las únicas maneras que sabemos: a *perpetuum mobile*. En definitiva, todo queda igual. La vida se torna un ciclo repetitivo que nos tiene cautivos. Este ciclo repetitivo se caracteriza por una inquietud y una confusión subyacentes. Según las enseñanzas budistas, este ciclo, así como el eterno vagar sin rumbo dentro de él, se llaman *samsara*.

La mente genera pensamientos constantemente. A medida que envejecemos, nos apegamos más al contenido de nuestros pensamientos y somos menos receptivos hacia posturas poco conocidas. Como experimentamos la mayoría de las cosas varias veces, nos acostumbramos a nuestras opiniones y nos consideramos expertos en ciertas cosas. No es sencillo ni parece prudente "cambiar" nuestra mente. ¿Qué pasaría si modificáramos nuestra mente? ¿Quiénes seríamos? ¿Qué pensarían los demás de nosotros?

Y sin embargo, si queremos evolucionar como personas debemos realizar un esfuerzo consciente para modificar nuestros pensamientos planteándonos desafíos con preguntas como: "¿Qué pensamientos quiero que me acompañen durante el día de hoy?" "¿Qué es lo que importa en este pensamiento?" "¿He tenido este pensamiento antes?" "¿Puedo pensar un pensamiento que nunca he tenido?". Podemos probar cambiar nuestra mente viendo las cosas desde la perspectiva de otra persona, o quizá negándonos a seguir dando vueltas alrededor de un mismo tema. El mejor remedio para los patrones de pensamiento repetitivos es simplemente olvidarlos.

Sea cual fuere el abordaje elegido, para poder cambiar nuestra mente debemos evitar seguir nuestras tendencias automáticas. Los pensamientos enraizados nos abruman, mientras que un pequeño cambio en un patrón habitual aliviana nuestra carga. Cada vez que realizamos un cambio consciente en la forma de aplicar la mente, nos quitamos un peso de encima.

La tiranía del *Yo*

El mundo del pensar se parece a un cine que pasa películas de corrido, donde el personaje principal es siempre el Yo. Todos los roles secundarios sirven al Yo, y el mundo descrito en la línea argumental es simplemente un telón de fondo para la vida de éste. La índole obsesiva del Yo exige constante atención. Las escenas se siguen unas a otras caprichosamente, según la forma en que el Yo monta la escenografía. Los otros personajes de la historia se ven a través de los ojos de él y son en realidad ficciones de la imaginación del Yo. Los personajes actúan sus roles como en una telenovela: en cada episodio comparten la acción con el Yo.

Cuanto más se identifica la mente con el yo, tanto más se cierra nuestro mundo. Separados de la totalidad, intentamos paliar nuestro aislamiento con dramas emocionales. Con esos dramas que son un simulacro de contacto, nuestro ensimismamiento hace imposible la conexión positiva con los demás.

A veces, la autoimagen parece estar adormecida, como cuando nos encontramos absortos en el trabajo o el juego, o frente a una emergencia que nos hace actuar espontáneamente. Sin embargo, el sí mismo invariablemente vuelve a ocupar el centro de la escena, ansioso por tener razón y volver a atraer la atención. "¿Hice las cosas bien? ¿Vieron que Yo salvé la situación?". La espontaneidad y la autenticidad son reemplazadas por intereses mezquinos centrados en el ego.

Tendemos a rodearnos de individuos como nosotros, personas con experiencias similares que comparten nuestras opiniones y emociones, que nos aceptan como somos y no quieren que cambiemos. Formamos parte de una conspiración que atenta contra todo tipo de cambios. De esta manera, nuestras creencias se confirman y se refuerzan una y otra vez. Cualquier cambio provoca inseguridad y temor, como si se nos moviera el piso.

¿Cómo hacer para disipar el poder del Yo? Limitarnos a presenciar sus inventos sin intentar manipularlos puede marcar el comienzo de una nueva estabilidad. Cuando un pensamiento persistente refleja una afirmación, el testigo puede preguntar: "¿Quién lo dice?". Para cada respuesta, el testigo vuelve a preguntar: "¿Quién lo dice?". El hecho de plantearnos una y otra vez esta pregunta simple y neutra nos torna más genuinos, ya que de ese modo redescubrimos nuestra autenticidad. De esta manera preparamos el terreno para, poco a poco, desmantelar el yo.

Cadena de pensamientos

Rara vez terminamos un pensamiento antes de que el próximo tome la delantera. Una inquietud interior nos obliga a producir cada vez más pensamientos; salen como el aliento turbio de un dragón echando fuego. Si nos logramos focalizar en un pensamiento, no para capturarlo sino para pensarlo exhaustivamente hasta que ya no haya más que pensar, se producirá un *insight*. Por ejemplo, podemos descubrir que ese pensamiento se originó en un supuesto erróneo y que ya desde el principio tomamos el camino equivocado. O que al final del pensamiento apareció la respuesta que buscábamos, o un conocimiento que no nos dimos cuenta que estaba disponible o que habíamos ignorado porque resultaba incómodo, o quizá implicaba algunas conclusiones que nos asustaban. Por ejemplo, podemos pensar: "Debo cambiar mis responsabilidades laborales". Si seguimos el pensamiento hasta el final, podemos decidir hacer los cambios ahora mismo en lugar de esperar a que ocurra lo inevitable después, cuando quizá la situación escape a nuestro control. Pensar nuestros pensamientos hasta agotarlos, siendo implacables al cuestionar nuestras respuestas ("Pero no sé cómo hacerlo", "Hago todo lo que puedo", "Soy humano, después de todo"), nos permite cambiar.

Ejercicio: Para explorar las posibilidades de nuestra mente, debemos aprender a mirar hacia dentro hasta vislumbrar el mundo del pensar.

1. Sentado inmóvil durante la meditación, puede distinguir el flujo de pensamientos. Al principio quizá le sorprenda la actividad caótica que se desarrolla en la mente, un desfile desordenado de hechos mentales: percepciones, emociones, imágenes, recuerdos y asociaciones, todos ellos impulsos generados por estímulos sensoriales y que culminan en pensamientos. Relájese y registre sus pensamientos sin emitir juicios ni manipularlos.
   "Oh, esto es desconfianza; y aquí hay avaricia; esto es porque quiero reconocimiento por parte de mi padre; aquí el tema es el orgullo; ahora hablan los celos; ahora, otra vez la necesidad de ser el mandamás". Si nos limitamos a observar, a reconocer y a dejar pasar los pensamientos, la conciencia echa luz sobre sí misma.

2. También puede observar sus pensamientos en el trabajo. Tenga una hoja de papel a mano. Durante un rato, quizá no más de diez minutos, anote los pensamientos que surjan en su mente. Haga una lista separada de todos los pensamientos que lo distraen y que no guardan relación con el trabajo que se encuentra realizando. Este ejercicio despeja la mente, la hace más alerta, y mejora la concentración.

3. También puede formar categorías con los pensamientos según su cualidad: positivos, negativos o neutros. En un instante debe decidir a qué categoría pertenece un pen-

samiento, aunque un análisis más minucioso revelará que todos, independientemente de su contenido, tienen aspectos positivos, negativos y neutros. A la larga, la conciencia de este triple aspecto de los pensamientos fortalecerá su capacidad de cultivar actitudes positivas en su vida diaria. Sabiendo que tiene opciones, empiece a buscar el lado positivo de las cosas y a construir sobre eso. Cuando tenga conciencia de un pensamiento ni bien surja en su mente, habrá alcanzado un hito en la meditación sobre los pensamientos.

Llegado a este punto, la conciencia ya no sólo se une al contenido del pensamiento. Dos actividades mentales se manifiestan simultáneamente: por ejemplo, el pensamiento "¿Ya se hizo tan tarde?" y la conciencia del pensamiento separada de su contenido.

Gracias a esta expansión de la conciencia, se desprende de los restos y desechos de la mente. Liberada de la esclavitud a cualquier pensamiento que pueda surgir, la conciencia ejercita su potencial para determinar el contenido del pensamiento.

Una vez que ella manifiesta este potencial, empieza a entender cómo funciona la mente y puede desentenderse de los pensamientos. Cuanto menos se identifique con lo que piensa —con lo que sea que surja en su mente—, menos rígidos serán sus patrones. Ya no se toma tan en serio sus estados anímicos y sus prejuicios; ellos están de paso, como huéspedes temporarios que van y vienen en la casa deshabitada de la mente. Si no les presta demasiada atención, se irán tan rápido como vinieron. Este es el fruto de la meditación.

Nuestros pensamientos pueden parecer firmemente ligados, como las perlas de un collar. Pero cuando la mente está quieta, vemos que no existe un hilo conductor, sólo un puñado de perlas. De hecho, los pensamientos suelen llegar en grupos desorganizados. Si observamos detenidamente los flujos de pensamiento, vemos que la mente aparece de a ratos transparente y tranquila y, luego, sin preaviso, rebosa de actividad. Si indagamos más a fondo, veremos que un pensamiento contiene muchos otros, aunque tendemos a elegir el que nos resulta más conocido. Profundicemos y veremos que un único pensamiento contiene a todos los demás, en el sentido de que el corazón de cada pensamiento aloja un espacio activo con una cualidad de energía agitada.

Si intentamos rastrear ya sea el origen o el destino de los pensamientos, terminaremos con las manos vacías. ¿De dónde vienen y adónde van? Aparecen de repente y luego desaparecen sin más, no sabemos hacia dónde, dejando en el cuerpo y la energía rastros que inmediatamente tienden a establecer un patrón.

A medida que aprendemos a relajar la mente y permitimos que los pensamientos lleguen y se vayan sin aferrarnos a ellos, aparece una pequeña brecha entre ellos. En el espacio antes de que llegue el próximo pensamiento hay vacío, quietud. Por un momento hasta el Yo se encuentra ausente; sin pensamiento, no hay Yo. En la meditación, se puede distinguir y entrar dentro de estos espacios quietos en la cadena de pensamientos. Como si debajo, detrás o adentro de este denso vacío encontráramos la verdadera naturaleza de la mente: abierta, espaciosa y libre.

¿Dónde está el Yo?

Sentidos, sentimientos y pensamientos, todos contribuyen a producir el Yo que tanto malestar genera. Pero, ¿dónde se encuentra ubicado el Yo? Si lo buscamos en el cuerpo, no lo encontraremos. Lo mismo pasa si buscamos un Yo inconfundible y autónomo en la mente. Los pensamientos, los sentimientos, las proyecciones y los recuerdos que se representan en la mente cambian constantemente. No tenemos idea de cuál será el próximo pensamiento. Ellos vienen y van sin control, y el *self* que provee el contenido para tantos pensamientos es tan esquivo como ellos. De pronto nos sentimos profundamente satisfechos, y al momento siguiente, amargamente decepcionados. Si el Yo fuera un factor constante en la mente, ¿no podría nuestra experiencia permanecer también constante?

Pero la mente no tiene constancia. No posee forma ni color, es inodora e insípida. Independientemente de las restricciones y límites que le imponemos, la mente permanece inconmensurable, su poder es inconcebible. Una vez le preguntaron al Lama Mipham (Lama tibetano del siglo XIX): "¿Qué conocimientos necesitamos para ser sabios?". Él respondió: "El conocimiento que penetra el despotismo y la ilusión de Yo". El Lama Mipham demostró de diez maneras diferentes que no es el Yo quien sufre y se hace libre: es la mente la que sufre y es liberada de la tiranía del Yo.

A través de un conocimiento más profundo del Yo aprendemos a apreciar la verdadera naturaleza de la mente y su potencial para nuestra vida. Cuando el autoconocimiento desbarata la creencia en un Yo permanente y sustancial, se pone fin a mucho sufrimiento innecesario. La mente comienza a despertar. Cuanto más translúcido se torna el Yo, menos proclives seremos a caer víctimas de sus caprichos. Cuando ya no domine más el Yo y la mente abierta pueda jugar libremente, nuestro ser en su totalidad emergerá y florecerá.

No obstante, también es cierto que el Yo desempeña un papel constructivo en una determinada etapa vital. Cuando somos jóvenes, es importante desarrollar un Yo equilibrado. Una imagen de sí sana alimenta la seguridad, lo cual es fundamental para moldear una vida joven. Una dosis fuerte de autoestima despierta un sentido de responsabilidad personal; un toque de orgullo es como la sal que potencia los sabores de una comida.

Con un Yo, ego o imagen de sí equilibrado, los jóvenes pueden abrir su propio camino en vez de seguir en la senda de lo ya transitado. Los estudios científicos sugieren que la parte del cerebro que pone orden y planifica a largo plazo, o sea el presidente del cerebro, se desarrolla a fines de la veintena. Hasta ese momento, estamos "ciegos" al futuro.[13] Quizás esto explique en parte por qué Siddhartha Gautama, que sería Buda, comenzó su viaje hacia la iluminación a los veintinueve años.

En los años juveniles, el Yo nos ayuda a encontrar nuestro camino. No obstante, a medida que crecemos, vemos que el ensimismamiento constriñe nuestra naturaleza. El repertorio limitado del Yo sólo es capaz de generar dualidad: yo y mundo, agrado y desagrado, nosotros y ellos. Una y otra vez nos aísla y nos separa. Dentro de semejante dualidad, es imposible vivir y trabajar juntos en armonía. Sólo la conciencia abierta y no dividida puede percibir un panorama más amplio y nuestras propias contribuciones dentro de él.

> *Ejercicio:* Sentado, tranquilo, deje que resuene esta pregunta: "¿Quién soy Yo?". Por unos instantes, esté atento a las reacciones que surjan y luego vuelva a preguntar: "¿Quién soy Yo?". Puede responder: "Yo no soy mi cuerpo. Yo no soy mis sentimientos. Yo no soy mis pensamientos". Al repetir la pregunta y las respuestas, la mente se vuelve consciente de sí misma. La conciencia se convierte en testigo neutral de los procesos interiores. Cuando descienda el silencio pregunte nuevamente: "¿Quién soy Yo?". Cuestione cada reacción: "¿Pero quién soy Yo?".
>
> Cada tanto, en voz baja pronuncie su propio nombre y pregunte de nuevo: "¿Quién soy Yo?".

Justo antes de lograr la iluminación, el príncipe Siddhartha Gautama fue amenazado por demonios —ilusiones del Yo— que lo atacaron con todas las armas de que disponían. Podemos interpretar los demonios como señales de que está irrumpiendo el subconsciente. Todo lo que yace oculto sale a la superficie: Terrores primitivos de un pasado lejano, miedos que se arrastran de bardo a bardo, recuerdos reprimidos de la infancia o desastres emocionales del presente.

Entendiendo que ni los demonios ni las armas en sí mismas podían dañarlo, el príncipe Siddhartha convirtió todas las armas en flores. También nosotros podemos comprender y transformar las maquinaciones destructivas del Yo. Apoyada por el conocimiento, la conciencia tiene el poder de derrotar al Yo y cantar victoria. El proceso comienza cuando confiamos en esa posibilidad.

En algunas tradiciones budistas, la derrota del Yo se llama *pequeño nirvana*. Romper las cadenas del ego pone fin al sufrimiento innecesario. La persona que alcanza este nivel de despertar se llama *Arhat*: el que venció a su enemigo. El arte budista suele ilustrar esta etapa con figuras humanas minúsculas siendo pisoteadas, o con un tocado hecho de calaveras humanas. Estos símbolos significan la derrota de la tiranía del Yo.

Ciertas personas experimentan gran felicidad justo en el momento antes de morir. Se terminó el rol del Yo; están próximas la redención y la liberación. La mente se separa del cuerpo mientras el Yo y sus pautas emocionales desaparecen. La luz de la mente que hizo posible ver pensamientos e imágenes durante toda la vida finalmente brilla sin filtro, suave y transparente. Por el momento, somos libres.

5

Continuidad sin comienzo

En la década de 1950, mi madre fundó un grupo de mujeres llamado El Caleidoscopio. Seleccionó a ocho mujeres provenientes de ámbitos diferentes, con mucho para debatir, y se reunían los primeros viernes de cada mes. Aunque muchas vivían lejos, a las 9:30 a.m. estaban todas presentes. Café en mano, empezaban hablando de sus cosas personales en un intercambio que, se sobreentendía, era confidencial. Tras esta puesta al día, una de ellas daba una charla informal de aproximadamente una hora, seguida por un animado debate en el que todas participaban.

Cuando le tocaba disertar a mi madre, preparaba su tema durante meses. Uno de los primeros temas fue la psicología del color. Ella creía que todos los seres humanos tienen un color que los caracteriza. Al nacer cada uno de sus cuatro hijos, compraba un álbum donde coleccionaba anécdotas, fotos y recortes mostrando los momentos clave en la vida del niño. Le daba mucha importancia a la elección del color de portada: verde para el mayor, luego azul, amarillo y rojo para el menor. A pesar de su interés por los colores, nunca supe cuál era su favorito. Mi padre se ocupaba de elegir las cortinas, el tapizado, y a veces hasta la ropa de mi madre.

Otro aporte de mi madre a las reuniones fue el análisis grafológico, tema que estudió en la Universidad de Leiden. El Caleidoscopio le brindó la oportunidad de compartir sus conocimientos, porque hasta entonces sólo mi padre buscaba su ayuda para evaluar cartas de solicitud de empleo. Su ambición era algún día detectar algún gerente talentoso a través del análisis grafológico. Los hijos también nos beneficiamos de sus conocimientos, ya que conociendo las características que indicaban una fuerte personalidad adaptábamos nuestra propia escritura. Por ejemplo, ella nos enseñó que subrayar o colocar un punto después de la firma, o cruzar dos "t" con un solo trazo decidido, eran muestra de carácter.

Otra vez disertó sobre el decimocuarto Dalai Lama, líder espiritual del pueblo tibetano, quien, junto con miles de refugiados de ese origen, había huido de su patria en 1959. En los años sesenta se sabía muy poco acerca de los trágicos acontecimientos que tuvieron lugar en esas tierras lejanas. Recién a partir de 1989 podemos decir que Occidente empezó a interesarse por el Tíbet, a raíz de que el Dalai Lama se hiciera famoso porque ganó el premio Nobel de la paz.

Durante veinte años, El Caleidoscopio creció bajo la inspiración creadora de mi madre. Cuando finalmente los estragos del Alzheimer despojaron su mente de los recursos necesarios, el club se desbandó. Sin un cierre, sin siquiera una despedida formal, el círculo de amigas se vino abajo. Siempre que me encontraba con alguna socia, generalmente en los entierros, ella manifestaba deseos de reanimar el club. Por un instante se atizaba un fugaz y melancólico deseo. Y siempre concluía con pesar: "Ya al final era demasiado para tu madre".

¿Por qué no estaban preparadas estas mujeres para tomar el lugar de mi madre? Durante años presenciaron su deterioro progresivo y sin embargo el final las tomó por sorpresa. Cuando ella ya no pudo organizar las reuniones, ninguna de ellas asumió el liderazgo. Se tranquilizaban pensando que a la larga todo se iba a solucionar. Al apartar sus preocupaciones se privaron de un valioso insight, con lo cual excluían toda posibilidad de realizar una obra constructiva. Pasaron por alto los dictados de la intuición, y la posibilidad de actuar pasó inadvertida. Así, se disolvió el conocimiento y surgió el arrepentimiento.

Hacer el cierre

Todo tiene un comienzo, un medio y un final. Los comienzos requieren energía y creatividad; en el medio hace falta perseverar y seguir hasta el final. Los finales exigen el coraje de llevar las cosas conscientemente a un cierre, de disfrutar de lo realizado y, luego, soltarlo.

Las personas que están llenas de ideas y energía tienden a lanzar nuevos planes con brío y entusiasmo, ansiosas de enfrentar el desafío de una nueva aventura. Al principio todo va bien, pero después de la etapa del desarrollo, cuando ya se instala la rutina y hace falta perseverancia, el sentido de diversión y excitación pronto desaparece. Les resulta difícil permanecer motivadas.

Otros quizá no quieran asumir la responsabilidad de emprender algo por su cuenta, pero están dispuestos a apoyar un plan ajeno. Son los hacedores, con capacidad de permanecer motivados, de perseverar, de realizar un seguimiento y asegurarse de que las cosas funcionen. Manejan todo tipo de dificultades, tienen un nivel de energía estable y son capaces de ejercer la creatividad dentro de una estructura determinada.

Una vez concluida la etapa del desarrollo, el proyecto entra en la recta final, que para muchos es la etapa más exigente. Para un cierre adecuado hace falta tiempo, energía, resistencia y, sobre todo, cuidado. Cuando se acerca el final nos enfrentamos con la verdad de la impermanencia. Sea cual fuere la situación —el final de un club, de un trabajo o negocio, de una relación o de una época— el saber que todo llega a su fin, incluidos nosotros, se nos impone a pesar de nuestros intentos por ignorar el mensaje.

Si bien nos enfrentamos a esta verdad de muchas maneras diferentes, todavía nos resistimos al conocimiento de la transitoriedad. Si se vislumbra algo nuevo en el horizonte, es muy tentador saltearse el cierre y correr al encuentro del próximo desafío. Y a la inversa, si nada nuevo se avecina podemos insistir con las viejas rutinas aunque estas ya no resulten eficaces, simplemente por temor. En cualquiera de estos dos casos falta el cierre, y el resultado será el arrepentimiento.

El Caleidoscopio fue exitoso al comienzo y en el medio, pero al final no. ¿Podría haber sido diferente? Quizá se podrían haber compilado las charlas en un libro conmemorativo. O las mujeres podrían haber venido una última vez, permitiendo que cada integrante expresara lo que el club había significado para ella. La verdad de la impermanencia podría haber penetrado la conciencia del grupo: El Caleidoscopio tuvo un comienzo, por lo tanto, debía tener un final. Tal vez se podría haber formado un nuevo club, para ayudar a aquellos que necesitan calor humano y amistad en su vejez. En vez de eso, una parte de la vida de esas mujeres se tronchó abruptamente. La pérdida del club tal vez no les significó demasiado, pero el arrepentimiento que las acosaba significaba que no pudieron desprenderse de él. Una parte de ellas quedó ligada al pasado.

No siempre se puede llegar a una conclusión feliz, y el cierre ideal no existe. No obstante, cada vez que se termina una etapa de la vida vale la pena tomarse el tiempo para reflexionar sobre lo ocurrido, si es posible con las demás personas involucradas. Puede ser tentador ignorar el final, pero al hacerlo perdemos la oportunidad de llevarnos lo valioso de esa etapa a la siguiente. Sin cierre, nos arriesgamos a perder parte de nuestra memoria.

La impermanencia es un hecho de la realidad, uno de los más dolorosos y bellos a la vez. En su belleza, la impermanencia nos permite avanzar y al mismo tiempo conservar lo que atesoramos. Una época que terminó adecuadamente se puede recordar en toda su plenitud, sin ansiedad ni arrepentimiento. Tales recuerdos, conocimientos y sentimientos encienden y alimentan nuestra vida; pasan a ser parte de nosotros mismos.

Nada dura para siempre

El cambio es inherente a la trama del cosmos. Nuestro universo, uno entre muchos según las enseñanzas budistas, cambia permanentemente. Creación y decadencia se suceden mutuamente sin cesar; en los ritmos del tiempo, comienzo y final, nacimiento y muerte están inextricablemente unidos. Nada de lo que ahora parece natural y hasta indispensable permanecerá con nosotros hasta el final. Los pueblos donde vivimos parecen ser realidades fijas, pero aquellas personas que viven en zonas de terremotos o desastres naturales saben que no es así. Si dentro de veinticinco años volvemos al lugar donde estamos ahora, gran parte de lo que nos rodea habrá desaparecido o cambiado hasta ser irreconocible. El terreno donde hoy hay emplazado un edificio fue otrora un pantano o un bosque, y hace miles de milenios quizá fue mar u océano. Las familias donde nos criamos o las que formamos, las organizaciones donde trabajamos, la sociedad a la que contribuimos, la cultura que nos moldeó, todo lo que existe, debido a causas y condiciones, cambiará y, finalmente, desaparecerá.

Nada dura o permanece igual; todo está en movimiento. Una mariposa puede durar una semana, las secuoyas miles de años y las estrellas billones de años, pero a todas les llegará su fin y, en ese espacio temporal cambian permanentemente. De la misma manera, por más que lo neguemos y tratemos de evitarlo, el cuerpo humano está sujeto a constantes transformaciones dentro del tiempo que le toca vivir. En la tercera edad, ni una sola célula del cuerpo humano (excepto las neuronas)[14] se encuentra igual como al nacer. Ni siquiera nuestro planeta o el sol durarán para siempre. Hasta el universo –amplio espacio en el que la vida humana aparece como un soplo– se halla en permanente transformación. El cambio es el sabor dominante de la realidad.

¿Qué pasaría si pudiéramos saborear el cambio como si fuera una comida exquisita? Ya no necesitaríamos aferrarnos a la ilusión de que ignorar el tiempo equivale a mantenerlo a raya. Podríamos desprendernos de la necesidad de controlar sabiendo que ésta sólo sirve para enmascarar el miedo por la incertidumbre inherente al cambio. En vez, podríamos alegrarnos por el hecho de que nada es fijo y permitirnos entregarnos a la transformación. El cambio ofrece asombro y vitalidad. Como todo es abierto, las cosas siempre pueden mejorar; podemos refugiarnos en ese conocimiento. El tiempo es nuestro socio y maestro.

Origen interdependiente

Las fuerzas del universo tienen su propio impulso. Siguiendo la ley del karma, todas las cosas surgen de lo que las precedió. Todo lo que aparece es resultado de una compleja serie de causas y condiciones, que juntas generan un resultado en particular.[15] Cuando un negocio recibe un pedido de mercadería, se implementan pasos cuyo resultado es la entrega de esta. Una reacción en cadena similar ocurre en la naturaleza. Una semilla germina, se forman hojas, las plantas crecen. Aparece un pimpollo que, si todo va bien, se transforma en una flor y finalmente en un fruto que da semillas. El cambio es una espiral de infinitos procesos de reciclado.

La transformación semilla-fruto-semilla, de principio al fin y a un nuevo comienzo, siempre tiene lugar en el tiempo. Cada etapa o fase es precedida por otra cosa: *Ex nihilo nihil fit*, nada puede surgir de la nada. Siempre hay una reacción en cadena. Esto es así en los procesos mentales, en el mundo que nos rodea, y en los acontecimientos en el plano colectivo y universal. El presente es producto del pasado; lo que hoy pensamos, decimos y hacemos provee semillas para el futuro. Cuando somos conscientes de las semillas que sembramos, tenemos mayor control sobre nuestros cultivos.

Según las enseñanzas budistas, no existe una autoridad superior que gobierne y dirija este proceso en su eterno desplegar. Las apariciones operan según un principio autoorganizador, estableciendo orden en el caos en los planos macro y microscópico. Como enseñaba el Buda en el *Pratityasamutpada Sutta*: "Esto es consecuencia de aquello y eso es, a su vez, la base de lo que vendrá". La ley del karma asume el mando.

Una cosa es cierta: ni la causa ni el resultado son permanentes. Una semilla que germina desaparece cuando la planta ocupa su lugar. El agua de la olla hierve y toma la forma de vapor. Estos procesos no tienen un "hacedor", sino que son parte de un flujo continuo de transformación. La única constante es que todo cambia. Ahí yace nuestra esperanza.

El Yo no desempeña un papel decisivo en este proceso. El *self* no es una entidad independiente que disfruta, crea o sufre. Las consecuencias son el resultado de muchas semillas que dieron fruto. Felicidad, sufrimiento y éxito no están predeterminados ni son fortuitos. Son el resultado de causas y condiciones.

La conciencia del interjuego de causas y condiciones puede llegar a ser un principio orientador en nuestra vida. Generalmente tendemos a buscar "la" causa de lo que nos pasa. Pero si nos empeñamos en buscar una causa única, podemos pasarnos toda la vida en una búsqueda infructuosa. Dicho de otra manera, la única causa puede ser nuestra ignorancia del karma, de la red de causas y condiciones. No advertimos que todas las cosas compuestas, como la vida humana, los fenómenos naturales, los estados anímicos, hasta el flujo y reflujo del universo, son transitorios e incapaces de existir independientemente. Causas y condiciones entretejidas –en términos budistas, "originación codependiente"– crean un tapiz con lo bueno y lo malo.

En un momento de distracción dejé que la leche hirviera y rebosara. La casa entera tiene olor ácido, así que abro las ventanas de par en par. No me doy cuenta de que hay corriente de aire y me resfrío. Como me siento mal, me quedo en casa y me pierdo una reunión que podría haber cambiado mi vida. Tal secuencia de hechos que parecen fruto del azar en realidad encajan perfectamente unos con otros, como las piezas de un rompecabezas. Para responder a preguntas como "¿Por qué mi vida es como es? ¿Qué me está pasando?", no miremos sólo el presente. Las circunstancias actuales muestran lo que pasó con las semillas sembradas previamente. La exploración del fundamento del karma yace en el corazón del camino budista.

Certeza en la incertidumbre

Siddhartha Gautama –más tarde el Buda– estando sentado bajo un árbol en Boda Gaya, India, resolvió que no se levantaría hasta no haber comprendido plenamente la naturaleza de la existencia humana. Para poder penetrar la esencia de las cosas, su mente debía estar tranquila y despejada. Centró su atención en el ritmo de la respiración. En el *Sattipathana Sutta*, Buda describe cómo observó este proceso: "El aire entra y el aire sale. Respiración grande, respiración pequeña. La panza se hincha, la panza se mete para adentro. El aire entra, el aire vuelve a salir".

Cuando seguimos el ejemplo de Buda y focalizamos en la respiración en lugar de los pensamientos, la mente se aquieta. Las energías del cuerpo y de la mente, de los sentimientos y de la inteligencia, armonizan con el ritmo de la respiración y entre sí. La agitación cede, la conciencia se relaja y la mente se despeja. Al ir y venir, la respiración se va desplegando y va creciendo la experiencia de impermanencia que la respiración ilustra, y esta experiencia impregna la conciencia. A medida que el conocimiento de la impermanencia se funde con la conciencia pasando a ser parte inseparable de ella, la naturaleza de la existencia se torna evidente: todo lo que nace morirá; nada escapa a la impermanencia. No necesitamos aferrarnos al *statu quo* ni negar que el cambio sea inminente. Ya no necesitamos temerle al cambio. La seguridad llegará cuando podamos sentir certeza en la incertidumbre.

Así como respiramos, así seremos

Nuestra manera de respirar determina nuestro bienestar físico, mental, emocional y espiritual. Cuando el flujo de la respiración es desparejo, su energía no nutre ciertas áreas del organismo. A la larga estas áreas se entumecen, mientras que otras donde la respiración se concentra tienden a volverse hiperactivas. Pero cuando respiramos de manera suave y pareja, los sentidos se refrescan y el corazón se relaja. A medida que perfeccionamos nuestra respiración, la conciencia se conecta con una sutil energía interior de la respiración que brinda vitalidad a la mente y al cuerpo. En el griego clásico, esta respiración interior se denomina *psyche*, que se refiere a ambas: respiración y alma, inseparables en su unidad.

Nuestro estado anímico determina nuestra forma de respirar, y viceversa: así como respiramos, así seremos. Por ejemplo, cuando estamos nerviosos, inhalamos tragando el aire ansiosamente. Se nos traba la lengua, y nos comunicamos con dificultad porque no nos detenemos lo suficiente para juntar la respiración con las palabras. Por el contrario, cuando estamos perezosos y negativos, ponemos el acento en el exhalar y echamos unas bocanadas muy expresivas. Con hondos suspiros es imposible armarse de entusiasmo, así que nos vencen el cansancio y la apatía y nos volvemos indiferentes al paso del tiempo. Los sentimientos depresivos se acompañan de una respiración superficial; nos sentimos vacíos y consumidos, desvitalizados. Todo nos cuesta un enorme esfuerzo. Embargados por la emoción, casi no podemos respirar. Cortando la respiración nos sentimos paralizados y sin alternativas.

Al respirar como lo hacemos normalmente, sin demasiada conciencia, la respiración llena sólo la parte superior de los pulmones, y la vitalidad de la respiración se dirige sobre todo a la cabeza. Nuestros pensamientos reciben demasiado combustible, y nuestro organismo, demasiado poco. Divagamos hacia un mundo de pensamientos y nos desconectamos de los sentimientos más profundos. Al generar más ideas de las que podemos manejar, nos ponemos emotivos y caemos presas de la impaciencia o la desesperación o el pánico. En esa situación, es difícil actuar o perseverar en un curso de acción.

Podemos romper este círculo vicioso siendo más conscientes de nuestra respiración. La conciencia de la respiración genera espacio en la mente y expande nuestro sentido del tiempo. Será más fácil detenernos y hacer una respiración profunda. Una sola respiración profunda en medio de una situación tensa nos provee de suficiente espacio y tiempo para poder preguntarnos: "¿Cómo quiero reaccionar?". Varias respiraciones profundas pueden ayudarnos a evitar una acción impulsiva. Una vuelta a la manzana caminando o un paseo en bicicleta significa una bocanada de aire fresco que despeja la mente y apoya el funcionamiento del organismo como totalidad.

Con la práctica, podremos encontrar refugio en la respiración. Cuando practicamos la conciencia de la respiración tanto en la tranquilidad como en la emergencia, construimos una dinámica confiable. A medida que la conciencia se funde con el ritmo respiratorio, lo que está hiperactivo en la mente o en el cuerpo se aquieta, mientras que lo que está lento o aletargado se anima. Se integran el pensar con el sentir, y nuestra vida avanza con salud y armonía.

La atención en el ir y venir de la respiración hace que gradualmente esta adquiera un ritmo parejo. A medida que la respiración se lentifica y se hace suave y pareja, se despierta la respiración sutil y esta empieza a nutrir la cabeza y el corazón, la inteligencia y los sentimientos. Los sentidos se relajan y se abren; los colores se vuelven más brillantes y los sabores más intensos. Podemos captar el significado que se esconde detrás de las palabras. Surge un equilibrio entre lo interno y lo externo: nuestra experiencia interior se abre y sintonizamos con las energías del mundo externo.

Al preparar una receta, invitamos al chef que la creó a la cocina para que nos inspire. Cuando tocamos una sonata para violín, invitamos al compositor o al ejecutante a nuestra casa para encontrar el tono justo y mantener el ritmo. Abrevando en el talento de los maestros adquirimos más conocimientos que si solamente confiamos en nuestra mentalidad de principiantes. De la misma manera, cuando practicamos la "atención puesta en la respiración", método enseñado por Buda, convocamos la naturaleza del Buda en nosotros y le pedimos que se presente. Un beneficio importantísimo de la meditación: aprovechando la mente y la energía del Buda que llevamos dentro sembramos la semilla del despertar.

Ejercicio: Para ser consciente de la respiración, siéntese tranquilo, inicialmente con los ojos cerrados y volcando la atención hacia su interior. El cuerpo debe estar relajado y quieto. La quietud refresca el cuerpo, sobre todo los sentidos, habitualmente tan sobreestimulados por las impresiones recibidas durante el día que es difícil relajarse aun durante el sueño.

Sentado, en silencio, imagínese que los poros de la piel absorben el silencio. Deje que el silencio penetre profundamente dentro de su cuerpo saturando los músculos, los tendones y hasta los mismos órganos. Abra la boca ligeramente y respire por la nariz y por la boca; deje que la punta de la lengua toque la parte superior del paladar justo detrás de los dientes delanteros. Este tipo de respiración es incómoda al principio pero, con la práctica, verá que lo ayuda a equilibrar el flujo de la respiración hacia el corazón y la cabeza. Estará más relajado y alerta, capaz de sostener el esfuerzo por más tiempo.

Mientras respira, limítese a observar la respiración, sin evaluarla ni intentar cambiarla. Sólo registre: "la inspiración es breve", o "la inspiración es larga". Si surge algún pensamiento distractivo, inhale más profundamente y exhale lentamente. Al ceder la presión de los pensamientos, vuelva a observar la respiración sin intentar manejarla. Al principio se aconseja practicar esta meditación brevemente, cinco o seis veces al día; es preferible realizar varias sesiones breves que una sola larga.

La respiración sutil

La quietud asociada a la atención centrada en la respiración aporta muchos beneficios. Al aumentar la conciencia del cuerpo y de la respiración, crece la presencia mental. Todavía aparecen pensamientos e interrupciones, pero ya no distraen. La mente se establece dentro de sí misma. Cambian las pautas respiratorias; la respiración entra más profundamente y se hace más suave hasta volverse casi imperceptible. Cuando el cuerpo está quieto y la mente se encuentra tranquila, aparece la respiración sutil interior. A veces pareciera que no respiramos, sin embargo, experimentamos un suave flujo que impregna todo el cuerpo y la mente. Ha comenzado la integración de las energías de ambos.

Es fácil perder el hilo de la energía sutil cuando divagamos o desperdiciamos la respiración en una cháchara inútil. La conciencia silenciosa de la respiración permite que la energía de la respiración sutil se acumule en el cuerpo y aumente su poder, como agua que se junta detrás de un dique. Esta acumulación es sanadora, es el antídoto natural al estrés y la tensión.

Cuando la respiración sutil circula a través de todo el organismo, la meditación se abre a un plano más profundo de integración.[16] Se unen cuerpo y mente, interior y exterior. Las fronteras se disuelven, el tiempo se expande, hasta que un único instante se transforma en una eternidad donde todo parece ser conocible.

El terreno de la compasión

Buda dijo que un átomo contiene muchos universos y que uno solo de nuestros cabellos abarca infinitos mundos. Todo está conectado y todo está en un continuo proceso de cambio. Mucho antes de que apareciera la Tierra, los átomos de oxígeno de nuestros pulmones, el carbono presente en nuestras células, el calcio de nuestros huesos y el hierro en nuestra sangre ya formaban parte de una estrella lejana.[17] Mucho tiempo después de nuestra ida de este mundo, los elementos y minerales de nuestros cuerpos seguirán contribuyendo a numerosas y diferentes formas de vida. Ese puñado de materias primas que componen nuestros cuerpos y nuestras mentes se manifiesta constantemente en nuevas formas y eventos. Como un caleidoscopio que cambia en cada giro, el tiempo transforma constantemente los mismos elementos, y el espacio, infinitamente maleable, se acomoda a todas las apariencias.

Este proceso de reciclado se perpetúa eternamente; según las enseñanzas budistas, no hubo comienzo y no habrá fin. Cuando la Tierra y nuestro universo dejen de existir todavía habrá espacio, pleno de vitalidad, eternamente preñado con la vitalidad que se manifiesta bajo la forma de respiración en los seres sintientes. Animados por la energía cósmica en cada respiración, somos hijos del espacio y abrevamos en una fuente. Dice la Biblia: "Todos tienen el mismo aliento vital".[18] La conciencia de nuestra conexión es el terreno de la compasión: uno en todo y todo en uno.

6

Pérdida de memoria

A los dieciocho años, ¿cuáles eran los sueños de mi madre, sus deseos? Cuando el hijo menor se fue de la casa, ella tenía poco más de cincuenta años. ¿Qué haría con su vida? A las mujeres de su generación no se les estimulaba a tener otra aspiración más que apoyar al marido, educar a los hijos y manejar eficientemente su hogar. Dedicó la mitad de su vida a cuidar de su familia y esa tarea ya estaba casi finalizada. Siendo una persona capaz y talentosa, todavía era lo suficientemente joven para enfrentar nuevos desafíos. Podría no haber otra oportunidad. ¿Habrá escuchado una vocecita expresando un deseo incumplido? Por primera vez en su vida, el futuro se desplegaba ante ella y podía hacer "borrón y cuenta nueva".

Nunca supe qué le dijo su vocecita interior, y ninguno de la familia recuerda exactamente cómo empezó su nueva actividad. ¿Alguien se la habría recomendado? ¿Se habría enterado de ello en el diario local, *De Haagsche Courant*? Nunca tuvo un diario íntimo ni tampoco lo menciona en ninguna de sus cartas. Pero quizá sus actos hablaban por sí mismos. Se incorporó al consejo directivo de una organización nacional de asistencia llamada *Pro Senectute*, que significa para los ancianos. Como voluntaria de tiempo completo, manejaba un hogar de ancianos llamado

Salomonson, en La Haya. Poco después el hogar cerró. El consejo había decidido construir un nuevo hogar para los treinta residentes. Mi madre encontró un lugar adecuado para la construcción en una zona rural cercana. El lote estaba próximo a un colegio, para que los residentes pudieran beneficiarse con la energía de los jóvenes. De los archivos locales desenterró el nombre histórico del pueblito, "Foreschate", y así se llamó el hogar.

Bajo su dirección, Foreschate se dividió en pequeños departamentos, todos ellos monoambientes con cocineta y baño con ducha. En esa época era un concepto novedoso, y mi madre tuvo que convencer al alcalde para que apoyara el revolucionario plan. Como miembro de la comisión de vivienda, muchas veces tuvo que elegir y decidir, y siempre lo hizo guiándose por un único criterio: el beneficio de los ancianos, los destinatarios. En su opinión, ellos ya habían renunciado a demasiadas cosas para poder mudarse a Foreschate, y quería asegurarse de que pasaran sus años otoñales con la mayor comodidad posible.

Un informe anual de Pro Senectute describe a mi madre clavando la estaca fundacional, en febrero de 1971. En mayo de 1973 Foreschate abrió sus puertas oficialmente. La ceremonia de inauguración fue muy concurrida, contándose entre los asistentes no solamente los miembros del consejo y los amigos de la organización, sino también el alcalde y todos los alumnos de la escuela vecina. Uno de los invitados estaba tan impactado con el nuevo hogar, que inmediatamente reunió un millón de florines para construir otra residencia Pro Senectute. La presidencia del Consejo nombró a mi madre madrina de Foreschate. Tres años más tarde, en 1976, cuando mis padres se retiraron a su casa en la isla de Elba, en Italia, el informe anual refirió así su partida: "En este momento nos damos cuenta de todo lo que realizó con su trabajo. En su discurso de despedida, la señora Maitland expresó su gratitud por las oportunidades que le brindó Pro Senectute. Pero seguramente es más adecuado expresar el aprecio y la gratitud por parte de todos los residentes y el personal de Foreschate".

La memoria está desactualizada

Cierta vez, mi maestro Tarthang Tulku dijo que la pérdida de la memoria debería ser considerada una de las peores enfermedades de nuestra época. No se refería a la enfermedad de Alzheimer sino a nuestra capacidad limitada para recordar, o mejor, el limitado uso que le damos a esta capacidad. El cerebro humano es como una caja de herramientas muy bien provista, casi siempre útil, pero proclive a herrumbrarse si no se usa. Como dice el refrán: "O lo usas o lo pierdes". Las neuronas inactivas reciben el mensaje de que ya no son necesarias. A medida que las neuronas se atrofian y pierden fuerza las sinapsis (puntos de contacto entre células), se debilitan las conexiones entre partes del cerebro que intercambian información de vital importancia. Cada vez más nos eluden recuerdos, nombres y hechos y se hace imposible evocarlos. El poder de la mente se deteriora.

¡Es tan fácil olvidar! En un instante la mayoría de nuestras vivencias desaparecen de la mente. Casi no recordamos lo que sentimos la semana pasada o incluso ayer. Quizá ni recordemos gran parte de lo que pensamos y dijimos hace cinco minutos. Las cosas que nos impedían dormir hace seis meses cayeron en el olvido. Nuestro nacimiento, nuestra dramática aparición en este mundo, escapa totalmente al alcance de nuestra memoria.

Sin embargo, la memoria es el fundamento de la sabiduría del mundo. Lo que hoy somos y hacemos depende de nuestro lugar de origen y de lo que hicimos en el pasado. Asimismo, lo que hoy pensamos y decimos determina lo que seremos capaces de hacer mañana. Si queremos aprovechar al máximo nuestras funciones mentales, debemos activar nuestra memoria.

La memoria ha sido indispensable para el desarrollo de la civilización humana. Los conocimientos que se necesitan para sobrevivir siempre se transmitieron de padres a hijos a través del ejemplo y de la palabra. En las antiguas tradiciones, algunas de las cuales todavía sobreviven, la historia y la cultura se mantenían vivas a través de relatos orales que se pasaban de generación en generación. El uso de recursos mnemotécnicos para realizar hazañas con la memoria fue un arte muy sofisticado. Diversas técnicas como el cuento, la rima o el canto, o los llamados palacios de la memoria —edificios imaginarios para almacenar información— fortalecían la memoria y la tornaban confiable. El requisito fundamental del éxito era tener una buena memoria. Los poetas recitaban extensas obras, los músicos tocaban conciertos de memoria, y los oradores públicos memorizaban discursos textualmente. La sabiduría popular era una herencia colectiva, una memoria compartida que residía en el interior de la conciencia individual.

Actualmente, gran parte de la sabiduría espiritual y práctica se ha perdido. La sabiduría y el *insight* de los pueblos de la Antigüedad suelen vivir sólo en el papel. Constantemente el hombre se ve obligado a redescubrir verdades eternas que antes todo el mundo sabía. En la sociedad moderna, donde la informática permite que la información circule con una velocidad y precisión increíbles, confiar en la memoria humana parece algo pasado de moda, redundante y sin sentido. Aun si intentamos mejorar nuestra memoria, lo hacemos pensando que es de escasa utilidad. Hacer operaciones aritméticas de memoria, recitar poemas o contar cuentos largos y complicados ya no se valoran como destrezas importantes. A veces nos enteramos de algún joven genio que realiza impresionantes hazañas de memoria, pero en general los jóvenes no esperan tener buena memoria y no consideran que su falta sea una pérdida. Abundan las obras de consulta, y la memorización aparece como algo tedioso e innecesario. ¿Por qué complicar lo que en realidad puede ser tan fácil? Quizá no nos demos cuenta de que al declinar la memoria también se debilitan la concentración, la disciplina y la paciencia que se necesitan para forjar una mente poderosa. O caemos en la cuenta demasiado tarde, cuando ya ni siquiera podemos confiar en la poca memoria que nos queda.

Un cerebro sano

La investigación científica muestra que el simple entrenamiento mental moldea el cerebro y ejerce una influencia positiva sobre la calidad de vida. Con un ambiente estimulante y una vida activa, el cerebro construye nuevas células y sinapsis, aun a edad avanzada. Cuando las capacidades cognitivas se enfrentan a un desafío, las sinapsis, los puntos de contacto, se multiplican como consecuencia. A mayor número de puntos de contacto, mejor comunicación entre neuronas y más beneficios para todas las funciones cognitivas, incluida la memoria. A medida que envejecemos, las sinapsis funcionan como el dinero en un banco: cuanto más ahorramos, más podremos gastar y más tiempo tardará nuestra fortuna en agotarse. Las sinapsis saludables son una "reserva cerebral", a la cual recurrir en momentos de adversidad tales como la enfermedad o el debilitamiento. Al estimular el crecimiento cerebral, nos preparamos para el tiempo en el que la salud cerebral comienza a declinar. Las personas que siempre aprenden cosas nuevas, que investigan nuevas ideas y muestran interés por el mundo externo, mantienen su cerebro activo y tienen menor riesgo de perder la memoria y (así parece) de desarrollar la enfermedad de Alzheimer.[19]

Se ha comprobado que la meditación es una forma de entrenamiento mental que actúa favorablemente en el cerebro y el sistema nervioso. Desde la década de 1970, los científicos estudiaron los efectos de la meditación en el estrés. En estado contemplativo, se lentifica el ritmo cardíaco, se fortalece el sistema inmunológico y se alivia el dolor, incluyendo el causado por el cáncer y los trastornos cardíacos. Los investigadores también descubrieron que la meditación mejora la concentración. Partiendo del supuesto de que la concentración era cansadora se sorprendieron al comprobar que, para los meditadores, era una actividad agradable que no implicaba esfuerzo alguno y que, lejos de agotarla, incrementaba la energía. En términos generales, la investigación científica postula que los efectos de la meditación a largo plazo son absolutamente positivos.

Durante los años noventa, mediante el escáner cerebral se avanzó muchísimo en la investigación de las funciones cerebrales, y se comprobó el impacto de la meditación sobre este órgano. Hasta hace poco, los científicos creían que la cantidad de neuronas en el cerebro humano no variaba después del nacimiento. Sin embargo, las nuevas investigaciones muestran que el cerebro adulto está constantemente produciendo nuevas neuronas. La escanografía actual revela que la meditación estimula la formación de tejido cerebral así como de circuitos nuevos que permiten reconfigurar el cerebro. La meditación relaja la respuesta "lucha–fuga" y las emociones negativas que la acompañan, tales como temor, ansiedad y depresión. La actividad se muda a las partes del cerebro donde predominan las emociones positivas, como la apreciación, el entusiasmo y el interés. Los cambios biológicos que se producen en el cerebro generan una reacción en todo el organismo, con lo cual aumenta el bienestar general y la inteligencia y promueve la felicidad. Este desarrollo contrarresta el debilitamiento cerebral, estimulando una memoria vital y creativa, y la apreciación por todo lo que comprende.

Transmisión del conocimiento

En el Tíbet, los niños crecían aprendiendo ciertas verdades: la vida humana es un regalo precioso, el tiempo que transcurrimos aquí en la

Tierra es breve, se puede amaestrar la mente y entender la ley del karma. Se les impartían conocimientos del Dharma a muy tierna edad, quedando éste reflejado en todos los rincones de su entorno —en el campo, las ciudades, las casas, los monasterios. Los símbolos del Dharma estaban en todos lados: proliferaban las *stupas*, las banderas de oración, los mantras tallados en piedra, cuadros y esculturas, todos ellos creando un ambiente imbuido de valores espirituales que constantemente trabajaban para agudizar la conciencia. El sabor de la iluminación estaba en el aire, unido a la respiración.

La memorización era una parte fundamental de la educación tibetana y actualmente todavía se practica en los monasterios que quedan en el Tíbet y en las comunidades de refugiados tibetanos en Nepal, India y demás países. De niños, los monjes y monjas jóvenes aprenden de memoria los nombres de Los Iluminados y textos clásicos enteros. Aun siendo demasiado jóvenes para entender el significado de los escritos, el canto monocorde de las palabras de sabiduría les provee un marco saludable para desplegar su potencial. Sutilmente, el significado se les graba en la mente. A medida que crece la comprensión, estos significados penetran más profundamente en la conciencia. Así, la memorización estimula la capacidad activa de conocer y estimula a los jóvenes a apreciar la importancia de desarrollar la mente.

Una vez que el conocimiento se ha grabado mediante la memorización y se despertó, se desarrolló y maduró a través de la meditación, las herramientas del intelecto se pueden usar para comunicar esta sabiduría transmitida. En Occidente, pocos saben que el entrenamiento en lógica y el uso del intelecto están estrechamente vinculados con la práctica espiritual del budismo tibetano. Por ejemplo, con el ejercicio del debate los estudiantes aprenden a expresarse y dirigir sus capacidades mentales. Fundamentado en la práctica de la atención y activado por la concentración, dicho entrenamiento fortalece y expande la conciencia y conduce al logro de una sabiduría superior. Como esta sabiduría es de todos los tiempos e independiente de circunstancias locales, aquellos que la poseen pueden brindar una valiosa contribución a la sociedad a la que pertenecen, sea cual fuere.

En la educación tibetana, nada es más importante que la continuidad de la sabiduría a través del linaje viviente de los iluminados poseedores del conocimiento. El maestro asume la responsabilidad de transmitir el conocimiento al discípulo comunicando las enseñanzas con la palabra, con los gestos, y de mente a mente. A su vez, el estudiante asume la responsabilidad de conservar el linaje iluminado y de encarnar y difundir las enseñanzas del Dharma. Mientras continúe esta transmisión de maestro a discípulo, el linaje budista tibetano permanecerá vivo. La poderosa memoria de los poseedores del linaje es depositaria del conocimiento de los textos, las prácticas, los maestros y las experiencias, así como también de las pautas para tener éxito en el logro de la maestría. Esto hace que el budismo tibetano sea una tradición viva en la actualidad.

Recordando el presente

"Escuchen atentamente, amigos míos", dijo el Buda. "Las puertas del Dharma número ciento ocho… La atención plena es una puerta luminosa del Dharma; conduce a la no necesidad de la memoria o de fijar la mente en nada".[20] Una vez llegados a la otra orilla, no necesitamos más el bote.

Una mente activa, despejada y abierta se manifiesta de múltiples maneras: en una memoria excelente o incluso fotográfica, en una capacidad de concentración bien desarrollada, hasta en la capacidad de captar inmediatamente la esencia de una situación, predecir el futuro o leer la mente de los demás. Muchos relegan estos dones al plano de los cuentos de hadas, o al menos suponen que se hallan vedados a los seres humanos comunes. Sin embargo, muchos relatos históricos los describen como fenómenos normales. Según el budismo, la mente tiene el poder de penetrar la naturaleza de la realidad. Prácticamente todo es conocible.

Una conciencia activa y vital produce una memoria rica que funciona aceitadamente. El compromiso mental es el pegamento que fija un hecho o un suceso en la mente. No olvidaremos las imágenes vívidas y dramáticas y cosas que realmente nos importan. La mayoría de nosotros hemos tenido vivencias de una conciencia de semejante intensidad. Cuando participamos y estamos totalmente involucrados en el momento presente, las imágenes que registramos son vivas y poderosas. Recordamos sin esfuerzo; algunas imágenes duran toda la vida.

Una mente apática o preocupada que permanece en la periferia de la experiencia no registra las miles de imágenes de la vida cotidiana; cuando las imágenes no se graban, los recuerdos que podrían enriquecer la vida quedan en blanco. Podemos estar atareados, pero nuestro campo de atención es reducido y nuestra experiencia interior está en pausa. Nuestros sentimientos se encuentran adormecidos o bien tensos. Los días transcurren borrosos porque la mente opera con restricciones o a media máquina. Los diálogos interiores drenan nuestra energía. Entrampados en un incesante rumiar sobre el pasado o el futuro, vivimos desconectados del presente. Podemos pasar períodos enteros de nuestra vida sin llegar a experimentarlo, por lo cual no será recordado.

Dado que no estamos alertas a lo que realmente ocurre de momento a momento, se producen baches de conciencia varias veces al día. Caminando de la sala a la cocina o de la casa al negocio, lo más probable es que estemos sumidos en nuestros pensamientos, haciendo planes o revisando las cosas que pasaron durante el día. Los objetos o eventos que cruzamos por el camino no atraen nuestra atención. Alguien quizá se dirija a nosotros sin que nos demos cuenta. En casa nos levantamos, pero inmediatamente olvidamos lo que íbamos a hacer. Decimos: "Estoy perdiendo mi memoria de corto plazo", pero en realidad simplemente no prestamos atención.

Presencia mental

Ejercicio: Para ejercitar la atención focalizada, caminen de una habitación a la otra tratando de observar la mayor cantidad de detalles posible —la luz que cae sobre el alféizar de la ventana, el dibujo del suelo, ese pedacito que le falta al cuadro que cuelga de la pared. Prestando atención de esta manera, empiecen a fijarse en detalles cada vez más pequeños. La conciencia se despierta y se vuelve más alerta. Al principio pueden sentirse observadores de la propia experiencia, pero esta es una sensación transitoria. Poco a poco, mientras ejercitan la atención, la conciencia crece y la experiencia se torna más profunda mientras se expande. Habrá menor probabilidad de quedar inmersos en los pensamientos porque la atención, como una luz en la oscuridad, penetra la pesadez del pensamiento y reestablece la conciencia ligera y abierta. Si tuvieron plena conciencia de este momento, jamás lo olvidarán.

La conciencia en desarrollo genera y graba nuestra experiencia en vívidas imágenes que son difíciles de olvidar. Cuanto más gráfica y dinámica es la imagen, tanto más completo es el registro de la experiencia en la memoria. Las escenas activas y los colores intensos de los acontecimientos importantes de nuestra vida quedan grabados en la mente. Si pensamos en el lugar donde vivimos, podemos indicar el camino a otra persona porque es como si estuviéramos viendo nuestro barrio y las calles con lujo de detalles. Cuando pensamos en alguien a quien amamos nos vienen a la mente poderosas impresiones, sentimientos e imágenes. El único criterio para la memoria es la fuerza viva de la experiencia en el momento. El nacimiento de un niño, apagar la llama en la sartén, el asesinato de una figura emblemática, un avión estrellándose contra un rascacielos, esas imágenes jamás se borrarán de la pizarra de la memoria. La atención plena graba todo sin esfuerzo.

> *Ejercicio:* Otra manera informal de ejercitar la atención es cultivar la conciencia al aire libre. Pueden empezar por una simple caminata. Los colores y las formas de la naturaleza brindan un encuadre óptimo para cultivar la atención. Mientras caminan, presten atención a las plantas y los seres vivientes a su alrededor –árboles, pájaros, una mata de musgo. Fíjense en todos los detalles –los matices de color, la suave luz matinal, las nervaduras de una hoja, ese charco en el camino. Si descubren que están preocupados o esforzándose demasiado, hagan varias respiraciones profundas y relájense. Limítense a observar sin juzgar ni interpretar. Cuantos más detalles, tanto mejor.
>
> Caminar o ir en automóvil al trabajo o al colegio, o cualquier actividad que tiendan a realizar automáticamente, también son una buena oportunidad para practicar. La observación de detalles que jamás vieron antes en un camino conocido ayuda a romper los patrones habituales de inatención.
>
> *Ejercicio:* Otra manera de ejercitar la atención es observar su paisaje interior. Esto puede costar al comienzo por la posibilidad de encontrarse con sentimientos incómodos, como

irritación, codicia, celos, negatividad, presunción o apatía alternando con ensoñación. Quizá se den cuenta de su tenaz resistencia cuando se sientan frustrados, o perciban su pánico cuando alguien consigue algo que ustedes sueñan tener. En suma, empiezan a ver la densa jungla de pensamientos y emociones con los que conviven diariamente.

Cuando despierta la conciencia y nos vemos tal como somos, el efecto puede ser un shock: "¿Este soy yo realmente?". No obstante, a medida que nos familiarizamos con nuestro repertorio de reacciones automáticas, empezamos a verlas desde una óptica diferente. Reconocemos un patrón sencillo: aquello que recibe atención se convierte en realidad, aquello que no la recibe finalmente desaparece. Una vez que comprendemos esta dinámica, podemos permitir que prevalezca la atención focalizada. A medida que la atención focalizada estabiliza la mente, el tironeo compulsivo de nuestras tendencias emocionales decrece. Nos volvemos tranquilos y alertas, capaces de centrarnos en el presente y de recordar nuestra experiencia en detalle. La mente se relaja y afloja, logrando mayor equilibrio y paz.

Unificar tiempo y conciencia

Otro remedio para la memoria floja es tomar conciencia del tiempo. Generalmente vivimos el tiempo como una presión externa y sostenemos con él una relación tensa. Miramos el reloj: "¡Oh, Dios mío, se hizo tardísimo!". Sentimos que el tiempo nos persigue; el tiempo nunca alcanza. Por otro lado, pensamos que falta mucho para morir. Al dar por sentado el tiempo, seguramente lo malgastaremos.

Cuando se debilita nuestra relación con el tiempo, la conciencia se perjudica. Esto puede manifestarse en la tendencia a llegar tarde a todas partes: perdemos el comienzo de una reunión, o por poco perdemos el tren. Todo lo que emprendemos implica un esfuerzo; cada nueva responsabilidad es vivida como una carga. A veces nos sentimos agotados sin motivo. Descuidamos asuntos urgentes y no nos preocupamos por establecer un orden de prioridades. Entonces, decimos "Todo va a salir bien", o "Mañana es otro día". Siempre llenos de excusas y coartadas.

Cuando nos alienamos del tiempo, quedamos a la espera de que ocurra lo desconocido. Confiamos en que de alguna manera las cosas se solucionarán por sí mismas, pero entretanto, esperamos. En realidad, nos estamos conteniendo, sintiéndonos inhibidos e incapaces de dar. Pero sin dar, no estamos realmente vivos.

El tiempo se encuentra siempre presente y podemos aprender a abrazarlo como un aliado. Así como nos alegra la presencia del sol, podemos también recibir bien al tiempo, agradecidos por ese día más de vida. Prestando atención al reloj, podremos apreciar mejor el poder del tiempo y su estrecha relación con nuestra vida. No miremos el reloj con tensión, sino con un simple reconocimiento. También podemos conectar nuestra conciencia del tiempo con los ritmos de la naturaleza registrando la posición del sol o de la luna. Un ejercicio simple es tratar de adivinar la hora y después verificarla con el reloj. Cuando traemos el tiempo a la conciencia, la conciencia se empieza a unir con el tiempo.

Al tener el tiempo presente en el fondo de la mente, aprendemos a extender la conciencia al tiempo abrazando el pasado y el presente. Pensamos el tiempo sin presión ni tensión. A través de estas prácticas, se desarrolla una relación con el tiempo y su vitalidad conecta con nuestra propia energía. A medida que tiempo y conciencia se juntan y se unen, se activan la inteligencia y el poder de saber. La mente se vuelve más alerta, poderosa y creativa, independientemente de nuestra edad o situación. Y se nos revela el regalo del tiempo: cada momento contiene una vida.

Lentificando el tiempo

La persona que siempre rinde al máximo no experimenta vacíos en su conciencia. Una mente totalmente comprometida no se distrae ni pierde el tiempo. Sabe distinguir lo que importa de lo que es irrelevante. La conciencia es casi contemplativa, tiene un sexto sentido para detectar los problemas, y agudo olfato para las oportunidades y las posibilidades. El ver abarca tanto el microcosmos como el macrocosmos. La mirada detallista se junta con la visión global de lo que se extiende en el tiempo y en el espacio. Imaginen ser el presidente de una compañía quien, sentado detrás de su escritorio, puede tener una visión global de todo el edificio y la compañía entera, incluyendo a los empleados, a los accionistas, a los clientes y hasta a la competencia (presentes, pasados y futuros). Esta conciencia profunda y amplia sabe sin tener información específica.

En su autobiografía *Mi filosofía del triunfo*, Michael Jordan, el mejor jugador de básquet de su época, describe cómo obtuvo la victoria para su equipo —el Chicago Bulls—, en el séptimo y octavo juego del campeonato de la NBA. Estaban perdiendo faltando sólo 4,1 segundos para el final del juego cuando Jordan tomó la pelota en la media cancha. El tiempo se hizo lento hasta detenerse. En una sola mirada vio la ubicación de cada jugador, a ambos, compañeros de equipo y rivales. Sabía cuántos segundos faltaban para el final del juego. En un instante se dio cuenta de la posición que adoptaría cada jugador y supo dónde ocurriría la apertura. En un mar de tiempo y en un espacio totalmente abierto, Jordan se movió desde la media cancha hacia el canasto y ganó los puntos de la victoria. Según el reloj, todavía quedaban 2,8 segundos. Nadie del equipo rival tenía el calibre de Jordan como para aprovechar esos segundos restantes.

Como los deportistas de máximo nivel, donde una centésima de segundo puede ser la diferencia entre ganar la medalla de oro o la de plata, podemos lentificar el tiempo y extender la conciencia al tiempo y al espacio. Al reducir los momentos de tiempo a unidades más pequeñas, podemos sintonizar la conciencia a cada mínimo instante.

Nuestra idea habitual del tiempo es una secuencia lineal desde–hacia. Pero si observamos el espacio temporal entre el "desde" y el "hacia" y somos conscientes de sus ínfimas fracciones de tiempo descomponiendo cada momento en muchos otros, descubrimos nuevos mundos de vivencia. También nos es imposible determinar el movimiento del tiempo. Si observamos atentamente el minutero de un antiguo reloj a cuerda, nuestra vivencia del tiempo se lentifica. Podemos llegar a convencernos de que la manecilla no se mueve, dado que no establecemos exactamente el momento que deja una posición para llegar a la siguiente. Así es como entendemos que no hay un momento preciso donde el presente se convierte en pasado y llega el futuro. Ni bien decimos: "Este es el momento presente", ya llegó el momento siguiente. No hay transición entre momentos y el tiempo no tiene divisiones entre pasado, presente y futuro. El tiempo parece moverse únicamente cuando estamos desconectados de su vivencia. Es entonces cuando pensamos que transcurre. Cuando condensamos la vivencia del tiempo en unidades cada vez más pequeñas, los huecos entre conciencia y tiempo se disuelven. Es difícil tratar de describir en palabras la vivencia del tiempo, pero quizá la que más se acerca es: el punto cero. Es la energía del tiempo que presenta todas las manifestaciones y que nos insta a hablar del "fluir del tiempo".

El corredor del tiempo

Ejercicio: Esta práctica cura el pasado abriendo la vivencia del tiempo. De noche, siéntese en un lugar tranquilo y trate de repasar visualmente todo lo ocurrido en el día. Deje que su memoria pasee libremente por toda la jornada, de comienzo a fin. Haga esta revisión lo más detallada posible. Usted se despertó, se levantó, fue al baño, se vistió y desayunó. Específicamente: ¿Desayunó cereal y té? ¿Comió de pie junto a la cocina, o sentado en la mesa? Quizá buscó sus llaves en los bolsillos al salir. Viajando al colegio o al trabajo, vio gente caminando por la calle o escuchó las noticias en la radio del automóvil. Recorra así todo el día, acordándose de todos los detalles que pueda sin distraerse, hasta llegar al momento actual.

Durante la ejercitación, cuide de no caer en una fascinación mental. Esto puede ocurrir, sobre todo cuando algún incidente emocional detuvo el curso de la experiencia. Cuando una emoción poderosa no se procesa en el momento en el que ocurre, el momento queda congelado. Esta emoción no resuelta permanece atrapada en el cuerpo y en la mente. Cada vez que piensan en eso, vuelven a sentirse alterados. Mientras tanto, el tiempo los pasa de largo sin su participación. No están *en* el tiempo.

Volviendo al tiempo y reviviendo el hecho completamente, escena por escena, como si vieran una película en color y llena de detalles, liberan la emoción y dejan que la energía atrapada de ese momento fluya por todo el cuerpo. Al llegar plenamente al presente, la vivencia del tiempo se abre. La tensión desaparece y la energía liberada se transforma en vitalidad nueva.

Si sienten sueño al revisar su día, fíjense si no están acercándose a algún hecho emocional que ha quedado sin resolver. A menudo el sueño aparece justo en el momento cuando se siente la tensión emocional y está a punto de disolverse. Para permanecer despiertos y permitir que esa tensión termine de disolverse, concéntrense en encontrar más detalles en el recuerdo. La atención enfocada a los detalles agranda la perspectiva y profundiza la conciencia del sentir. Para saber si efectivamente la emoción ha sido liberada, traten de recordar el incidente sin angustiarse. Si pueden lograrlo, significa que la emoción se ha vuelto pura energía, permitiéndoles nuevamente participar del fluir del tiempo.

Finalizado la primera ronda de repaso del día, empiecen la segunda. Esta vez quizá recuerden más detalles y registren cosas que antes pasaron inadvertidas. A medida que surgen nuevos recuerdos, van cerrándose los pequeños huecos de conciencia. Al final del ejercicio despréndanse de todas las imágenes. Permanezcan muy quietos por un rato, sin analizar ni interpretar la experiencia.

También pueden hacer el ejercicio al revés, de la noche a la mañana. Si lo practican durante algunas semanas, pueden ampliarlo yendo más atrás en el pasado. Dejen que sus pensamientos salten cronológicamente, de un recuerdo al siguiente, de los momentos más importantes hasta los más triviales. Recuerden una fiesta, un evento deportivo, una reunión con amigos, unas vacaciones, el día que se mudaron al nuevo barrio. Traten de recordar la mayor cantidad de cosas, de todo tipo. Ningún recuerdo es más importante que otro y ninguno tan insignificante que no merezca ser vivenciado nuevamente. Durante su viaje a través del tiempo pueden evocar una imagen, contemplarla brevemente y luego seguir adelante. Con pasitos pequeños a veces, a grandes saltos otras, retrocediendo en el tiempo.

Y essta es otra ampliación posible. Con la imaginación se pueden explorar campos más allá de los alcances de la memoria: quizás el vientre materno, o incluso el mundo desconocido antes de la concepción. Como estos territorios forman parte de la historia personal, su legado humano, su mente es capaz de cubrir la brecha entre el ahora y ese entonces. Traten de abrir el corredor del tiempo a cientos de años antes del día que nacieron. Imagínense momentos históricos, retengan esas imágenes brevemente y luego sumérjanse más atrás en el tiempo. Finalmente, verán que las imágenes dejan de aparecer, y la vivencia se vuelve silenciosa y espaciosa.

Luego de habitar un rato en este espacio, den la vuelta y avancen hacia adelante en el tiempo, hasta el momento de su concepción. Imagínense los nueve meses en el vientre de su madre, su nacimiento, su infancia, los primeros recuerdos, el dormitorio de su infancia, su colegio, la relación con sus hermanos y así sucesivamente, hasta hoy.

Pero todavía no se detengan en el presente. Vayan hacia mañana, hacia la semana que viene, a los eventos que tienen pendientes —quizá las vacaciones de verano, o Navidad, o incluso algo que está planificado de aquí a varios años. Dejen volar su imaginación entrando en el futuro. Véanse a sí mismos envejeciendo; quizás estén en una cama de hospital, rodeados de los seres queridos que vienen a despedirse. Imagínense cómo se deslizan a la muerte, la gente que llora su duelo, y cómo la vida continúa y el tiempo continúa. Sigan en el tiempo hasta de aquí a cien años, cuando todos los que hoy viven estarán muertos. Luego sigan más allá, acelerando mientras avanzan.[21]

Finalmente, ya están tan avanzados en el tiempo que no aparecen más imágenes. Dejen que la conciencia forme un vínculo, una conciencia inmensamente abarcadora que une la vivencia del pasado remoto con la del futuro distante. En ese océano de espacio y luz que se abre, quizás escuchen el llamado de un eterno anhelo rogando ser satisfecho: el anhelo de vivir plenamente en el tiempo, sin arrepentimiento.

7

Despertando la mente

En marzo de 1976, un mes después de que se jubiló mi padre, él y mi madre se fueron a vivir a Italia. Anteriormente, habían planificado cuidadosamente su vida para cuando se retiraran. Vendieron la casa de Wassenaar, Holanda, y compraron un departamento en La Haya que les sirviera de residencia secundaria en la ciudad. Entretanto, construyeron una confortable cabaña en la isla de Elba, cerca de la costa italiana.

Así comenzó para mi padre su bien merecido retiro. Durante cuarenta años había trabajado duro para consolidar una carrera y mantener a su familia. Ahora estaba resuelto a no aceptar ningún cargo en ninguna junta o consejo ni realizar tareas de voluntariado. Sus intereses personales y sus pasatiempos le ofrecían suficiente variedad y desafíos. Se pasaba la mayor parte del tiempo pintando, haciendo yoga y leyendo libros de grandes filósofos; disfrutaba su nueva libertad y sentía que había vuelto a nacer. Nunca le gustó demasiado la vida social, prefería estar a solas con mi madre. El carácter solitario de esta isla rocosa le caía como anillo al dedo.

Para mi madre la situación era totalmente diferente. Recientemente había cumplido sesenta y tres años y llevó una vida plenamente activa hasta el día de su partida. Además de su cargo en el consejo de directores de Pro Senectute, tenía una extensa red social que incluía varios clubes, un círculo de amigas que se encontraban sólo por placer, mujeres del barrio que se reunían para tomar café todos los lunes por la mañana, y un grupo de amistades con las que había jugado al tenis durante años. En suma, mi madre pertenecía a un núcleo social muy unido. Si bien sabía que su ida a Italia significaba el fin de todo esto, solamente se dio plena cuenta de lo que implicaba cuando ella y mi padre se hubieron establecido en Elba. De un día para el otro, ella no tenía nada que hacer.

La casa de mis padres en Elba se llamaba *L'Uccello Azzurro*, "El pájaro azul". El cuento corto de Maurice Maeterlinck llamado *El Pájaro Azul* era uno de los relatos preferidos de mi padre. Cuenta sobre dos niños que, una noche, salieron sigilosamente por la ventana para buscar un pájaro azul que había aparecido esa mañana en el alféizar de la ventana. Buscaron por todas partes y finalmente tuvieron que volver con las manos vacías. Mi padre solía terminar el cuento diciendo: "Cuando entraron a su habitación —¡imagínense su sorpresa!— Ahí, en el vano de la ventana, estaba el pájaro azul. Y esta es la moraleja del cuento: ustedes quizá piensen que la felicidad está en otra parte, pero en realidad siempre ha estado aquí delante de sus narices, en casa". Mi padre creía que después de buscar por todas partes, finalmente, él y mi madre habían encontrado su pájaro azul en esta agreste isla turística vecina a la costa de Italia.

En Holanda, mi madre se hallaba como pez en el agua, pero en esta isla parecía un náufrago en una costa desierta. Salvo hacer los mandados, cocinar para dos y preparar té y café, no había en qué desarrollar sus talentos y habilidades. Realizaba algunas tareas de bordado y escribía largas cartas a sus hijos y a sus numerosas amigas. La rodeaba un enorme silencio, todo estaba demasiado tranquilo. Todas las mañanas, mientras tomaba el café en la terraza, la visitaba una lagartija y ella le daba mermelada en una cucharita de plata. Las visitas eran escasas y el teléfono no sonaba casi nunca. Ni siquiera la naturaleza equilibraba la balanza. Siempre estaba al acecho el temible *sirocco*, el viento desértico del África que sumía a muchos de los habitantes de la isla en una aguda depresión. Mi madre se pasaba horas contemplando el mar y las ruinas de un castillo del siglo XIV donde, según la leyenda, una princesa se había arrojado desde lo alto en desesperación por un amor prohibido.

Antes de irse a Elba mis padres tomaron clases de italiano, y mi madre hablaba bastante bien, como para arreglárselas. Había abrigado la esperanza de conectarse con los lugareños, e incluso de trabar alguna amistad. Todas las semanas se reunía con una mujer, propietaria de un viñedo, y con otra vecina, para jugar al *bridge*. Aprovechaba esas reuniones para practicar el italiano. Sentados a la mesa de juego con una botella de vino y una picada a mano, mi madre se esforzaba por mantener viva la conversación, en tanto que mi padre guardaba silencio esperando su turno para declarar. "El *bridge* es un juego silencioso", solía decir.

Al pie de la colina vivía un granjero con su mujer; ellos les habían vendido a mis padres su pequeño lote. Varias veces al día mi madre los saludaba con la mano y a veces, por su insistencia, ella y mi padre los visitaban. La mujer del granjero se sentaba en los escalones que daban a la sala de la casa mientras su marido se sentaba en la mesa. Hablaban un dialecto que era casi incomprensible para los de afuera. En una pared despojada de todo adorno había un rifle para cazar pájaros, tal como era la costumbre en la isla. Ya casi no quedaban pájaros en Elba. Durante la visita, el granjero descendía al chiquero que había debajo de la casa y volvía con una botella de vino casero. Cuando sacaba el corcho, las tres cuartas partes del contenido se derramaba sobre la mesa y en el piso; el resto lo volcaba en unos vasos pequeños y mugrosos. Cuando la pareja de granjeros se mudó al pueblo del puerto vecino, su casa quedó vacía. Sólo venía su hijo de cuando en cuando, para ver si había anidado algún pájaro que él pudiera cazar.

Tres de los cuatro hijos de mis padres vivían con sus familias en los Estados Unidos. El mayor se había quedado en Holanda, pero visitaba la isla de Elba tan espaciadamente como los demás. Al principio mis padres viajaban todos los años a los Estados Unidos, y volvían a los Países Bajos en Navidad, para prolongar sus vacaciones. Entonces mi madre retomaba el contacto con sus viejas amistades. Esas pocas semanas transcurrían veloces, plenas de excitación. Un año, durante una de esas vacaciones, me escribió una carta:

La Haya, febrero 5, 1985

En realidad no tengo nada en especial que contarte, simplemente quería charlar un ratito contigo, nada más. ¿Cómo está tu hombrecito? Grootvader... Oma... ¿se acordará todavía de esas palabras? ¡Hay tantas cosas nuevas en su vida! Su cabecita no puede contenerlas todas, ¡pero nosotros sí podemos! Lo pasamos maravillosamente cuando estuvieron acá, fue un momento cálido y valioso. Entre paréntesis, todavía estamos disfrutando mucho con un montón de amigos y todo tipo de reuniones.

Cinco semanas más tarde llegó esta carta de Elba:

Elba, marzo 12, 1985

De vez en cuando oímos sonar las campanas. Parecen llamar a la oración, y yo debería tratar de rezar porque no soy feliz en este momento. Me olvido mucho, pero papá tiene mucha paciencia. Es mejor vivir "en el momento", pero eso no siempre es posible.

A mi madre no le resultaba fácil contar lo que sentía acerca de su nueva situación. Se volvió cada vez más callada y ensimismada. Estaba en terreno desconocido, había perdido su refugio. Durante una de mis visitas a Elba, un año después de que se fueron a vivir allí, la alenté a que me contara: "Dime, ¿qué sientes realmente en el fondo de tu corazón? Yo creo que extrañas Holanda muchísimo". Finalmente susurró: "Italia... a tu padre le gusta tanto aquí...".

Mi padre había comenzado una nueva vida, y mi madre creía que era su deber acompañarlo y estar a su lado. Para nosotros, sus hijos, parecía como si ella estuviera esperando el autobús que finalmente la llevara a casa, un autobús que quizá no llegaría jamás. Finalmente llegó y la llevó de vuelta a La Haya, porque "mamá necesita atención médica".

El Dharma y la vejez

En la cultura religiosa del Tíbet antes de 1959, donde toda la vida giraba en torno a la espiritualidad y el eje central en todos los hogares era un altar, la vejez era valorada como una etapa preciosa de la vida, un tiempo para consagrarse al estudio y la práctica del Dharma. Los padres que ya habían terminado la tarea de educar a los hijos se dedicaban a su propia disciplina espiritual.

Cuando las circunstancias lo permitían, muchos tibetanos mayores iban de peregrinaje, o se aislaban en las montañas para meditar y celebrar ceremonias. Cuando el retiro no era posible, los mayores se conformaban con quedarse en casa y meditar, cantando mantras y haciendo girar una rueda de oración que enviaba millones de oraciones por todo el mundo. La práctica con la rueda de oración podía ser la principal ocupación de una persona durante muchos años. Había otras prácticas valiosas para la gente mayor. Cierta vez conocí a un joven lama con una enfermedad crónica, su anciano padre nunca se había apartado de su lado. Le infundía fuerzas a su hijo recitando textos del Canon Budista Tibetano llamado el Kanjur y Tanjur, las enseñanzas directas del Buda, y comentarios y textos escritos por maestros del linaje del Buda. Recitarlos en su totalidad llevaba varios meses.

Esta forma de vida que tanto apreciaba las enseñanzas tradicionales todavía se practica en muchas comunidades de refugiados tibetanos en la India, Nepal y demás países. Cuando no están en peregrinaje, los padres ancianos suelen vivir con sus hijos y nietos, todos bajo un mismo techo. Las familias viven los nacimientos, las muertes y lo que ocurre en el medio, todos juntos, en comunidad. Desde muy tierna edad, los niños se familiarizan con el dolor de la enfermedad, la debilidad de la vejez, el proceso de morir y el valor de las enseñanzas del Dharma. Los mayores transmiten su sabiduría a la generación más joven en un continuo fluir, asegurándose de que las tradiciones de las enseñanzas de Buda sean honradas en la familia. Mediante su influencia, cada aspecto de la vida cotidiana está imbuido de respeto por los Iluminados, por la vida y por la naturaleza en su totalidad.

La finalidad de las enseñanzas del Dharma es purificar la mente para que el viaje a través del tiempo —nuestra vida— tenga sentido. Mientras que la disciplina del Dharma abarca muchas áreas de estudio —filosofía, cosmología, lógica, astronomía, astrología, psicología, medicina y prácticas ceremoniales, entre otras—, el meollo de las enseñanzas del Dharma se relaciona con lo que es verdadero en todos los tiempos. Su estudio y práctica nos conectan con lo que es superior a nosotros mismos. Nos ofrece la oportunidad de madurar y de ser útiles a los demás.

La cultura de Occidente produce muchos especialistas brillantes, pero tiene pocos ejemplos de individuos que encarnan la sabiduría iluminada. El logro de una sabiduría superior no es objetivo de la educación de los niños o de los adultos. Por el contrario, se considera que la máxima prioridad es conseguir una buena posición social. La gente puede tener una vaga noción de un conflicto interior entre lo que son en realidad y lo que piensan que deberían ser. Pero, sin una introspección profunda —más allá de la que logran explorando sus emociones o discutiendo sus problemas con un psicólogo—, es difícil alcanzar el conocimiento de sí mismo. Nuestras emociones tienden a determinar nuestra identidad: "Siento algo, luego soy". El origen de las emociones y cómo nos manejamos con ellas sigue siendo un misterio. Nuestras autoimágenes son una pesada carga que a muchos nos resulta abrumadora, pero no tenemos idea de cómo llegamos a este punto ni qué podemos hacer para liberarnos. Envueltos en nuestros egos, pasamos de largo las puertas de acceso a nuestro potencial sin siquiera percatarnos de ellas. No sabemos quiénes somos ni de qué somos capaces.

En estos tiempos de avances espectaculares en la ciencia y en la técnica, la cultura libresca se ve constantemente superada. Las personas mayores deben hacerse a un lado para cederles el lugar a las nuevas generaciones. Trabajadores jóvenes, con mayor flexibilidad y con experiencia en tecnología de punta, expulsan a la gente mayor de sus trabajos mucho antes de que esta tenga edad para jubilarse. La experiencia de vida de las personas de mediana edad, su capacidad y el know–how profesional que acumularon a través de los años, pierden valor frente a las ventajas de la juventud: energía, mano de obra barata y actitud abierta frente al cambio. La única opción para mucha gente de edad es deslizarse mansamente hacia el ocaso de la última etapa de la vida.

Con razón tanta gente le teme a la vejez. La sensación de ya no ser útiles o productivos provoca resistencia y hasta desesperación. Algunos miembros de la llamada Vieja Guardia envidian a los jóvenes y se arrepienten amargamente por todas las oportunidades desperdiciadas. Los dolores y achaques intensifican su aislamiento y los hace más vulnerables. A medida que declina la energía, pareciera que no queda más que vivir en el pasado, recordando los tiempos gloriosos de antaño.

Conocerse a sí mismo

El conocimiento que nos permite hacer más profundos nuestros sentimientos y crecer en sabiduría jamás pierde vigencia. De hecho, aumenta con el pasar de los años. Este conocimiento de nuestro ser más profundo permanece vital y nos mantiene jóvenes. Las personas mayores están particularmente bien equipadas para desarrollar este tipo de autoconocimiento. A medida que ciertas posibilidades van desapareciendo, el amor y la sabiduría parecen cobrar mayor importancia. Disminuye la atracción por los asuntos cotidianos; prestigio, poder y respeto empiezan a perder su magia. Al contemplar el mundo desde cierta distancia, las personas mayores pueden mirar a su alrededor y pensar: "¡Mucho ruido y pocas nueces!".

Con la vejez, comienza una nueva etapa. Cómo la abordemos depende de nosotros. A medida que envejecemos, tenemos la oportunidad de distinguir lo real de lo que no lo es, y de centrarnos en lo que realmente importa. En lugar de vivir en el pasado, podemos aprender a soltarlo sin pena ni amargura. El saber desprenderse es una parte saludable del proceso de envejecer. Si nos descubrimos durmiendo sobre los laureles o enfrascados en nuestras desilusiones, podemos suavemente desprendernos y reorientar nuestra conciencia al presente. Mi madre solía decir: "Mañana es el primer día del resto de mi vida". El desafío es vivenciar el presente sin aferrarnos al pasado o soñar con el futuro. Podemos estimularnos a ir al encuentro de cada momento con ganas, con curiosidad por todo lo desconocido que nos aguarda a la vuelta de la esquina.

Aunque el cuerpo sufra el desgaste del paso del tiempo, nuestras funciones mentales no tienen por qué deteriorarse con la edad; la mente no se encuentra atada al tiempo. La pérdida de la memoria en la vejez no es inevitable. La idea de que la memoria y la mente se marchitan con la edad es un mito. Es cierto que a medida que pasan los años disminuye la cantidad de neuronas, pero es una pérdida insignificante comparada con la gran cantidad de neuronas que quedan. Cuando efectivamente éstas se deterioran, la estimulación del cerebro crea nuevos puntos de contacto que restauran la actividad del circuito. El aumento de neuronas que se produce en un lugar para equilibrar la disminución en otro es un fenómeno llamado neuroplasticidad.[22]

El cerebro está menos sujeto al deterioro que otros órganos del cuerpo, si bien es cierto que, con la edad, los procesos cerebrales se lentifican debido a una menor circulación sanguínea. Dado que la función cerebral requiere del oxígeno que suministra la sangre –más que otros órganos–, aprender algo nuevo puede demandarnos más tiempo al envejecer. No obstante, no está preestablecido que el desempeño de un cerebro sano en circunstancias normales decline con la edad. La curiosidad y el interés nos mantienen mentalmente flexibles, sobre todo si aprovechamos esta etapa para hacer cosas a las que no hemos tenido tiempo de dedicarnos cuando éramos más jóvenes. El dicho "perro viejo no aprende nuevos trucos" no se aplica a los seres humanos.[25]

Las capacidades mentales que ejercitamos y desarrollamos a través de la vida nos permiten recibir al futuro con entusiasmo y energía aún a edad avanzada. Cuanto mayor sea el área de intereses, más estimulante será nuestra vida. En su autobiografía, Bertrand Russell se refirió al tema: "Cuanto más impersonales sean los propios intereses y cuanto más estos transpongan los límites de la propia vida, tanto menos importa la idea de que la vida pronto se termina. Este es el elemento que más hace a la felicidad durante la vejez".

La luminosidad y la ligereza del ser

El príncipe Siddhartha, que después fue el Buda, abandonó el palacio de sus padres siendo todavía joven, para embarcarse en el camino del autoconocimiento. Pero, el descubrimiento de este camino no es un privilegio reservado para los jóvenes. Podemos emprender el proceso de exploración a cualquier edad.

Este camino de conocimiento no es una búsqueda de identidad ni un intento de hallarnos a nosotros mismos. Tales búsquedas pueden proveernos de nuevas imágenes de nosotros mismos, pero no lograrán revelar la verdad de la vida despojada de sus disfraces. El camino del conocimiento es un viaje hacia el descubrimiento de nuestra verdadera naturaleza y de la más elevada realidad. Nuestra intención de emprender el viaje debe ser fuerte y sincera, para domar la conciencia y abrir el corazón.

El idioma tibetano describe la mente consciente con la frase *byang-chub-sems*.[25] Estos términos han recibido diversas interpretaciones, lo cual se refleja en la gran cantidad de traducciones de estos complejos conceptos al idioma inglés. A mí particularmente me inspiraron las traducciones del Lama Longchenpa del siglo XIV (1308-1364), quizás el mayor de los maestros Nyingma. En sus traducciones, la palabra *"byang"* apunta a la conciencia pura, que permanece prístina independientemente de la actividad mental. La conciencia plena, *byang*, es tan insensible al negativismo y a la alteración como lo es un espejo a la imagen reflejada en él. La conciencia pura alberga todo lo que se le presenta, sin discriminar entre bueno o malo. En su territorio, tales distinciones no existen. Aun así, la dicha expande la conciencia y la hace luminosa, mientras que la envidia y el odio la constriñen y la llenan de oscuridad.

En *byang-chub-sems*, el término *"chub"* se refiere al poder vivificador o la energía creativa y omnipresente. *"Byang chub"* significa el ser y el hacer óptimos: seres humanos viviendo al máximo de su potencial. *"Sems"* es la mente que irradia la luz de la conciencia plena. Byang–chub–sems, la mente plenamente consciente, es inseparable de la naturaleza intrínseca del Buda.

En sánscrito, la palabra que describe a la mente plenamente consciente es *bodhicitta*. *"Bodhi"* significa iluminación y *"citta"* quiere decir mente. *Bodhicitta* es un tipo específico de palabra compuesta sánscrita, que funde dos palabras en una: Iluminación–Mente. Existen dos tipos de *bodhicitta*: absoluta y relativa. *Bodhicitta* absoluta se refiere a la mente que *es* iluminación. *Bodhicitta* relativa, a la mente que se dirige hacia la iluminación.

Una vez escuché a un maestro decir que el camino del Buda se puede resumir como "convertir todo en luz". Extrapolando sus enseñanzas, se podría describir el término *bodhicitta* relativa como "llegando a ser luz" y *bodhicitta* absoluta como "ser luz". Brillando sin obstáculos y para siempre, la luz de Iluminación–Mente será nuestra guía ahora, en esta vida, y más adelante, en nuestro viaje a través de la muerte.

Tomar refugio

El budismo aconseja considerar cada situación que se nos presenta como si la hubiéramos elegido. Nunca podemos echarles toda la culpa a las circunstancias externas o a los demás. La partida de mis padres a Elba, aunque culturalmente podría interpretarse como instigada por uno de ellos, en realidad fue un emprendimiento compartido. Tanto mi madre como mi padre, cada uno por motivos personales, desearon darle ese cambio a su vida. Pero cuando se puso en tela de juicio su elección y se empezó a desmoronar ese mundo ideal al que se habían retirado, mi madre quedó con las manos vacías. Sintiéndose inútil y sin posibilidad de reconocer sus sentimientos, no vio otro camino más que recluirse en lo que parecía ser una depresión. En esas circunstancias, ¿dónde podría haberse refugiado? ¿En qué podría haberse apoyado una vez despojada de sus caros motivos y sus elevadas aspiraciones?

"Tomar refugio" es la clásica frase que usa el budismo para indicar la decisión de seguir el ejemplo del Buda y explorar su experiencia para uno mismo. El temor al sufrimiento, la necesidad de paz interior o el deseo de ser útiles a los demás pueden impulsarnos a tomar esa decisión. Esto implica renunciar a creer que confiar en nuestra mente y nuestros patrones mentales no iluminados es suficiente. Hacer la elección implica también renunciar tanto a la ilusión de llegar a ser iluminados como al temor de no alcanzar la iluminación. Se confía en la posibilidad de la iluminación, sin ilusiones ni temores.

Cuando confiamos en que la iluminación está a nuestro alcance, podemos tomar refugio en las Tres Joyas. Al llegar a este punto decisivo nos convertimos en budistas. Las Tres Joyas son el Buda, el Dharma y el Sangha; se "hallan en cualquiera donde lo saludable y lo sano están firmemente enraizados, porque son infalibles, sus poderes son inconcebibles, no tienen precio, jamás pierden valor y son un adorno para el mundo".[26]

Cuando tomamos refugio en las Tres Joyas, colocamos nuestra confianza en la mente, el corazón y el cuerpo del Buda, en el camino a la iluminación del Dharma, y finalmente en el Sangha, la comunidad de los seres realizados e iluminados que siguieron el ejemplo del Buda.

Las Tres Joyas son la forma, el significado y la esencia de la iluminación. Cuando acudimos a ellas, la mente se expande y se abre el corazón. El Buda brinda protección, el Dharma ofrece estructura y el Sangha da el poder del ejemplo, mostrando que es posible encarnar todas las Tres Joyas. Juntas, ofrecen protección frente al miedo y la inseguridad, y la guía necesaria para seguir los pasos del Buda.

Al principio, estos faros de luz –Buda, Dharma y Sangha– parecen ser fenómenos externos a los que honramos y acudimos para obtener orientación, apoyo, alimento y confort. La finalidad es alcanzar la salud del cuerpo y de la mente, y despertar el potencial de nuestros recursos internos. Finalmente, reconocemos que no hace falta un culto exterior: Las Tres Joyas representan cualidades que todos los seres pueden encarnar. El Buda es Iluminación–Mente vivenciados como conciencia pura. El Dharma es sabiduría, amor y compasión en acción. El Sangha es la posibilidad de encarnar estas cualidades afirmando la unidad esencial de todos los seres.[27]

Como occidentales, podemos no estar familiarizados con el concepto tomar refugio; sin embargo, en nuestra vida cotidiana tomamos refugio todo el tiempo. En una clase de piano, prestamos atención al maestro y seguimos las instrucciones lo mejor que podemos; confiamos en el talento del maestro y en el hecho de que es posible aprender a tocar. La forma en que tomamos refugio en nuestros pensamientos, confiando en que transmiten la verdad, es mucho más sutil. Escuchamos el diálogo interior que nos informa del estado de nuestra vida; permitimos que su repertorio limitado de elecciones dicte nuestra conducta: "Quiero esto, no quiero esto otro, no me importa". La capacidad para evaluar qué opción elegir suele ser nuestro refugio, donde supuestamente estamos a salvo. Cuando cambiamos de opinión, adaptamos nuestras referencias y buscamos un nuevo refugio. Confiar en algo tan inestable y cambiante es como echar los cimientos de una casa en arenas movedizas.

Adquirir plena conciencia es posible en cualquier circunstancia, no importa cuán viejos o debilitados estemos. Una décima de segundo puede bastar para alcanzar el logro máximo. En cualquier momento podemos recordar lo valiosa que es la vida y nuestras posibilidades como seres humanos. La elección de vivir con sinceridad se encuentra siempre disponible. En cualquier momento, a cualquier edad, podemos despertar.

Refugio en las Tres Joyas

Tomo refugio en lo más elevado:
El Buda, el Dharma y el Sangha.

Todas las mañanas al despertar, los seguidores del Buda pueden recitar esta o alguna otra plegaria de refugio. La oración se convierte en la base y el trasfondo de la vida cotidiana. Se repite tres veces. Yo lo veo de esta manera: la primera vez rogamos que aparezcan las Tres Joyas, la segunda vez pedimos encarnarlas, y la tercera y última vez pedimos que se revelen en nuestra conducta.

Las enseñanzas del Buda sobre el karma, las Cuatro Nobles Verdades y las Tres Joyas han sido llamadas "las tres seguridades", o fundamentos para los tres tipos de fe, confianza en esas cosas que son reales, que tienen valor y son posibles.[28] Buda, Dharma y Sangha son las luces que nos guían en el camino de la transformación. Al tomar refugio se profundiza nuestra conciencia y adquirimos la libertad para hacernos cargo de nuestra vida, no de una manera contundente o codiciosa, sino con confianza.

Una de las plegarias de refugio más conocidas es la que enseña Atisha, el gran maestro indio del siglo XI que viajó al Tíbet para compartir las enseñanzas del Buda:

Tomo refugio en los más excelsos, Buda,
Dharma y Sangha,
hasta alcanzar la iluminación.
Que a través del mérito de mi práctica de generosidad,
disciplina, paciencia, esfuerzo, concentración
y sabiduría,
pueda llegar a ser Buda para beneficio
de todos los seres sintientes.[29]

Muchas veces, los practicantes tibetanos pronuncian esta invocación antes de la plegaria: "Tomo refugio en el Lama", o "Tomo refugio en el gurú, el guía que disipa la oscuridad".

La compasión del gurú por nosotros surge porque él sabe que nuestra conciencia y la conciencia iluminada del Buda son de la misma naturaleza. No es nuestra naturaleza innata, sino nuestra conducta lo que provoca desarmonía. Gracias al contacto con el Lama podemos invocar un "gurú interior", una conciencia abierta. Con el tiempo podremos incluso reconocer que "ya somos un Buda y siempre lo hemos sido, desde el comienzo mismo".[30]

8

El sabor de la relajación

El diván con sus mullidos almohadones y tapizado de motivos florales era el elemento central de nuestra sala. A menudo nos sentábamos ahí por las tardes, mi madre en una punta y yo en la otra, con la gata Lola en mis piernas. Escuchábamos discos –Harry Belafonte, góspel, Mahalia Jackson y conciertos para violín de Beethoven, Tchaikovsky, Bruch y Mendelssohn. Yo era fanático de Elvis Presley y siempre que aparecía un nuevo disco de él mi madre decía: "¡Vamos a comprarlo, lo pagamos a mitades!". Cada vez que escuchaba *Wooden Heart*, mi madre se reía a carcajadas al escuchar a Elvis cantar el estribillo alemán con su acento norteamericano. A veces me recostaba con los pies en su regazo y ella los masajeaba. Mientras tanto, conversábamos sobre infinidad de temas; no recuerdo bien los detalles, excepto que nunca hablábamos de ella.

Como era el menor de sus hijos, fui el último en irme de casa. De tanto en tanto, cuando mi padre tenía alguna cena de negocios, mi madre y yo íbamos a un restaurante a comer carne asada con papas fritas y ensalada. Teníamos varios sitios favoritos. En el restaurante, rodeados de vendedores y empresarios, a veces me quejaba de mi padre o mis hermanos. De haberlo hecho con mi padre, él me hubiera dicho con dulzura: "Pero no tienes que sentirte así". La respuesta habitual de mi madre era: "Esa no fue su intención". Pero me escuchaba atentamente, así que yo le confiaba mis problemas.

Ahora, recordando esos años, me doy cuenta de que nunca sentí curiosidad acerca de lo que realmente pasaba por su cabeza. Siempre parecía estar alegre y al tanto de todo, salvo en una ocasión que recuerdo perfectamente. Muchas veces nos burlábamos de su forma de cocinar. Un día se levantó de la mesa enojada y salió a la calle. Yo me asusté mucho. Sin saber qué hacer, corrí tras ella. Cuando la alcancé, pude sentir que ella en el fondo hubiera querido perder los estribos.

Cuando yo era niño, en casa jamás se habló de las emociones; pero después de que mi padre se jubiló, empezaron a abrirse más. Cuando estábamos juntos, ya fuese en Elba o en California, charlábamos durante horas, especialmente mi madre y yo. Pero era evidente que ella estaba apesadumbrada. Al hablar de sí misma se mostraba abrumada, sin encontrar palabras para expresar sus sentimientos y como si estuviera a punto de echarse a llorar. En Elba parecía estar invadida por emociones que no sabía expresar ni podía encauzar dentro de cierto equilibrio.

Una mañana durante mi visita anual a Elba, mientras desayunábamos, mi padre nos contó un incidente ocurrido durante la noche. Dijo que mi madre había saltado de la cama gritando de dolor "¡Mis piernas, mis piernas!". Tenía calambres muy agudos. Estar levantada no la aliviaba y la posición acostada empeoraba los calambres. La miré; su rostro estaba pálido y murmuró: "No me acuerdo". Yo dije: "Si vuelve a ocurrir, por favor despiértenme". Durante el resto del día mi madre parecía cansada, como si hubiera librado una dura batalla.

A las dos de la mañana siguiente mi padre golpeó a mi puerta. "¡Ven rápido!". Corrí hasta su dormitorio y vi a mi madre de pie en medio de la habitación. Gemía: "Ay, mis piernas, mis piernas". La acompañamos a la sala. Ella y yo nos sentamos en el diván, uno en cada punta. Suavemente, tomé sus piernas en mis manos y empecé a masajearlas, igual a como antes solía hacerlo ella conmigo. Se puso una mano en la frente y empezó a tranquilizarse.

"¿En qué piensas?", le pregunté luego de un rato. Ella respondió: "Oh… antes de la guerra, ya sabes, con papá… era tan divertido… todos nosotros… juntos".

La alenté a seguir y habló sobre los seis años que estuvieron de novios. Mientras yo masajeaba sus tobillos, se le escurrían las lágrimas. Su energía pareció ablandarse y de repente se quedó quieta. Apoyando mis manos sobre sus pies, le hice gestos a mi padre para indicarle que estaba dormida. Con mucho cuidado la levantamos y la llevamos caminando de vuelta a la cama. Al día siguiente no recordaba nada del incidente ni de lo que había dicho.

Las dos noches subsiguientes fueron variaciones sobre el mismo tema. Mientras le frotaba los pies le pedía que hablara sobre el pasado. Muchos viejos recuerdos estaban llenos de sentimientos alegres, pero también aparecía la pena y la tensión. Expresaba lo mucho que extrañaba a sus hijos. "Todos ustedes viven tan lejos; nos hemos distanciado tanto". En el silencio de la noche podía sincerarse acerca del pasado y del presente, y emergían sentimientos reprimidos durante mucho tiempo.

En la isla, el tiempo carecía de significado; tanto el presente como el futuro eran esquivos. Sin una vía de escape para encauzar su energía y su creatividad, mi madre parecía deslizarse hacia un agujero negro donde solamente el pasado parecía real. Yo sentía que el miedo la estaba ahogando. Y sin embargo, también había esperanzas; algo imperiosamente llamaba la atención, indicando que el cambio era inminente. Este era el momento de ir hacia adelante. Pero cuando yo le preguntaba cómo quería vivir el resto de su vida, ella no sabía qué responder. No lograba reunir ni la energía ni la intención de vislumbrar un futuro positivo. Se limitaba a preguntar: "¿Qué será de mí?".

Las Cuatro Nobles Verdades

Justo antes de la iluminación suprema y completa, Siddhartha Gautama estaba sentado "inmóvil, sin siquiera mover los ojos, sus sentidos en calma, su cuerpo natural y glorioso; libre de toda pasión, odio y confusión, inconmovible como el rey de las montañas, ni desanimado ni ansioso, sin debilidad, su mente perfectamente firme. Con su renuncia a la emocionalidad, había traspasado la puerta de la sabiduría".[31]

Luego de alcanzar el estado de iluminación, el Iluminado Shakyamuni Buda permaneció una semana sentado bajo el árbol Bodhi en Boda Gaya, India. Durante este tiempo, se preguntaba si debería enseñar el camino a la iluminación a otras personas. Reflexionaba: "El Dharma que yo obtuve es profundo; es el Dharma de un Buda perfecto y profundo. Es pacífico, muy pacífico, totalmente pacífico, lleno de alegría, difícil de ver, difícil de entender. No está dentro del terreno del razonamiento; sólo los muy inteligentes lo pueden captar".

Por respeto al Dharma y a la necesidad de todos los seres sintientes, El Iluminado accedió a enseñar a aquellos que, de otra manera, no habrían podido percibir el camino para completar la iluminación. En Sarnath, el Buda echó a andar la rueda del Dharma por primera vez. Sus primeras enseñanzas fueron sobre el sufrimiento humano. "Con respecto a esta Enseñanza antes no escuchada, al fijar mi mente en la naturaleza del origen del sufrimiento, produje conocimiento, visión y realización; produje abundante conocimiento, y al fijar mi mente en la naturaleza del sufrimiento descubrí las Cuatro Nobles Verdades. Ellas son: hay sufrimiento, el sufrimiento tiene una causa, se puede poner fin al sufrimiento, y hay un camino que conduce al fin del sufrimiento: el Noble Sendero Óctuple"[32.]

Primera Verdad Noble

La vida humana se caracteriza por el sufrimiento. ¿Qué es el sufrimiento? Es el dolor del nacimiento, la vejez, la enfermedad y la muerte. Es el dolor de no conseguir lo que queremos. Es el dolor que sentimos cuando ocurre algo que nos molesta. Las emociones negativas, como la ira, el odio, la tristeza y la frustración, causan dolor a los demás y también a nosotros. Las emociones positivas, como el entusiasmo y el enamorarse, también causan sufrimiento, porque contienen la semilla de la impermanencia y no durarán.

Segunda Verdad Noble

El sufrimiento tiene causa. ¿Cuál es la causa? El sufrimiento es causado por la ignorancia. No podemos ver el estado de conciencia pura, la no dualidad y la apertura del ser; no podemos ver los patrones que enajenan nuestra mente. Al aferrarnos a lo que es insustancial y transitorio, buscamos solidez donde no la hay. En nuestra ignorancia, olvidamos la luminosidad y levedad del ser y nos identificamos con la oscuridad de la conciencia o Yo.

La creencia en el Yo se basa en la idea de separación entre este y todo lo demás, una escisión entre el Yo y el otro que fomenta el asilamiento y la confusión. En un plano profundo, el sufrimiento surge de la naturaleza de la dualidad, que esconde la unidad subyacente de toda existencia. Como el Yo es una simple construcción mental —aunque de un enorme poder— nuestra fe en él nos lleva a depender de algo que es inestable, transitorio e inseguro. La identificación con nuestro cuerpo, sentimientos, percepciones, ideas y hasta la propia conciencia —pensando que Yo soy ellos y ellos "me" pertenecen— seguramente nos hará sufrir. Separados de la verdad más profunda que podría servirnos de alimento y apoyo, somos vulnerables al sufrimiento en cada aspecto de nuestra vida.

Tercera Verdad Noble

Se puede hacer cesar el sufrimiento. ¿Cómo se logra? Rompiendo la cadena ahora entrelazada de procesos mentales —comenzando por la ignorancia– que solidifica el sentido del Yo y perpetúa el sufrimiento. El sufrimiento termina apenas reconocemos la insustancialidad de todo lo que surge en la mente –pensamientos, imágenes y emociones– y dejamos de confiar en la idea del Yo. El Buda sonríe porque ha descubierto el camino de retorno a la conciencia pura.[35]

Cuarta Verdad Noble

¿Cuál es el camino que conduce al fin del sufrimiento? El Noble Sendero Óctuple ofrece el retorno a la integridad del ser a través de la visión correcta, la motivación correcta, la comunicación correcta, la acción correcta, el medio de vida correcto, el esfuerzo correcto, la atención correcta y la concentración correcta.

Inquietud y sufrimiento

En Occidente, se acepta el sufrimiento –bajo la forma de enfermedades o problemas– como algo inevitable de la vida que hay que soportar. Aun así, invertimos mucho tiempo y energía tratando de evitarlo o ponerle fin. A pesar de la evidencia en contra, seguimos pensando que si conseguimos lo que deseamos y eliminamos lo que tememos, todo va a estar bien. Entonces, ¿por qué seguimos encerrados en este eterno ciclo de dolor y frustración?

En las sociedades occidentales, la vida está llena de lo que las enseñanzas budistas llaman las "ocho preocupaciones mundanas": ir tras la ganancia y evitar la pérdida, ir tras el placer y evitar el dolor, ir tras los elogios y evitar la culpa, ir tras la buena fama y evitar la mala. Estas preocupaciones son nuestros principales motivadores, y en nuestra vida cotidiana nos basamos en ellos para terminar con el sufrimiento. No obstante, el Buda nos enseñó que estas ocho preocupaciones mundanas arman el escenario para el sufrimiento. No son confiables ni estables y, debido a su inherente dualidad, no pueden ofrecer paz interior duradera. Todo lo contrario, las ocho preocupaciones mundanas perpetúan la inquietud interior, que es sólo una forma distinta de sufrimiento.

Según las enseñanzas del Buda, la vida trae dolor y frustración, pero no necesariamente está inextricablemente unida a ellos: "Al desprendernos de la creencia de que el sufrimiento es parte necesaria de la existencia humana, podemos avanzar unos pasos".[34] El budismo ofrece un mapa detallado de los diversos tipos de sufrimiento humano, mostrando lo que los sostiene, su causa básica y cómo se pueden contrarrestar.

El sufrimiento aparece cuando desconocemos lo que Buda llamó "la originación codependiente" de todo lo que surge. Todo lo que existe depende de causas y condiciones y de factores sujetos a cambios. Así, todo es transitorio y nada dura; más aún, nada es sustancial en el sentido de sostenerse por sí mismo. El desasosiego es la consecuencia inevitable de desconocer la impermanencia y la insustancialidad de la vida.

El Buda mostró en su propio ser que la serenidad, la luz y la integridad emergen cuando cesa el sufrimiento. Pero para poder ganarle al sufrimiento debemos entenderlo más profundamente. El primer paso consiste en reconocerlo en todas sus manifestaciones. La cualidad del sufrimiento está permanentemente presente en nuestra vida diaria, sólo basta observar nuestra experiencia para encontrarla. Las cosas que no nos dejan madurar como seres humanos representan sufrimiento, y no poder percibir correctamente es como tener una enfermedad de la mente, una aflicción mental. Una mente confusa causa sufrimiento. No poder concentrarse, estar sumido en los propios pensamientos, actuar en contra de lo que la razón indica, todas ellas son formas de sufrimiento. Ignorar nuestra voz interior y someternos a la presión social también es sufrimiento. Cuando recobramos nuestro fundamento en el ser auténtico, esta es la señal del fin del sufrimiento.

Tres tipos de sufrimiento

Hay tres tipos de sufrimiento. Los tres son causados por una percepción equivocada: no comprendemos nuestra propia naturaleza ni la naturaleza de la realidad. En Occidente, en primer lugar reconocemos el *sufrimiento del sufrir*: un dolor con una causa obvia. Este tipo de sufrimiento incluye el dolor físico de nacer, enfermarse, envejecer y morir. Es el dolor del hambre, de la incomodidad del frío o el calor, y la angustia mental de la pena y la desilusión. Consideramos inevitable ese tipo de sufrimiento.

El segundo tipo de sufrimiento es el *sufrimiento del cambio*. El desconocimiento consciente o inconsciente de nuestra vulnerabilidad provoca malestar. Nada dura, ni lo bueno ni lo malo. Esto vale para todo lo que existe y todo lo que desempeña un papel en nuestra vida. Todos los fenómenos algún día dejarán de ser. Las personas, los lugares y los objetos que nos son queridos y familiares pueden desaparecer abruptamente o desvanecerse lentamente como una vieja fotografía. También algún día nuestro cuerpo desaparecerá junto con nuestros recuerdos, nuestros pensamientos y nuestros sentimientos.

Todo lo que nace morirá.
Todo lo que se ha juntado se separará.
Todo lo que fue adquirido se perderá.
Todo lo que se ha elevado descenderá.
Todo lo que fue creado se destruirá.
¿Qué es lo que no muere?

La tercera forma de sufrimiento es el *sufrimiento de la existencia condicionada*. Sufrimos porque nos identificamos con cosas que no tienen una originación independiente. Nos identificamos con el Yo, pero el sí mismo no tiene sustancia ni solidez ni fundamento. Como un automóvil compuesto de chasis, motor, neumáticos y otras partes —cuerpo, sentimientos, pensamientos, motivación y conciencia– se ensamblan en forma temporaria. Aunque el Yo se identifica con las partes y las considera de su propiedad, el Yo no es "mi" cuerpo, ni tampoco este cuerpo "me" pertenece; el Yo no es "mis" pensamientos ni ellos "me" pertenecen; el Yo no es "mis" sentimientos ni ellos "me" pertenecen. Creer en el Yo es creer en una ilusión que perpetúa el ciclo del sufrimiento.

Tensión y energía

Los seres humanos maduran, alcanzan un punto máximo y se deterioran, hasta que un día la vida se termina. En cada etapa experimentamos tensión. Mientras estamos vivos, la tensión manifiesta energía y potencial. Sin ella no podría haber cambio, puesto que la velocidad del cambio se debe a la tensión. La tensión sólo abandona el cuerpo después de la muerte.

Las ciencias modernas ayudan a entender las causas del sufrimiento en términos de tensión y energía. El universo rebosa de vitalidad, que se manifiesta en nuestra vida como tiempo, cambio y libertad para elegir. La vitalidad en el universo es la energía que inhalamos e intercambiamos con el medioambiente a través de los sentidos, la constante encarnación de energía y conocimiento en distintas formas y modalidades. El pulso rítmico de este proceso podría vivenciarse como tensión.

La tensión es un fenómeno normal y hasta indispensable. Su carga es el motor de todo y se manifiesta en todos los fenómenos: el ir y venir de la respiración, el flujo de los pensamientos, el almacenamiento de los recuerdos. Todo fluye. En la naturaleza, la tensión se encuentra presente en el ritmo de las estaciones, el girar de la Tierra y la atracción de la Luna. Hasta la condensación y la dilatación del universo son señales de tensión.

Esta tensión, que a veces nos pesa, podríamos considerarla como una promesa de fuerza, el signo del poder de nuestro potencial. Si contamos con sabiduría y discernimiento, nos florecerá poder. Pero desconocerla o usarla mal conduce a la depresión y al temor. Si no entendemos que hasta los objetos más sólidos son energía en movimiento y que materia y energía son la misma cosa, desconocemos nuestra intrínseca conexión con la vitalidad del universo. Cuando cuerpo y mente no están abiertos y actuando fluidamente en el espacio, se entorpece la "corporización de energías".[35]

Muchos sistemas sanadores señalan que los problemas psicológicos y la mayoría de las enfermedades --incluyendo la enfermedad del estrés-- se relacionan con sutiles desequilibrios de energía en el cuerpo, la mente y los sentidos. Estos son causados por bloqueos en nuestro sistema energético, y socavan la fluidez del cuerpo y la mente.[36]

Si se obstruye el flujo de tensión, se instala un bloqueo de energía en el cuerpo y la mente. Tales bloqueos son vividos como pesadez y estrés. Buscar la manera de liberar la tensión significa destrabar los bloqueos y relajar el estrés. Al levantarse los bloqueos volveremos a experimentar alegría, felicidad, belleza, esplendor, paz interior y libertad, que es el estado natural del ser humano. Y descubriremos que el amor, la calidez y la creatividad no tienen límites. Una obra maestra artística es tensión transformada en belleza.

Creer que la ausencia de tensión es una meta a lograr en la vida nos hace proclives al sufrimiento, puesto que nos empuja a retener nuestra energía y cerrar los sentidos, que por otra parte ofrecen el libre intercambio con el mundo. A veces se confunde pasividad con felicidad. Percibir la falta de tensión como un estado ideal implica cerrar nuestro corazón y no vivir en armonía con los ritmos del tiempo en el espacio.

Resistencia

En un ambiente amenazador donde reina el estrés, el control parece ser la única defensa posible. En un mundo que nos exige permanentemente, es natural sentir bloqueos en nuestro sistema energético. El resultado de esto es que tratamos de tener todas las situaciones bajo control. Con el tiempo, tratar de estar en control pasa a ser nuestra segunda naturaleza. Nos sentimos dueños cuando tenemos las riendas de todas las situaciones, erigiendo un muro que nos separa del resto del mundo. Pero nuestro control es débil. Un golpe inesperado como una sorpresa desagradable o una crítica pueden derribarnos de un plumazo y perdemos el control. Seguramente reaccionaremos con estupor, temor y ansiedad. Nos echaremos atrás —física, mental y emocionalmente— y rápidamente trataremos de recuperar la compostura. Eventualmente, lo que empieza como contracción refleja y retiro de energía se transforma en un patrón incesante de resistencia-defensa. Enfrentamos el mundo como un buey que tira de un carro: con renuencia y sin entusiasmo. Sea cual fuere la explicación psicológica que le encontremos, el resultado es siempre el mismo. Nuestra energía vital, o bien se arrastra aletargada, o se precipita descontroladamente por el cuerpo, manifestándose como resistencia en el cuerpo y en la mente.

Nuestra rebelión interior puede ser tan sutil, que no seamos conscientes de ella. Incomprendida y librada a sus propios recursos, la resistencia se intensifica. Si nos atrincheramos, llegará el momento en que nada logrará entusiasmarnos. Podemos estar totalmente convencidos de nuestra buena disposición cuando en realidad siempre estamos poniendo el pie en el freno. A veces hay pistas: nuestros sentimientos se encuentran demasiado opacados; muchas cosas escapan a nuestra comprensión; tendemos a ser olvidadizos y escuchamos a medias. Y nuevamente, podemos estallar en un arranque impulsivo de cólera o de emocionalidad para el cual no hay explicación.

Muchas personas durante su infancia son entrenadas para ignorar sus sentimientos y la energía física sutil. No es de extrañar entonces que, para esos adultos, la conciencia se encuentre como en suspenso. Endurecidos por tanto descuido sus sentidos se vuelven toscos, como la piel de un elefante, y necesitan estímulos cada vez más fuertes para poder sentir algo. Han dejado de comunicarse consigo mismos o de escuchar a los demás, y tienden a estallar con irritación o agitación. La mayoría quiere que los dejen tranquilos. Sus propias voces resuenan en sus oídos, llenos de aversión y desconfianza: "¡Déjenme solo!". Sus vidas están plagadas de "¡No!".

Cada vez que una experiencia o un recuerdo negativo amenazan con aparecer, se echa mano del bloqueo subyacente. Inmediatamente emerge el patrón de resistencia subyacente, para tapar sentimientos más profundos, como la timidez, la vergüenza o el aislamiento. Esto significa que la puerta que conduce al cambio se halla precisamente en el impulso a resistir.

Para usar la energía en provecho propio, podemos centrarnos en los sentimientos y sensaciones corporales. Si nos animamos a meternos dentro de la experiencia física, podremos aprender a relajarnos en su profundidad. Al principio puede parecer que no sentimos nada. Por ejemplo, cuando estamos paralizados por el miedo o consumidos por la ira, los sentimientos más profundos se enmascaran como una especie de autocontrol. Pero si persistimos, siempre habrá algún sentimiento que se expondrá: incluso lo denso o el estar "en blanco" tienen un tono en el plano del sentir.

Al comunicarnos con las sensaciones físicas podemos introducirnos en ellas, como si nos deslizáramos en agua tibia. Y al expandir la energía de los sentimientos en el cuerpo, independientemente de que sean placenteros o dolorosos, estimulamos los sentidos. Cambia el foco de atención; las historias y las imágenes que nos manejaban van perdiendo fuerza. A veces las experiencias sensoriales son abrumadoras, pero la atención centrada en el cuerpo nos permite encontrar un firme asidero dentro de nuestra propia vitalidad. Las defensas se debilitan. El muro protector que nos rodea se vuelve transparente. Nuestra conciencia se ablanda. Rindiéndonos poco a poco, nos conectamos con nuestro ser interior. No hace falta discernimiento psicológico para disolver la resistencia.

En el plano energético, no hay discriminación entre emociones positivas y negativas: ambas son manifestaciones de energía. Con la práctica, se libera la energía destinada a sostener patrones, se reciclan las emociones negativas y positivas y comienza a fluir la energía sutil a través del cuerpo y la mente. Nos despertamos mental, física y emocionalmente. El cuerpo y la mente pueden curarse.

Relajándose en la tensión

En lenguaje común, el cuerpo puede ser descrito como una estructura ósea que aloja los sistemas nervioso, circulatorio y respiratorio. Pero el cuerpo también es un sistema energético, que se encuentra íntimamente relacionado con la energía sutil de la respiración. Cada célula, cada sentido y cada aspecto de la conciencia forman parte de él. Cuando la energía de la respiración circula en forma pareja hacia la cabeza y hacia el corazón, nuestro cuerpo, nuestros sentidos y nuestra mente se integran y se equilibran.

Cuando la energía no circula en forma pareja, el exceso de tensión que resulta de los desequilibrios de la energía sutil puede conducir a la enfermedad mental o física, como el burnout. El burnout hace que nos sintamos vacíos, apartados de nuestra propia vida, e incapaces de imaginarnos otra forma de ser. Las sensaciones corporales no pueden seguir el ritmo de la excitación mental y del exceso de actividad. La energía del cuerpo que la respiración y los sentidos extraen de la interacción con el medioambiente ya no suministra el alimento esencial que nuestro cuerpo-mente necesita para sentir bienestar. Todo el sistema ha sido vaciado de energía. Hemos agotado nuestros propios recursos.

El trabajo creativo, los *hobbies* o los deportes sirven como vías de escape para liberar el exceso de tensión, aportando un alivio pasajero. Pero el implacable empeño que ponemos en la búsqueda de la relajación también nos puede dejar exhaustos. La sensación agradable ha pasado y ya estamos buscando la próxima dosis. La televisión, el alcohol o los somníferos parecen ofrecer un escape instantáneo, pero esto también es pasajero. El mejor consejo es tomarse un respiro y permitir que la energía física se recargue.

Mi madre estaba en una isla idílica con una linda vista y un compañero que se entretenía con sus pasatiempos, pero ella no tenía en qué canalizar su energía o su creatividad. ¿Qué podía hacer? Naturales sentimientos de desesperación brotaban, clamando ser atendidos. Pero esos sentimientos eran rápidamente sofocados como inadecuados, en lugar de considerarlos como un pedido de auxilio. Sólo le quedaba el placer del paisaje. Pero como casi no había interacción interior-exterior, no podía vivir su entorno más que como un conjunto de tarjetas postales. Su sistema entero había colapsado. Internamente no había intercambio cuerpo-mente, y externamente no estaba participando y sus acciones no eran correspondidas. El escenario estaba dispuesto para la depresión. A menudo, lo que parecen ser síntomas de Alzheimer son en realidad señales de depresión.[37] En esos casos, es posible tratarla directamente, en lugar de centrarse en retrasar el avance de la enfermedad de Alzheimer.

La relajación es un proceso de aprendizaje que hay que desarrollar y perfeccionar. La clave está en aprender a relajarse de tal manera que se sostenga la integridad de las relaciones entre cuerpo, respiración y mente. Cuando estos se retroalimentan, por partes iguales, se desarrolla un generoso interjuego que disuelve la tensión y el dolor. Incluso cuando parece imposible lograr la relajación, como en el caso de daños o enfermedades graves que producen serios desequilibrios físicos, aun así es posible relajar la mente y dar lugar a que surjan los sentimientos.

Para que la relajación sea provechosa es necesario activar el flujo del sentir. Cuando las sensaciones corporales –incluso el dolor y la agonía– son reconocidas, alojadas y expandidas, la mente y la respiración también se tranquilizan. Una vez que la circulación de energía se ha desarrollado plenamente, la mente y el cuerpo descansan a gusto. Al aceptar y enfrentar la ansiedad y la inquietud mental, la respiración y el cuerpo también se benefician. La relajación del cuerpo, de la respiración o de la mente producen serenidad. Podemos sentir equilibrio aun en las circunstancias más difíciles.

Relajarse no es lo mismo que divagar. Se puede considerar la relajación como una actividad, un proceso que se despliega y que comienza por el aprender a sentir. Al tomar conciencia de los sentimientos y las sensaciones de nuestro cuerpo, estamos en camino a la relajación. La atención puesta en nuestra vivencia física nos conecta con nuestra propia energía. Esta es la vía de acceso a la relajación.

Nada de esto ocurre apresurándose; abrir los sentidos y permitir que nuestra energía se calme y se disuelva es un proceso que requiere tiempo, sobre todo cuando no estamos acostumbrados.

El no hacer nada de manera consciente y total también es una forma de relajación, quizá similar a lo que el taoísmo llama wu wei. Cuando elegimos no continuar con el diálogo interno, el rumiar o el ensueño, nos bajamos de la rutina del pensar. Podemos simplemente concentrarnos en el cuerpo en lugar de en los pensamientos y persistir en buscar los sentimientos incluso cuando no son encontrados. La atención puesta en el cuerpo permite que la energía circule por canales que rara vez se usan. Suavemente, el cuerpo despierta.

Al aumentar la conciencia de las sensaciones físicas, cuerpo y mente comienzan a comunicarse. Un masaje en los pies o una charla sincera desencadenan relajación y liberan bloqueos de energía que se formaron hace mucho tiempo atrás. Al disolverse el exceso de tensión, suben a la superficie recuerdos y sentimientos reprimidos que nunca fueron totalmente reconocidos.

Ser capaces de abrir nuestro corazón y de expresar lo que tenemos en la mente fomenta este tipo de relajación genuina, ya sea que ocurra en la psicoterapia o con algún amigo íntimo. El contenido de las historias que surgen en esos momentos no tiene demasiada importancia; en algún momento podemos incluso querer revisarlos o anularlos. Pero primero hay que expresarlos, aunque sólo sea ante nosotros mismos, para así liberar la energía que viene con ellos. La relajación ocurre cuando la energía comienza a fluir nuevamente. Si avanzamos un paso más y entramos en el flujo del sentir, pueden ocurrir profundas transformaciones.

La clave del bienestar y la integridad consiste en activar nuestras sensaciones. Si nos relajamos en serio, descubrimos una nueva forma de ser.[38] En un universo compuesto por relaciones interdependientes, con infinitos aspectos y capas de existencia que van desde lo subatómico hasta lo cósmico, nuestro rol como seres humanos es muy pequeño. No obstante, nuestra energía forma parte de la energía universal, una manifestación y la misma vitalidad. No existe en ninguna parte la separación interno–externo. Cuando tocamos la energía interior nos conectamos con extensos campos de energía externos a nosotros. Con el cuerpo en equilibrio, vivenciamos el mundo externo como una totalidad, sin dualidad. El aislamiento y la desesperación derivados de la excesiva tensión se rinden al espacio.

Relajación Kum Nye

La relajación que estimula el crecimiento espiritual requiere una disciplina que involucre a ambos, cuerpo y mente. Las enseñanzas del budismo tibetano responden a esta necesidad a través de diversas formas de yoga (literalmente, unión o integración). El lama tibetano Tarthang Tulku introdujo en Occidente una forma tradicional de prácticas sanadoras preparatorias bajo el nombre de Kum Nye yoga. La finalidad de Kum Nye yoga es desarrollar el arte del equilibrio, la integración de las energías del cuerpo, la mente y los sentidos.[39]

Kum Nye es un método sanador natural a la vez que una herramienta para profundizar la meditación. Incluye prácticas en posición sentada, ejercicios de respiración, automasaje y ejercicios de movimiento. Estimulando el flujo del sentir, los ejercicios derriten aquellas sensaciones y vivencias que estaban congeladas. Con la práctica, descubrimos una sensación que comparten el cuerpo, la respiración y la mente, un sentimiento tranquilo, claro y profundo que nos relaja y masajea internamente. A medida que profundizamos la relajación, los sentimientos se abren como una lente, dejando entrar más luz o energía y creando situaciones vivenciales más amplias.[40]

Los ejercicios Kum Nye proveen equilibrio interior aquietando todo aquello que es demasiado activo y despertando lo que está latente. Ku (sKu) se refiere al cuerpo, no al cuerpo físico sino al sistema de energía sutil y a nuestra presencia en el espacio. Nye (mNye) se refiere al masaje interior que activa el flujo de energía sutil. Los ejercicios Kum Nye conducen a la relajación al integrar y transformar la vitalidad del cuerpo y de la mente.

La práctica del Kum Nye nos guía a través de tres niveles de relajación. En el nivel más superficial, la atención puesta en sensaciones corporales revela un tono en el sentir que puede ser alegre o triste, cálido o frío. Este es el primer nivel de relajación. Puede haber una sensación de fluir, o un hormigueo o dolor. Hay dualidad: percibo mis sensaciones.

Entrando en estas sensaciones y profundizando aun más, nos conectamos con una segunda capa de energía: un indicio de densidad y de dureza. Esta capa se caracteriza por un aferrarse que bloquea el flujo de energía. Puede emerger una percepción del ejercicio desarrollándose, de un masaje interior que toma el mando.

Con una concentración liviana nos movemos a través de esta sensación hasta la tercera capa. Aquí, las sensaciones fluyen libremente: es como si el cuerpo empezara a derretirse. Ya no hay más sensación de dualidad. Nos fusionamos totalmente con el flujo del sentir. El cuerpo y la mente actúan libremente en el espacio.

En este nivel de relajación, nuestro espíritu se regenera y revitaliza. Se reciclan todas las vivencias, aun las tendencias emocionales más arraigadas. Algunas emociones que sentíamos antes de empezar el Kum Nye desaparecen. En este contexto, una emoción es un bloqueo de energía, y una vez que se reactiva el flujo de energía se levanta el bloqueo. La energía del cuerpo y de la mente se refresca. El tiempo y la edad no podrán capturar ni congelar esta energía en la medida en que esta fluya. Se mueve libremente y se cultiva a sí misma. No nos pertenece; sólo somos canales para la energía y para el conocimiento que esta lleva consigo. Como señala Tarthang Tulku, este proceso a veces se denomina longevidad, y su potencial reside en el flujo del sentir y en nuestros sentidos.[41]

Todo cobra vida

La relajación estimulada por la práctica regular del Kum Nye baja nuestro nivel de dependencia de opiniones, interpretaciones y las típicas reacciones que nos distancian de la vivencia directa. Tales reacciones arrastran nuestra energía a los patrones conocidos de aceptación y rechazo, de esperanza y temor: "Me gusta esto", "No me gusta lo otro", "Yo quería eso para mí", "Ella no me quiere", "Si sólo fuera…".

¿Tendremos el coraje de interrumpir por un momento las preocupaciones y observar lo que realmente está ocurriendo en nuestra mente? ¿Nos animamos a ver y sentir sin interferir? Es todo cuestión de energía. La resistencia y las emociones también son una forma de energía que genera sensaciones de pesadez o densidad, calor o frío. Los pensamientos también tienen una corriente subterránea que se origina en el mundo de las sensaciones, un juego de energía. Cuando estamos en medio de una emoción podemos conectarnos conscientemente con esta corriente subterránea. Pero los pensamientos nos arrastran, así que debemos estimularnos para redirigir el foco y centrarnos en sentir la energía en el cuerpo. Podemos tocar la energía congelada de las emociones. Cuando miramos a la cara a nuestra resistencia, hacemos espacio hasta que la energía vuelva a fluir.

Cuando fluye la energía, la mente y los sentidos cobran dinamismo. Los colores parecen más brillantes, la comida sabe mejor, los sentimientos están abiertos a la intuición y la inteligencia se torna empática. La experiencia se vuelve vital, como una aventura emocionante. No hay desequilibrio en nuestro dar y recibir. El adentro y el afuera se retroalimentan. Cada uno de nosotros es único, pero parte de un todo. Esta integración es el trampolín que nos permitirá ejercitar nuestros talentos al máximo.

El futuro es pasado

¿Existe alguna relación entre tensión acumulada y demencia? ¿Es posible que los procesos químicos desencadenados por la relajación puedan contrarrestar el ataque sobre las neuronas, o incluso prevenirlo? Esta conclusión sería demasiado simplista, ya que negaría los factores compuestos que pueden haber contribuido a la enfermedad, como los aspectos hereditarios. Sin embargo, también es cierto que la relajación intensa y total permite que el cuerpo, la respiración y la mente comiencen un proceso sanador de maneras que parecen ser milagrosas.

Se ha demostrado que la falta de actividad y la depresión son factores que contribuyen a los síntomas del Alzheimer. La inactividad del cuerpo y de la mente pueden hacer que la energía se estanque creando el caldo de cultivo para la enfermedad, mientras que la participación total promueve el flujo de energía. Hasta las actividades más simples como lavar los platos o cuidar el jardín pueden hacer la diferencia. La ocupación física permite que las emociones y los recuerdos circulen. En un cuerpo activo, hay menor probabilidad de que la tensión bloquee el flujo de energía, mientras que el ciclo de vitalidad puede disolver las emociones. La actividad física, cuando se realiza con total concentración y pocos pensamientos, es un método sanador en sí mismo.

A veces mi madre preguntaba: "¿Llegaré a ser como el tío Gerardo?". Mi tío abuelo Gerardo pasaba sus días en total soledad, escuchando música de Wagner por horas y horas, o mentalmente ausente. Durante los últimos veinte años de su vida, mi madre fue la única persona que lo visitaba regularmente.

La posibilidad de caer en la demencia es aterradora para todos, jóvenes o viejos. Muchos dicen que prefieren morir antes que perder el control de sus facultades mentales. Algunos llegan a decir: "Antes que eso, ¡me mato!", sin darse cuenta de que una vez se desarrolló la demencia, seguramente la conciencia necesaria para semejante decisión ya no existe más.

Al vivir aislada en una pequeña isla de Italia, mi madre cayó en la melancolía. No vio la manera de enfrentar su dilema. Cuando no pudo expresarse, parte de su energía se bloqueó. La desesperanza y la depresión la tiraron abajo, quizá contribuyendo al avance del Alzheimer en su cerebro. En los breves momentos de relajación, surgían viejos sentimientos ignorados, seguidos por la desesperación: ¿Qué podía hacer con su vida? ¿Cómo podía adueñarse de su destino y emprender un nuevo camino?

En su juventud había sido capaz de trabajar atravesando el dolor del pasado, pero en este momento de su vida no pudo conectar con su energía vital. Por lo tanto, no fue capaz de visualizar nuevos desafíos. Para ella, el tiempo de reflexionar sobre el futuro ya había pasado.

9

Convertirse en maestro

Un día llegó un extraño al Centro Nyingma en Boulder, Colorado. Me llevaba unos veinte años, era medio pelado y enjuto. "Me llamo Lino", dijo cuando abrí la puerta. Y sin más preámbulos, siguió hablando mientras sacudía la nieve de sus botas: "Quiero aprender algo más sobre el budismo tibetano". Muy intrigado por su aspecto físico, le pregunté: "¿Y por qué?".

Lino me contó la historia de su vida. Siendo niño, durante la Segunda Guerra Mundial, había estado prisionero en un campo de concentración yugoslavo. Casi muerto de hambre, había encontrado un método para extraer más nutrición de su magra ración diaria. Masticaba el pan duro y el arroz seco muy, muy lentamente. De esa manera, podía pasarse hasta diez minutos comiendo un solo grano de arroz, dándose cuenta intuitivamente, que la saliva contenía nutrientes. De adulto, le fascinaban las teorías nutricionales alternativas. Había estudiado macrobiótica durante años. Hacía poco se había dado cuenta de que, para lograr perfecto equilibrio, hacía falta nutrir la mente además del cuerpo. Habiendo ya establecido una "dieta correcta" para el cuerpo, pensó que quizá había una "dieta correcta" para la mente.

Inspirado por la maestría

En Lino reconocí una cualidad sobre la que había estado leyendo. Unos años atrás había estado personalmente frente a frente con esa cualidad, en momentos en que me hallaba en una encrucijada. Estaba al final de los veinte y ya mi futuro era predecible. Habiendo trabajado durante cinco años en la industria naviera en Nueva York y Hong Kong, un día caí en la cuenta de que seguramente terminaría mi carrera en alguna oficina de Róterdam, supervisando más y más barcos. Tenía una visión perfectamente clara de ese futuro y ningún deseo de que se hiciera realidad. Estaba preparado para un cambio radical en mi vida.

Decidí seguir mi propio camino, y sólo estaba seguro de una cosa: quería hacer algo que realmente me gustara. Mis padres estaban preocupados y trataron de convencerme de seguir en mi trabajo y aprovechar el tiempo libre para buscar nuevos caminos. Pero para mí, ¡ni hablar! Tenía que ser de tiempo completo. De alguna manera, yo estaba seguro de que si hacía algo de lo cual estaba realmente convencido, a la larga iba a ganar suficiente dinero.

Antes de volver a Holanda, fui a San Francisco con la esperanza de quedarme un tiempo y hacer mi búsqueda en la música. Empecé a aprender flauta y dedicaba a eso la mayor parte del tiempo. Pero también encontré un nuevo rumbo. Al poco tiempo conocí gente de alto vuelo que estaba abocada a la búsqueda de un conocimiento más intuitivo; gente convencida de que la capacidad del ser humano, para el conocimiento era infinita. Corría el año 1976 y el movimiento de concientización en California estaba en su apogeo. Decidí involucrarme.

Muchas veces, la transformación es consecuencia de una crisis vital. Pero a veces, el reconocimiento de que la vida debe tener un sentido más profundo basta para provocar un cambio drástico, de tal manera que el corazón y la mente se abren a nuevas posibilidades y responden a las oportunidades de la vida de una manera nueva. En esos momentos, personas extraordinarias pueden cruzarse en nuestro camino, personas que influyan poderosamente en nuestras vidas. Eso fue lo que me pasó a mí.

Una mañana, fui a presenciar una clase magistral del flautista francés Jean–Pierre Rampal. Durante meses, los seis participantes habían estudiado una obra en particular, como una sonata de Bach o un concierto de Mozart. La primera alumna había tocado unas pocas notas cuando la interrumpió Rampal y le dijo: "Sabes tocar notas muy bien, y eso es genial. Pero eso todavía no es música. Escucha". Puso su flauta dorada en su boca y empezó a tocar el mismo pasaje. Ya escuchando los primeros tonos me quedé sin aliento: ahí, a pocos metros, había un maestro en acción. A partir de ese momento, cada vez que tocaba la flauta me imaginaba a Rampal tocando.

Ese mismo día visité el Instituto Tibetano Nyingma en Berkeley, a pocas cuadras de la clase de flauta magistral; alguien me lo había recomendado. En el jardín de meditación vi a Tarthang Tulku dando instrucciones para pintar las ruedas de oración. Por segunda vez en el mismo día sentí que estaba en presencia de un maestro en acción. Me anoté en un seminario de fin de semana que empezaba al día siguiente.

Todo lo que escuché en el seminario era nuevo para mí, y sin embargo me sonaba conocido. No recuerdo mucho el contenido, pero todavía tengo vivo el recuerdo de cómo me sentí ese día. Algo en mí despertó, y pensé: "Es esto. Esto es lo que quiero hacer". Sin pensar si era capaz y sin entrar a considerar cómo impactaría en mi vida, me sumergí en el programa de Desarrollo Humano que ofrecían en el Instituto Nyingma. El tema era la automaestría, llegar a ser maestro de la propia vida.

La forma en que trabajan los maestros es invisible a la mirada común. Fortalecidos por una disciplina interior y con acceso a una creatividad sin límites, los maestros trabajan simplemente siendo. A la distancia pareciera que lo que hacen no tuviera nada de especial. Lo que nos atrae es su alegre sencillez. Trabajan con todo su ser, con una dedicación contagiosa. Se encuentran a gusto. Nada se interpone entre ellos y su obra —ni proyecciones, ni imágenes de sí, ni resistencia. Los maestros siempre están trabajando, en todas partes. Es difícil explicar qué es lo que define a un maestro; sus métodos exactos escapan a las palabras, y los maestros rara vez hablan acerca de lo que piensan y hacen.

La inspiración de la maestría es un tema especial en las enseñanzas del budismo tibetano. La tradición siddha (siddha significa "El dotado") conserva las biografías de ochenta y cuatro maestros, "los dotados poderosos", también llamados los Leones del Buda.[42] Estos ochenta y cuatro siddhas son la prueba viviente de la posibilidad de alcanzar la iluminación en el curso de una sola vida. Así como el viento disipa las nubes, los siddhas transforman la confusión y la ignorancia en realizaciones directas de las enseñanzas del Buda. A través de su ejemplo inspiran a otros; su camino no es complicado y es accesible a todos, hasta aquellos de la escala social más baja. Para empezar, es necesario haber experimentado el indescriptible sufrimiento de toda vida en la Tierra, o haber perfeccionado la disciplina interior. Si se reúnen estas condiciones, se puede dar la situación adecuada: que se reúnan el discípulo, el maestro y el método. Entonces es posible lograr la iluminación en esta vida, aquí y ahora.

En determinado momento de la vida podemos llegar a detectar una persistente inquietud que bulle dentro de nosotros, un vacío difícil de explicar, un anhelo. Algo falta. Quizá se insinúe en nuestros pensamientos el temor de que la vida se nos escape de las manos sin pena ni gloria. De vez en cuando nos preguntamos: "¿Esto es todo? ¿Para esto trabajé tan duro? ¿Cuál es el sentido?". Estos interrogantes y los sentimientos que los acompañan apuntan a la necesidad de despertar a una nueva perspectiva y de activar capacidades más profundas para la comprensión. Cualquiera que haya entrado en el camino espiritual ha tenido por lo menos una visión fugaz de una verdad más profunda, algo que nos estimula y señala el camino. Es cuestión de reconocerlo. A través de la conciencia de la transitoriedad y de la necesidad de encontrarle un sentido a lo que hacemos, tomamos conciencia de nuestro potencial y de las oportunidades latentes. Algún día nuestras vidas llegarán a su fin, pero todavía hay tiempo de ofrecerle al mundo nuestros recursos de conciencia y energía.

El Noble Sendero Óctuple

El Buda dijo que el sufrimiento humano es innecesario: temores, frustraciones, emotividad y desilusiones tienen causas evidentes que se pueden eliminar. Pero carecemos de la sabiduría necesaria. Con más conciencia, nuestras acciones pueden ser más acertadas. Cuando se unan la sabiduría y la acción, nuestro sufrimiento cesará. Para ayudarnos a lograr esta meta, el Buda trazó el Noble Sendero Óctuple que conduce a la iluminación. Es venerado y practicado en todas las tradiciones budistas.[43]

En cierta forma, el Sendero Óctuple puede parecer engañosamente simple. Quizá todas las grandes enseñanzas corran el riesgo del exceso de simplificación, pero eso es particularmente cierto en el caso de las enseñanzas budistas porque han sido introducidas en Occidente muy recientemente, un tiempo demasiado breve como para desarrollar una comprensión profunda. El lenguaje de las enseñanzas resuena con niveles sutiles de significado; si no estamos en sintonía con ellos, podemos perder campos enteros de significados.

El estudio de los temas de estas enseñanzas fuera de contexto también puede generar confusión. La mezcla de ideas de otra manera inconexas puede ocultar la estructura subyacente, dificultando así la asimilación de las enseñanzas apropiadas para cada etapa del camino. Lo mejor es escuchar sin prejuicios, sin sacar conclusiones precipitadas, permitiendo que nuestra mente absorba las palabras y los mensajes de las enseñanzas sin comentarios ni distorsiones interiores. La tradición dice que primero hay que escuchar la enseñanza y entender qué significa, luego meditar sobre ella y finalmente ponerla en práctica. Sólo desde esta base podemos verdaderamente evaluar si la enseñanza funciona o no.

Las enseñanzas del Buda forman una totalidad compleja. La visión iluminada y la aspiración a lograrla, la filosofía de amplio alcance y el discernimiento psicológico, las prácticas de meditación, los rituales y los símbolos, todos actúan en conjunto. Cuando los estudiamos y practicamos con respeto a la totalidad, emerge una estructura en la que la mente puede confiar. Las enseñanzas budistas no son una lista de dogmas, forman una guía que nos capacita para reconocer y sacar de raíz, una por una, las partes oscuras de la conciencia. Paliar el sufrimiento significa, en última instancia, perfeccionar nuestros recursos interiores.

En la Primera Vuelta de la Rueda, el primer conjunto de enseñanzas que impartió en Sarnath, India, el Buda habló sobre las Cuatro Verdades Nobles. La primera verdad es que el sufrimiento está en el núcleo de toda existencia. La segunda verdad noble dice que el sufrimiento obedece a una causa. La tercera verdad noble es que el sufrimiento puede cesar. La cuarta verdad noble señala el camino que conduce al fin del sufrimiento, conocido por todos los budistas como el Noble Sendero Óctuple. Siguiendo los ocho pasos, desarrollamos la visión correcta, la motivación correcta, la comunicación correcta, la acción correcta, el medio de subsistencia correcto, el esfuerzo correcto, la atención correcta y la concentración correcta. La palabra "correcta" no se usa en el sentido de un juicio como opuesta a "equivocada", sino en el sentido de que es completa, auténticamente pura, beneficiosa para todos, y que conduce a la iluminación.

El Buda dijo que nadie sabe cómo poner fin al sufrimiento.[44] Por eso enseñaba el Sendero Óctuple. Pero la senda es estrecha y empinada, y en consecuencia ardua. La mirada que la aprehende es profunda y sutil, y el Buda dijo que aunque él la enseñara, muy pocos la entenderían plenamente. Algunas personas tienden a interpretarla con ligereza, dando por sentado que ya lo entendieron todo y pretenden ya aplicarla a su vida diaria. Quizás asocien el alivio del sufrimiento con poner fin a sus dificultades u obstáculos o paliar el dolor físico. No obstante, las dificultades y los obstáculos son inherentes al cambio; siempre surgirán, independientemente de nuestro desarrollo personal. De hecho, en las personas dotadas de una gran mente y un gran corazón, siempre comprometidas con grandes metas, las dificultades y los obstáculos suelen multiplicarse geométricamente.

Hay varios tipos de sufrimiento, pero las formas más persistentes y limitantes están vinculadas con la noción de Yo. La falta de sabiduría, y por lo tanto de compasión, se reflejan en el sufrimiento. La sabiduría y la compasión nos permiten trascender nuestra fijación por el Yo. Pero las dificultades y los obstáculos permanecen, aun cuando ya no experimentemos las formas más graves de sufrimiento. Al crecer en madurez, podremos apreciar nuestras oportunidades y estar abiertos a las pruebas y tribulaciones que vienen con una vida plena de sentido. Seguir el Noble Sendero Óctuple implica madurar en la mente, en el corazón y en la acción, con lo cual se reduce el sufrimiento a cada paso del camino.

1. La visión correcta

Una visión correcta provee el remedio para el sufrimiento. Nos proponemos desarrollar la visión correcta como primer aspecto del Noble Sendero Óctuple. Preguntamos: ¿tenemos una visión clara y abarcadora de nosotros y de la naturaleza de la realidad? ¿O dejamos de ver el todo por estar centrados en nosotros mismos?

Parte de la sabiduría implica por un lado renunciar a los pensamientos, acciones y conductas incorrectos y, por otro, adoptar la visión correcta. El sufrimiento es el resultado del no comprender y de tener una visión incompleta. Hacemos algo que nos conduce al error y al dolor, y dejamos de hacer lo que fomenta el beneficio y el entendimiento. Nuestra percepción es turbia, por lo tanto, la conciencia funciona mediocremente. Por estar entrampados en nuestros propios patrones kármicos y envueltos en las emociones, fácilmente podemos quedar empantanados en el mundo del samsara.

El origen del dolor y las frustraciones es el resultado de tendencias kármicas que nos acompañan desde el nacimiento y en las reacciones aprendidas durante la infancia. De niños se nos enseña cómo debemos pensar y actuar; hay poco lugar para explorar nuestros sentimientos. Si no podemos expresar nuestro entusiasmo y nuestro dolor, pronto nos convertiremos en extraños para nosotros mismos, proclives a los sentimientos de culpa. Aprendemos a mirar primero a los demás —padres, hermanos y maestros— antes que a nosotros mismos. La inevitable formación del Yo durante la infancia nos predispone al sufrimiento.

Al llegar a la adultez, quizá ya ni sepamos quiénes somos, más allá de nuestros roles y múltiples imágenes de nosotros mismos: como padres, empleadores, empleados y demás. Atrapados en pensamientos, acciones, conductas y opiniones incorrectas, incompletas o impuras, nos agobia un sentimiento subyacente de enorme desilusión que apunta a la pérdida de la integridad personal.

La visión correcta nos provee una imagen clara de nuestra verdadera naturaleza y señala el camino a la sabiduría. Si nos corremos un paso atrás para vernos en una perspectiva más amplia, podremos entender que no somos el centro del universo sino una parte de un todo integrado. Cuando ya sabemos lo que es tener una visión correcta, podemos dejar de identificarnos con el Yo. La visión correcta esclarece las historias y dramas personales y nos permite tener un panorama más amplio. Cuando percibimos que la naturaleza de la mente es la de un espejo, capaz de generar tanto felicidad como sufrimiento, ya no nos apoyaremos en presupuestos, sino en una mente abierta.

La visión correcta no es algo que se posee: es algo que se redescubre una y otra vez. Ayuda recordar que la visión correcta siempre apunta al camino medio: ni demasiado ni muy poco, sin extremos de austeridad ni de decadencia. Ni tan duro ni tan blando, ni tan lento ni tan veloz. La visión correcta reconoce la libertad de la mente, no pertenece ni al determinismo ni al nihilismo. Une sabiduría con compasión.

2. La motivación correcta

De la visión correcta surge la motivación correcta, que inspira las acciones que alivian el sufrimiento. La carencia de visión correcta nos lleva a actuar impulsivamente, sin tener clara nuestra motivación. Elegimos el camino de menor resistencia, nos manejamos "en piloto automático", repitiendo patrones conocidos. O actuamos la confusión, en contra de nuestro mejor criterio, yendo de aquí para allá para terminar eligiendo un curso de acción totalmente diferente. Sin tener una idea clara de quiénes somos ni qué representamos, comunicamos mensajes contradictorios, diciendo "sí" cuando en realidad pensamos "no", y viceversa. Como no sabemos dónde estamos parados, nuestra motivación no es confiable.

Una mirada más profunda dejaría al descubierto el grado de confusión de nuestras motivaciones. Incluso cuando pensamos que estamos brindando lo mejor, el deseo de ayudar puede estar teñido por necesidades e intereses personales ocultos. ¿Estamos buscando reconocimiento? ¿Queremos aparecer como salvadores, como la causa de la felicidad del otro? Una acción que hoy parece valiente puede mañana resultar limitada, incluso cruel o simplemente inútil.

Cuando identificamos nuestros pensamientos y los clasificamos sin juicios y sin culpa, aprendemos a distinguir nuestras tendencias sanas de las que no lo son. Nos familiarizamos con los motivos subyacentes a nuestra conducta examinando nuestras ideas y planteándonos preguntas. Si soy completamente honesto conmigo mismo, ¿cuáles son mis verdaderas motivaciones? ¿Realmente quiero mejorar la imagen de mí mismo? ¿En el fondo me gustaría que los demás fracasaran? ¿Por qué necesito llamar la atención? ¿Por qué me contengo, esperando que los demás tomen la iniciativa?

Una vez que nos damos clara cuenta de nuestras motivaciones, es importante no juzgarlas como positivas o negativas, porque estaríamos tentados de aferrarnos a las positivas como buenas y de rechazar las negativas como malas, y eso a la larga puede resultar perjudicial. Una motivación positiva no necesariamente es correcta, porque ahí donde juega la imagen de sí mismo no se toma en cuenta la motivación correcta. Para vivenciar la motivación correcta, debemos antes experimentar una transformación interior que nos acerque a la visión correcta. En algún momento percibiremos que nuestras antiguas motivaciones ya no corren más y, sin embargo, no han surgido motivaciones nuevas. Lo mejor que se puede hacer en este "espacio de transición" es relajarse, esperar atento, seguir observando y cuestionándose qué es lo universalmente bueno. Esto podría ser, por ejemplo, el deseo auténtico de no hacer mal a nadie y de no emprender actividades corruptas.

Gracias a una actitud atenta y permanentes cuestionamientos, la base de nuestras motivaciones empieza a cambiar. La visión correcta entra en foco, aclarando la índole de nuestras motivaciones y permitiendo que se instale y florezca la motivación correcta.

3. Comunicación correcta

Una comunicación correcta alivia el sufrimiento. Es originada por la motivación correcta. ¿De qué sirve vivir si no podemos expresarnos como somos, si debemos esconder o disimular lo que pensamos o sentimos? La magia de las palabras es lo que nos permite conocernos a fondo, reconociendo los lazos de unión con nuestros congéneres y superando los obstáculos que nos separan de ellos. Sin esta magia, nos convertimos en extraños ante nosotros mismos y ante los demás.

La comunicación correcta comienza con el silencio. Como dice la Biblia: "Que tus palabras sean pocas".[45] Desde el silencio podemos sentir la intención y la cualidad de nuestra comunicación. Podemos observar los efectos de nuestra falta de cuidado viendo cómo hasta las palabras sinceras pueden crear distancia o quizá causar daño. Vemos que cuando usamos palabras para agregarles etiquetas o juicios de valor, consolidamos aquello que de otra manera cambiaría naturalmente. Quizá juzguemos con severidad o repartamos culpas innecesariamente hablando sobre los demás a sus espaldas. Quizá digamos a alguien una cosa y a otro algo diferente. O profiramos palabrotas a diestra y siniestra sin pensar cómo puede eso afectar a los que nos rodean. Unas pocas palabras o a veces una sola mirada basta para arrasar al otro; con un solo arrebato de cólera podemos destruir años de convivencia armoniosa.

En el silencio podemos recuperar el equilibrio y conectarnos más plenamente con la respiración interior. Entonces las palabras adecuadas surgen naturalmente, porque el lenguaje está unido a la respiración. Descubrimos palabras delicadas que inspiran, aportan energías y coraje renovado. Cuando hablan los demás escuchamos desde adentro, escuchando no sólo las palabras sino el significado que se esconde detrás de ellas. Al comunicarnos con cuidado tendemos puentes, curamos antiguas heridas y abrimos la puerta a un contacto más profundo con el otro.

Desde el silencio podemos observar nuestros patrones habituales de comunicación y suavemente expandir nuestro repertorio de respuestas. Si solemos ser introvertidos, podemos tratar de expresarnos con mayor frecuencia; si somos habladores podemos intentar permanecer en silencio. Si nos vemos impulsados a hablar para no sentirnos solos o incómodos, podemos aprender a reconfortarnos con las cualidades nutricias del silencio.

La comunicación correcta acerca a las personas y abre nuevos espacios de posibilidad más allá de las palabras. Es un eco de la verdad, cosa tan difícil de expresar en palabras. Sobre la base del silencio y la compasión, un gesto puede decir más que mil palabras.

4. La acción correcta

La acción correcta disminuye el sufrimiento. Es dirigida por la visión correcta y, a su vez, manifiesta la visión correcta en el mundo: no puede existir la una sin la otra. Si no se desarrolla la visión correcta, podemos aun así extendernos hacia la acción correcta preguntándonos: "¿Qué puedo hacer para contribuir?". La acción correcta comienza evitando la conducta dañina. El asesinato no puede ser una acción correcta aunque la víctima sea una hormiga que camina sobre la mesa. El maltrato físico —hacia nosotros o hacia los demás— no se justifica en ningún caso. De igual modo el abuso mental, la presión, el acoso o la humillación de los demás sólo puede generar sufrimiento.

Pero podemos ir aun más allá. Podemos abstenernos de debilitar al otro y además ofrecer nuestro apoyo. Podemos abstenernos de robar y también dar con generosidad. Y en lugar de ser envidiosos, podemos disfrutar el éxito ajeno. Podemos a veces preguntarnos: "¿Estoy seguro de que no hago ningún daño, independientemente de mis buenas intenciones?"

Diez acciones saludables

1. Sostener la vida
2. Comprometerse con el dar
3. Mantener una ética
4. Hablar la verdad
5. Hablar armoniosamente
6. Hablar con amor
7. Hablar con sensatez
8. Cultivar el goce por la prosperidad de los demás
9. Cultivar la solidaridad
10. Aprender a tener visiones correctas

La acción correcta honra el bien común y la ley del karma. No se basa en seguir ciegamente el ejemplo de los demás, sino en la fe de que nuestras acciones generarán consecuencias positivas. Una acción saludable genera resultados saludables, mientras que una acción malsana genera más ciclos de sufrimiento. El camino del Buda está empedrado de acción correcta.

No hay una receta para las acciones correctas, porque lo que se necesita en un momento dado es único para ese momento. En ocasiones debemos abstenernos de actuar, unas veces es mejor actuar sin análisis previo, y otras veces tenemos que pensar todo minuciosamente hasta haber agotado todas las preguntas.

Acción correcta también requiere sensibilidad al momento oportuno: nuestra reacción debe darse en un preciso momento, ni antes ni después. El momento oportuno es crucial. Por ejemplo, una vez terminado el tiempo de reflexión, debemos actuar. La atención no se centra en nuestros asuntos personales, sino en lo que debe hacerse para atender al bien común. Si el momento oportuno es correcto no debemos tener miedo de actuar. Si nos equivocamos, se repara el daño inmediatamente. Eso también es acción correcta.

Aprendemos en la acción. Cada situación nos ofrece otra oportunidad para dar. No hace falta esperar hasta estar totalmente seguros de lo que hacemos, ni actuar precipitadamente. Cuando nuestras acciones son correctas, comprobamos que recibimos más que lo que damos; cuanto más damos, tanto más podremos recibir. En general, nuestras acciones se verán protegidas por el deseo de: "Que todos los seres sintientes puedan beneficiarse de mis acciones".

5. Medio de subsistencia correcto

Un medio de subsistencia correcto disminuye el sufrimiento. Si trabajamos meramente para obtener un ingreso o una posición social, o para cumplir con lo que los demás esperan de nosotros, eventualmente podemos experimentar una insatisfacción que nos corroe por dentro. ¿Podemos imaginarnos una motivación diferente, capaz de darnos alegría? En mi caso personal, descubrí que la práctica del Dharma y el ganar dinero no son excluyentes. ¿Qué pasa si podemos disfrutar con nuestro trabajo, crecer con él y al mismo tiempo beneficiar a los demás? Disfrutar del propio trabajo significa aprovechar las oportunidades que benefician a todos los involucrados. Según el enfoque que desarrolló mi maestro, Tarthang Tulku, este tipo de actividad es considerada un aspecto de lo que tradicionalmente se conoce como "medios hábiles" (skillful means o skill in means).[46] Trabajando con "medios hábiles" podemos satisfacer nuestras necesidades físicas, mentales o espirituales, y al mismo tiempo hacer una auténtica contribución a la sociedad en que vivimos.

Quizá pensemos que un medio de subsistencia correcto es privilegio de los santos o los que se dedican a ayudar a los demás, como Nelson Mandela o la Madre Teresa. Sin embargo, todos tenemos acceso a él. Una vez que nos comprometemos a ello, surgen oportunidades que hacen que nuestras intenciones se conviertan en realidad. Posiblemente queramos alcanzar algo más que un simple beneficio para nosotros y nuestra familia, y nuestras motivaciones vayan más allá de la idea de propiedad. En vez, quizá nos propongamos participar y servir a la sociedad en el largo plazo. Empezaremos por preguntarnos: ¿Cómo hacer para que el beneficio de mi trabajo se extienda a la oficina, al colegio, al pueblo o la ciudad y más allá? Vemos que en los negocios, cada vez que firmamos un acuerdo o un contrato, podemos apuntar a beneficiar a todos los involucrados: el cliente, el vendedor, la compañía y los accionistas, hasta el barrio donde está emplazada la empresa. Asimismo, se pueden utilizar las ganancias de la compañía para beneficiar a todos los seres sintientes.

El modo de subsistencia correcto no es sólo un "devolver", sino un actuar en nombre del bien. Inevitablemente demanda un sacrificio: el ofrecimiento de nuestro tiempo, dinero o interés propio, ya que estos fundamentalmente sirven al Yo. La atención plena puesta al servicio de un medio de subsistencia correcto asegura que todos se beneficien de nuestro trabajo. Por definición, un medio de subsistencia correcto toma en cuenta a todos los seres sintientes.

6. Esfuerzo correcto

El esfuerzo correcto es la cura para el sufrimiento. Parece simple: darle con todo y para adelante el ciento por ciento. Sin embargo, el esfuerzo correcto requiere de una visión y una motivación correctas: hay que saber qué funciona y qué no, qué ayuda y qué es contraproducente. Esfuerzo correcto significa perseguir una meta honorable de tal manera que nos beneficiemos nosotros y también los demás. Trabajar por una buena causa manipulando a los demás no es esfuerzo correcto, como tampoco lo es trabajar duro para cosechar elogios o evadir culpas.

La visión correcta y el esfuerzo correcto se apoyan mutuamente. La visión correcta aporta el enfoque correcto, mientras que el esfuerzo correcto provee la energía necesaria para avanzar en la dirección adecuada. Al determinar el enfoque, el esfuerzo correcto es pragmático, toma en cuenta las circunstancias, el tiempo disponible y las capacidades de las demás personas involucradas. A veces necesitamos avanzar de manera decidida incluso peleando contra la inercia o la oposición, mientras que otras veces debemos ser pacientes y esperar el momento oportuno.

Amor y compasión son la brújula que guía el esfuerzo correcto. Si mantenemos una visión correcta tendremos energía de sobra. Ahora las cosas avanzarán según su propio ritmo. El esfuerzo correcto en su máxima expresión no es esfuerzo. El esfuerzo correcto es un equilibrio entre pelear y rendirse sin jamás darse por vencido.

El esfuerzo correcto no sólo tiene que ver con nuestra conducta, sino también con nuestras actitudes. A medida que nos familiarizamos con las tendencias negativas que socavan nuestros mejores esfuerzos —que siempre operan en la esfera del Yo— podemos dejar de proteger nuestra autoimagen y realmente llegar a sentir la ansiedad y el terror que subyacen al Yo.

El esfuerzo correcto nos da coraje para escapar del miedo que nos tiene encapsulados y enfrentar al Yo. Trabajamos con nuestro conocimiento de causa–efecto y abrazamos la ley del karma. Nos damos cuenta de que el sufrimiento es el resultado de karmas pasados: patrones de frustración e impaciencia que se perpetraron en el tiempo hasta el presente. Ahora debemos atenernos a las consecuencias. No obstante, cada esfuerzo correcto puede darles un giro a las cosas ya que su simple poder puede destruir el karma negativo. El resultado desafía la imaginación: así como la visión correcta es ilimitada, el esfuerzo correcto hace que todo sea posible.

7. Atención correcta

La atención correcta es el antídoto para el sufrimiento. Nos transporta al presente. Como una especie de parachoques entre el presente y el futuro, la atención plena correcta nos protege de la tendencia de ir por mal camino. Alumbra nuestras reacciones automáticas con la luz de la conciencia y las hace detener. Ya no repetimos patrones de sufrimiento por no darnos cuenta. La atención plena correcta nos provee del espacio que necesitamos para ir en pos del bien de una manera creativa.

La atención plena devuelve la cualidad neutral y espaciosa de la realidad, permitiéndonos observar lo que de otra manera trataríamos de ignorar. Cuando la mente finalmente se abre, somos libres para percibir lo que está ocurriendo. Somos capaces de mantener nuestro equilibrio en las buenas y en las malas, puesto que todas las vivencias, incluido el sufrimiento, sirven de catalizadores para el entendimiento. Mientras la mente se hace más espaciosa, el tiempo se expande y nos permite determinar el curso de acción a seguir con mayor facilidad.

La atención correcta nos revela lo innecesario de gran parte de nuestro sufrimiento. El hecho de saber que nuestras dificultades son el resultado de la falta de conciencia nos libera del pasado y nos prepara para un futuro mejor. Con la atención plena correcta como nuestro médico y la conciencia del presente como remedio, sabemos que estamos protegidos contra la enfermedad del sufrimiento innecesario.

8. Concentración correcta

La concentración correcta alivia el sufrimiento. Canaliza la conciencia y nos ayuda a permanecer en foco. Es la clave del éxito, un legado de inestimable valor para nuestros hijos y para nosotros. La palabra tibetana para "concentración" (ting-nge-'dzin),[47] que a menudo se traduce como "meditación", se acerca más al significado de "integración". Elementos que estaban separados se unen: cuerpo y mente, cabeza y corazón, motivación correcta y acción correcta. La concentración correcta se caracteriza por ser relajada, ni demasiado apretada ni demasiado floja, con un ojo para el detalle fino sin perder la perspectiva global. Finalmente, este tipo de concentración es asimilada totalmente y no requiere esfuerzo alguno.

La concentración correcta se diferencia de la concentración motivada por la preocupación por sí mismo. Cuando estamos abocados a ganar mucha plata o proteger nuestros intereses, quizá no tengamos dificultad en mantener la concentración. Por ejemplo, siempre tenemos presentes los motivos de nuestras quejas, de hecho podemos mantenerlos frescos en nuestra mente durante años. Pero este foco se caracteriza por un descontento interior que en realidad perturba la concentración y fomenta la inestabilidad emocional. El descontento genera preocupación y la preocupación interfiere con la concentración, y se origina un círculo vicioso que conduce a la amargura y la insatisfacción. Este tipo de alerta focalizada sólo causa más dolor y sufrimiento.

La concentración correcta le da poder a la mente y es el trampolín al éxito. Nos mantiene en el buen camino. No hay necesidad de huir de las dificultades porque la concentración correcta vence a la adversidad, siempre encontrando la forma de superar los obstáculos. La concentración correcta actúa de mediadora entre la dificultad y la satisfacción, entre la infelicidad y la felicidad, entre una mente pequeña y una gran mente.

Todo correcto

Pasaron horas. Todo estaba tranquilo; afuera, la nieve amortiguaba todos los sonidos. Adentro, el silencio era casi palpable. Yo no podía ver los ojos de Lino porque estábamos sentados uno junto al otro, pero sentí que él se encontraba relajado y enfocado al mismo tiempo. Irradiaba tanta energía, que parecía ser capaz de cambiar su ADN por sí solo. Vivía el hoy como si fuera su último día, y no pensaba desperdiciar ni un solo instante.

Mientras Lino y yo conversábamos, yo tenía presente la imagen de mi madre. Actuando por impulso, le conté acerca de su enfermedad y mi sensación de impotencia. Sin dudarlo, se puso de pie de un salto y blandió sus brazos como un samurai dando a entender que sabía cómo remediar su estado. "¡La dieta correcta!", exclamó. "Nada de queso, ni sal, ni leche ni vino. Y por favor –imploró– absolutamente nada de café ni huevos". Fue un choque darme cuenta de que precisamente esos alimentos eran la base de su dieta.

Más tarde ese mismo día les escribí a mis padres. "¡Por favor dejen de comer esas comidas que tanto les gustan!". Podríamos quizá salvar a mi madre con un drástico cambio en su alimentación. Era una idea bastante revolucionaria. De un plumazo, todos los rituales conocidos de mis padres serían prohibidos: el café de la mañana, el vasito de vino al atardecer, el queso antes y después de las comidas. No obstante, estaba seguro de que mis padres seguirían mis consejos sin chistar.

Mi madre jamás recibió mi pedido. Mi padre, capitán del equipo bipersonal, me dijo por teléfono: "¡Ya intentamos tantas cosas!". Y enumeró una imponente lista: yoga todas las mañanas (hasta la postura de la cobra estaba dentro del programa), lectura de libros metafísicos, sobre todo acerca del Tao. "Y también el médico le recetó una píldora para tomar dos veces al día, pero con frecuencia se olvida de tomarlas".

Yo no podía entender. ¿Cómo no se daban cuenta de que esta dieta era la acción correcta? Yo trataba de ayudar desesperadamente. ¿O quizá no era la acción correcta? Quizá Lino estuviera equivocado. Recién años más tarde caí en la cuenta de por qué mi consejo no fue escuchado: el Noble Sendero Óctuple no es un remedio que se prescriba: se elige. Cada uno debe reconocer el sendero por sí mismo.

10

El amor desconectado

Regresaron de Elba. El retiro de mi padre llegó a su fin. La vida social volvió a formar parte de la vida de mi madre: "Es tan acogedor ver tantas luces de noche". Pero no volvieron a La Haya porque fuera más acogedora. Muchas cosas habían cambiado en doce años. Tres de sus cuatro hijos vivían en el exterior. El Caleidoscopio era el pasado. Ya no era posible realizar tareas de voluntariado, ni jugar al *bridge*. De las actividades anteriores de mi madre sólo quedaron los tés de los lunes por la tarde. Todas las semanas la pasaba a buscar su amiga Joss en su Fiat 600 para ir juntas. "¡Qué lindo, Joss! ¿Adónde vamos?", preguntaba mi madre cada cinco minutos. Cada vez, Joss le respondía con infinita paciencia. Durante el té y luego a la hora del coctel se sentaban juntas en el diván, Joss sosteniéndole la mano. Cuando le tocaba a mi madre hablar Joss siempre lo hacía por ella, como si hablara de sus propios seres queridos.

Yo los llamaba por teléfono todos los domingos. Al principio era como cuando ella y yo estábamos juntos en la misma habitación charlando, como en los buenos viejos tiempos. Pero, poco a poco, la distancia se hizo difícil de sortear. Las palabras parecían caer en el vacío; frecuentemente dudaba si realmente las había escuchado. Un día, apenas reconoció mi voz me dijo: "Espera un momento y llamaré a papá".

Yo estaba perplejo. No era ningún secreto que mi padre odiaba el teléfono y jamás llamaba por iniciativa propia. Por el contrario, a mi madre le encantaba hablar por teléfono, formulaba preguntas y sabía escuchar. Solía hablar con entusiasmo sobre todo lo que hacía. A veces nuestras charlas eran largas, y un buen sustituto de un encuentro personal. Pero en esta ocasión, se unió mi padre a la conversación explicando que había comprado un teléfono manos libres para que los dos pudieran hablar conmigo al mismo tiempo. La intimidad de charlar a solas con mi madre desapareció de golpe.

Después de eso, las conversaciones telefónicas fueron siempre de a tres y mi madre rara vez hablaba, o sólo para asegurarme: "Todavía estoy aquí". Al comienzo respondía algunas de mis preguntas, pero luego mi padre lo hacía por ella. Un día decidí llamar cuando estaba seguro de que mi padre no se encontraba. Los lunes por la mañana él jugaba al *bridge* en la ciudad.

Ese lunes, mi madre contestó el teléfono. "Hola mamá, ¿cómo anda todo?". "Bien", respondió, "¿Y cómo estás tú?". Yo empezaba a hablar y cada tanto escuchaba un sonido como de asentimiento del otro lado. A veces le hacía alguna pregunta, olvidando que era mejor no hacerlo. Se quedaba en silencio y yo sentía que en su interior sucedían muchas cosas que no podía expresar. Era como si simplemente no encontrara las palabras adecuadas.

Tiempo después, cuando fui a visitarla a La Haya, muchas veces no podía articular sus pensamientos. Se daba vuelta para mirarme, entrecerrando los ojos y riendo entre dientes. Sonreía y hacía un sonido como un tarareo que le salía del pecho –hmmmm– o presionaba mi brazo con énfasis. Cada vez comprobaba que la comunicación no depende únicamente de las palabras.

Era el comienzo de los años ochenta y se conocía poco sobre la enfermedad de Alzheimer. Sabíamos que la edad podía producir un deterioro de la memoria, hasta demencia. ¡Pero eso sonaba tan terrible! No podía pasarnos a nosotros, mucho menos a mi madre. Pensamos que su pérdida de memoria, su capacidad de reacción disminuida y su falta de iniciativa eran cosas de la edad. A medida que pasaba el tiempo, su desorientación cada vez mayor y su humor cambiante nos hicieron sospechar que padecía alguna enfermedad. Pero inseguros sobre la naturaleza de esa enfermedad, no teníamos idea de lo que el futuro le depararía a ella y a nosotros.

La enfermedad de Alzheimer

La enfermedad de Alzheimer no es producto inevitable de la vejez, sino el resultado de daño cerebral.[48] Se caracteriza por una pérdida progresiva e irreversible de las funciones cerebrales, que se supone es causada por la destrucción de las neuronas y de sus conexiones. Depósitos proteicos anormales forman cúmulos que dañan las terminaciones nerviosas del cerebro.[49] Se altera la actividad cerebral y la capacidad de pensar con coherencia va desmoronándose poco a poco. Los pensamientos desaparecen antes de ser articulados. Finalmente, se disuelve la conexión entre el pensamiento y la palabra.

En el caso de mi madre, sus sentidos permanecieron relativamente activos; la audición, la visión y el sentir estaban intactos, pero la memoria de corto plazo se encontraba debilitada y finalmente desapareció. También se le hizo más difícil hablar, porque hasta el discurso más simple requiere de complejas interconexiones dentro del cerebro. Una conversación era como saltar de un témpano a otro dentro de un río inhóspito, donde el próximo paso parecía inalcanzable. Pero cada paciente de Alzheimer tiene síntomas diferentes, a veces mucho peores que los de mi madre.

Mi madre ya no podía preparar la comida. Los diversos movimientos que requería la cocina la confundían; solía abrir el gas antes de prender el fósforo, u olvidarse de que había dejado algo cocinándose. También le costaba realizar las demás tareas hogareñas. Un día le propuse hacer la cama juntos y me dijo: "Está bien", pero cuando entramos en su habitación no tenía ni la más remota idea de por qué estábamos allí. Estos huecos en la conciencia la avergonzaban. Todos nos olvidamos de algo ocasionalmente, pero con un recordatorio podemos evocarlo. Con el Alzheimer, los acontecimientos parecen estar rodeados de vacío y ni siquiera un recordatorio sirve. Una cita, una visita, una pregunta, no son registrados al comienzo y, por lo tanto, no se pueden evocar. Sostener una conversación con mi madre era algo imposible la mayor parte del tiempo.

No obstante, durante los primeros años desde que supimos que estaba enferma, cada tanto recibíamos señales de vida de parte de ella: una notita, una carta por vía aérea, o una postal. Cada correspondencia suya consistía en solicitar fotografías recientes o recuerdos de visitas pasadas, y expresiones de deseo de volver a vernos pronto. En todas sus cartas también había noticias de otros miembros de la familia. Pero a medida que transcurrían los años, sus cartas se fueron espaciando. Finalmente ya no recibimos más cartas de ella, sólo teníamos noticias por otros familiares o amigos.

Jamás me desentendí de mi madre, pero la íntima familiaridad de antaño había desaparecido. No pude presenciar ni vivenciar los cambios que sufrió, y por lo tanto mi amor no pudo evolucionar junto con ella. Sin embargo, no fue la distancia lo que impidió que yo fuera totalmente consciente de su realidad; el mundo en el que ahora vivía me asustaba demasiado para tomarlo. Muchas veces me pregunté por qué me sentía como insensible. ¿Eso era normal? ¿No debería estar desesperado, abrumado por el dolor o lleno de lástima? Profundamente en mi interior, me sentía intranquilo. Sin embargo, no profundicé en mis sentimientos de desánimo y desconexión. A pesar de lo mucho que yo pensaba en ella, nuestro vínculo fue desdibujándose.

Amor es amistad

"Cuando amas a alguien de verdad, debes aprender a escuchar bien".[50] Un buen escucha entiende el significado detrás de las palabras. Cultivar un oído sensible y una mirada gentil nos permite discernir qué motiva a la persona que habla y sentir qué mueve su corazón. Damos sin esperar nada a cambio, compadeciéndonos de ella por sus pérdidas y disfrutando su felicidad y sus éxitos. Dar y recibir se fusionan y se convierten en uno.

El sentimiento de amor es característico de la mente abierta, que no hace diferencia entre el yo y los demás. Cuando estamos abiertos y receptivos no hay dualidad: no hay división sujeto-objeto, ni distinción entre el que da y el que recibe. El amor y —en la tradición budista— la amistad involucra sólo a sujetos. No es "tú y yo", sino "nosotros". Ambos somos sujetos, unidos en igualdad y amistad. Libres de la tensión sujeto-objeto, el círculo de afecto crece y los sentimientos de intimidad se profundizan. En la salud y en la enfermedad, y aunque miles de millas nos separen, estamos juntos.

Dijo el Buda que "el que se ama a sí mismo nunca le hará daño a ningún otro". En la tradición budista, la práctica del amor comienza por uno mismo. En Occidente, donde la arrogancia, cierto nivel de autodesprecio y baja autoestima están a la orden del día, es fundamental aprender a amarnos a nosotros mismos antes de expandir nuestro amor a los demás. Cuando somos capaces de sentir amistad y amor por todo lo que surge dentro de nosotros, naturalmente extendemos esos sentimientos a los otros sin juzgar ni culpar.

Los sentimientos de culpa

En las enseñanzas budistas, el amor se origina con el deseo de que los otros sean felices también. La compasión nace con el deseo de que tanto nosotros como los otros estemos libres del sufrimiento y de las causas del sufrimiento. Este tipo de amor y compasión es inherente a la conciencia humana y por lo tanto se encuentra siempre accesible, aun cuando estamos tan embrollados en reacciones negativas que parecemos enajenados de su poder sanador. En esos momentos podemos preguntarnos: "¿Qué me impide vivenciar amor y compasión?"

Si lo miramos de cerca, vemos que la respuesta se encuentra en la preocupación por nosotros mismos y en las emociones negativas asociadas a ella. Entre estas emociones negativas está la culpa. Mirando hacia atrás, me doy cuenta de que sentí culpa durante todo el proceso de deterioro de mi madre. Algo dentro de mí se congeló y dejé de ser un hijo cariñoso para convertirme en un simple espectador de su dolor.

La culpa en pequeñas dosis puede tener efectos saludables en la medida en que nos hace tomar conciencia cuando no cumplimos con nuestras responsabilidades. Pero si se prolonga en el tiempo, no permite crecer. Cuando la atención se centra en el pasado, la culpa nos detiene de vivir el presente. Como la pereza, justifica la inacción. Por ejemplo, podemos estar leyéndoles un cuento a nuestros hijos o ayudándolos con la tarea y al mismo tiempo sentir culpa por poner a nuestro padre en un geriátrico. Una vocecita interior no deja de repetir todo lo que hicimos mal. La impotencia por no poder cambiar lo ocurrido echa un manto de sombras sobre nuestra conciencia, opacando la luz de nuestra experiencia presente y evitando que nos involucremos plenamente en ella. Nos engañamos a nosotros mismos y a todos los que nos rodean, sobre todo los más íntimos. Saber esto aumenta la culpa, y esta ensombrece la conciencia aun más.

En el plano superficial, los sentimientos de culpa pueden sugerir que existe un deseo de sincera penitencia. Nos sentimos avergonzados de nosotros mismos, pero no de una manera positiva que pudiera generar un cambio. La vergüenza que sentimos se encuentra enraizada en la culpa por no haber estado a la altura de nuestras expectativas. Incluso cuando es evidente que la situación nos desborda, nos aferramos a la convicción de que tendríamos que haber podido manejarla. En el centro de la culpa está "la ilusión infantil de que todo lo podemos: en el fondo de nuestro corazón, pensamos que somos todopoderosos".[51] Nuestra autocondena es como el reverso de la arrogancia.

Si la culpa estuviera relacionada con una auténtica conciencia de nuestras fallas y carencias, un mayor esfuerzo ayudaría a aliviarla. Pero esforzarse más no necesariamente reduce el peso de la culpa; de hecho, cuanto más nos esforzamos, más nos convencemos de que debemos compensar por la culpa que aún sentimos.[52] Impulsados por esta necesidad, tendemos a presentar una imagen pública inflada mientras las dudas y el temor a ser descubiertos nos corroen por dentro. Estos temores, secretamente alimentados a través del tiempo, erosionan nuestra autoconfianza y nos hacen vulnerables al odio por nosotros mismos y a los impulsos destructivos.

La culpa es estimulada por la impotencia. No podemos estar a la altura de la imagen ideal del yo. No somos capaces de hacer lo que sentimos que deberíamos saber hacer. La baja autoestima, el revés de la sobreestimación, revela la falta de discernimiento. Ambas, culpa y baja autoestima, reflejan falta de apreciación por lo que somos y lo que podemos llegar a ser. No logramos reconocer que nuestra vida, como todas, ofrece oportunidades únicas de realización. Esto es precisamente lo que enfatizan las enseñanzas del Dharma: la preciosidad de la vida.

No hay en el idioma tibetano palabras totalmente equivalentes a los conceptos occidentales de culpa o inferioridad o falta de autoestima.[53] A las personas criadas en la cultura tibetana les cuesta entender que un ser humano pueda padecer aversión y hasta odio por sí mismo. Las enseñanzas budistas presentan el remordimiento y el arrepentimiento como conceptos dinámicos, basados en el reconocimiento de errores que estimulan el deseo de sanar. Vistos a la luz del Dharma, son sentimientos purificadores y significativos para el crecimiento espiritual.[54]

Si bien los sentimientos de culpa pueden durar toda una vida, también puede ocurrir que en un momento dado nos demos cuenta de que no somos tan malos como creíamos ser. Quizá sea el encuentro con una persona o una enseñanza que empieza a despertar en nosotros la bondad fundamental de nuestro ser. Al advertir que el verdadero origen de la culpa ha sido la falta de autocomprensión y al ver que la culpa prolonga el sufrimiento y quizá lo extienda a los demás, comenzamos a sentir genuino arrepentimiento y este enciende el deseo de curarnos. El deseo de aceptar totalmente nuestra situación y curar el dolor que perpetúa nos reconecta con el amor y la compasión. Queremos empezar a arreglar las cosas. ¿Cómo empezamos?

Curar la culpa implica tanto el perdón como la resolución de cambiar. Al principio, ayuda trabajar atravesando los propios sentimientos de culpa y expresarlos abiertamente a otra persona que acepte ser testigo de nuestra resolución de cambiar. El paso siguiente es perdonarnos por nuestros fracasos y nuestro maltrato hacia nosotros y los demás.

Admitiendo que fallamos o actuamos equivocadamente, abrimos la puerta al perdón. Anhelamos el remordimiento y el arrepentimiento; activamente buscamos la manera de arreglar las cosas, independientemente de la causa de nuestro sufrimiento. El perdón nos permite librarnos de la culpa totalmente y poner toda nuestra energía en corregir viejos errores. Las opciones están a la vista: podemos reconstruir en nuestra mente el conflicto de una manera diferente, o quizás enderezar el pasado por medio de la reparación. Las preguntas "¿Qué podría haber hecho de diferente?" y "¿Cómo me hubiera gustado ser?" informan nuestra conducta actual y contrarrestan los viejos karmas negativos con un nuevo karma positivo. De esta manera, damos los primeros pasos hacia la curación de los errores del pasado.

Abriendo el corazón

El ser humano sano es afectuoso de corazón, tiene una mente equilibrada y una actitud amigable. Las emociones a veces nos impiden desarrollar este estado natural. La envidia, el miedo y la ignorancia son enfermedades que ocultan las cualidades infinitas de la conciencia pura. La culpa funciona de manera similar, oscureciendo la conciencia. Pero la conciencia plena está siempre presente y es permanentemente accesible.

El amor es una cualidad de la apertura, tiene más que ver con el ser que con el hacer. Para abrir nuestro corazón al amor que se aloja adentro, quizá debamos tomarnos un descanso del hacer. Gran parte del hacer surge de la necesidad de afirmación del Yo. Cuando estamos tomados por el hacer, tendemos a vivir en el mundo del Yo, que se caracteriza por la polaridad: deseando un objeto y sintiendo aversión por otro, somos presa fácil de los pensamientos negativos. En las garras del pensar, atrapado en las sombras entre el Yo y el otro, al ser le queda poco espacio para el amor.

Liberado de la influencia de las emociones, nuestro ser naturalmente muestra amor y la conexión con todo tipo de existencia. Estamos solos pero no aislados, puesto que el amor no distingue entre tuyo y mío, amigo y enemigo. "Ama a tu enemigo como a ti mismo", dijo Jesús. Nos acercamos al amor incondicional, un sentimiento de hermandad omniabarcador.

Estar sentados en silencio en un lugar tranquilo ayuda a conectarnos con los sentimientos de amor que alberga nuestro corazón. El contacto con el silencio alivia la inquietud de la mente y profundiza la vivencia de ser; nos sentimos más a gusto con nosotros mismos y más dispuestos a abrirnos. En lugar de meditar sobre la soledad o el aislamiento, llevamos la atención hacia adentro y nos centramos en nuestro corazón. Escuchando atentamente desde adentro e ignorando las expectativas y las opiniones, podemos ser conscientes de nuestro cuerpo, de los latidos cardíacos, de la respiración. Así como los ojos se hicieron para ver y los oídos para escuchar, el corazón es el centro del sentir. En él nos conectamos con sentimientos de energía vital que levantan los bloqueos y traen serenidad.

Sin reconciliación con el pasado es difícil abrir el corazón. Emociones negativas, como la amargura y la pena de sí, encierran al corazón en una coraza y nos frenan de sentir amor. Nos mantienen en la periferia de nuestro ser, donde sólo podemos activar una parte minúscula de nuestro potencial. Pero podemos invitar al corazón a relajarse cultivando actitudes y sentimientos positivos, no ya como una pantalla para encubrir la negatividad sino como una práctica que estimula el profundo fluir del sentimiento a través del cuerpo. Dado que el corazón florece con la belleza y los sentimientos y sensaciones de nuestra propia energía, podemos reconfortarlo con apreciación y nutrirlo con belleza hasta que se abre totalmente, revelando su capacidad para el amor y la alegría. Cuanto más vivimos en nuestro corazón, más podemos vivir en la dicha y la tranquilidad.

> *Ejercicio para cultivar el amor:* Haga este ejercicio cuando se sienta equilibrado, y no cuando se encuentre poseído por el torbellino de la emoción. Sentado, tranquilo, cierre los ojos. Imagínese todas las personas que han desempeñado un papel en su vida, una tras otra. Comience por aquellas más cercanas: padres, pareja, hijos y otros miembros de la familia. Luego vaya a otros parientes, amigos y conocidos, incluso gente a la que conoce únicamente por los libros de

historia o los medios de comunicación. Imagínese un rostro durante breves instantes, luego déjalo ir y fíjese en el siguiente. Continúe sin detenerse en ningún pensamiento ni recuerdo. No se salte a nadie; no se aferre ni evite a nadie.

A medida que la conciencia se expande para incluir a más gente, permita que crezca la sensación de conexión. Quizá se revele un conocimiento común con todos ellos permitiéndoles sentir el valor de ser. Este es el comienzo del amor incondicional. Este sentimiento infinito funciona como catalizador al descomprimir la emocionalidad y restablecer la naturalidad de ser. La apertura del amor funciona como un espejo donde se ve reflejada la propia emoción, y les recuerda que "todos los seres son de una sola naturaleza".[55]

El amor se expresa en el deseo sincero de que los demás sean sanos y felices:

Que todos los seres sean felices
y consigan las causas de la felicidad.

Todo ser humano ansía la felicidad. Incluso en las situaciones más adversas, podemos responder afirmativamente la pregunta: "¿Quieres ser feliz?". La búsqueda de la felicidad es parte de nuestra naturaleza.

Cuando sentimos amor, somos felices y deseamos que los demás también lo sean. Cuando no podemos desear la felicidad ajena es porque nosotros mismos no somos felices. Es así de simple. Al sentirnos realizados, desbordamos de afecto por el universo entero. Amor y felicidad son intercambiables. Si anhelamos amor, debemos descubrir las causas de la felicidad e ir en su búsqueda.

Las causas de la felicidad

Según la Declaración de la Independencia de los Estados Unidos, todos los ciudadanos gozan del derecho inalienable de buscar la felicidad. Si tuviéramos la tarea de descubrir las causas de la felicidad, ¿por dónde empezaríamos? Podríamos empezar por observar a nuestro alrededor para ver qué circunstancias se asocian con la felicidad. Algunos quizá piensen la felicidad en términos de unas buenas vacaciones, una casa nueva, una mejor relación o quizá en tener un bebé. Otros crean que tienen derecho a la felicidad y que algún día, en el futuro, la encontrarán en el camino.

Pero eso no basta. Si nuestra vida dependiera de encontrar las causas de la felicidad buscaríamos más allá. Pronto podríamos sospechar que este sentimiento no depende del confort material, ni del éxito o la fama, o de cuánto dinero poseemos. Un cuerpo perfecto no es causa de la felicidad ya que las personas hermosas sufren como todos los demás. Seguimos investigando y vemos que la gente pobre e incluso enferma puede ser feliz. Hay pacientes terminales que vivencian gran intimidad consigo mismos y con los demás; quizá se encuentren descubriendo el sentido de su vida por primera vez y sean felices como nunca antes lo fueron. Al final, podemos concluir que la felicidad es un estado mental independiente de las circunstancias. Hasta el gozo es accesible a todos. Puede surgir durante la meditación, justo antes de morir, al salir de una depresión, cuando la vida nos brinda una segunda oportunidad, o cuando el corazón se abre para unirse con lo supremo. Reconocer que las condiciones para ser felices están en nuestras propias manos es un paso importante.

El amor y la felicidad dependen de adoptar la perspectiva correcta. Somos felices cuando reconocemos el valor único de los demás y una energía sana e integrada fluye por nuestros cuerpos y mentes. Las personas felices son sociables, flexibles, creativas y más capaces de soportar la incomodidad.[56] Saben perdonar, su visión de las cosas es optimista, son bondadosos con todo y todos.

Si no somos felices ni afectuosos, es útil tener presente que la conciencia se puede entrenar y desarrollar, sin importar cuales son nuestros estados de ánimo habituales. El cerebro, por ejemplo, es flexible. Las neuronas pueden crecer y formar nuevas conexiones. Nuestras sensaciones, sentidos y otros tipos de inteligencia también pueden entrenarse y desarrollarse. Podemos aprender a observar más detenidamente y a formular preguntas. Podemos agudizar la atención, vivenciar y profundizar nuestras sensaciones y abrir los sentidos. Este tipo de expansión y crecimiento es natural a nuestra conciencia. Mientras la mente se expande y los sentidos se abren, el amor pasa al frente.

Las enseñanzas budistas nos muestran la manera de crear una base firme para la felicidad y la satisfacción. El primer paso consiste en resolver ser felices y descubrir las causas de la felicidad. Basta decir: "Quiero aprender a ser feliz y saber qué pasos debo dar". A partir de eso, nuestra vida empieza a cambiar.

El paso dos consiste en establecer una disciplina: no un código de conducta, sino una forma de vida capaz de promover la felicidad y evitar lo que la estorba. Dicha disciplina nos mantiene firmes en las metas y ayuda a extirpar hábitos negativos. Una afirmación positiva o una buena experiencia no alcanzan para transformar los pensamientos negativos. Debemos protegernos de los patrones de conducta que nos debilitan y asumir responsabilidad por lo que somos en realidad. La disciplina correcta genera felicidad aunque signifique a veces ir en contra de lo placentero y hacer lo que no queremos. El placer puede contribuir al sentido de bienestar pero, a diferencia de la verdadera felicidad, es fugaz. Una disciplina exitosa debe incluir cuerpo y mente. Ellos son nuestros recursos interiores, y de su funcionamiento depende nuestra felicidad. Para establecer la disciplina podemos tomar como base nuestro amor por las cosas que valoramos. Podemos fijar nuestros propios objetivos y parámetros, y aprender qué actitudes y acciones socavan la felicidad y cuáles la potencian.

El tercer paso consiste en evaluar cada una de nuestras elecciones preguntándonos: "¿Esto contribuye a la felicidad?" Encontrar la felicidad requiere del esfuerzo inteligente. El objeto de nuestra atención se volverá real; lo que pasamos por alto se desvanecerá. La sugerencia de Longchenpa, gran maestro Nyingma, puede servir como principio orientador: "Ten pocos deseos y conténtate con lo que tienes".[57]

Muchas puertas llevan al Dharma, y más de una llave abre la puerta al amor y la felicidad. Dedicando nuestras energías al descubrimiento de la felicidad hallaremos nuestro camino, en la certeza de que los secretos están dentro de la conciencia.

> *Que todos los seres sintientes estén libres de odio.*
> *Que todos los seres sintientes estén libres de pesar.*
> *Que todos los seres sintientes estén libres de temor.*
> *Que todos los seres sintientes sean felices*
> *y adquieran las causas de la felicidad.*

11

La compasión en acción

Mis padres y yo fuimos a pasar el día al Veluwe, un parque natural en el centro de los Países Bajos, con pintorescos pinares y extensos brezales. Nos entusiasmaba la idea de respirar aire fresco y que mi madre pudiera hacer un poco de ejercicio en un entorno natural. La quietud de la naturaleza le sentaba bien. Bajamos del automóvil y nos dirigimos al restaurante. El perfume del otoño se sentía en el aire. Era un día fresco y las hojas cubrían el suelo. Mi padre ya tenía planeado tomar un sendero que atravesaba el bosque, pero primero paramos para tomar un café.

No había mesas libres junto a una ventana así que atravesamos el área de comedor, pasando por una sala de lectura llena de humo hasta llegar a un salón de estar. Nos sentamos entre otros clientes que leían los diarios. Una camarera nos trajo café. Mi padre y yo soplábamos el líquido hirviente con cuidado, mientras que mi madre se bebió el de ella de un golpe. Miraba a su alrededor, y a pesar de que su postura era relajada, había cierta tirantez en su expresión. Parecía confundida, como si no supiera bien qué hacía en ese lugar.

Bruscamente mi padre se irguió y dijo que era hora de dar un paseo. Le pregunté a mi madre si no quería ir antes al baño de damas. Ella se rió y dijo: "¿Y tú qué sabes de eso?". No obstante, me siguió hasta la puerta con el cartel que decía "Damas", y entró. Instantes más tarde salió y me dijo: "¿Y ahora qué?". Su falda estaba levantada; su ropa interior le llegaba por las rodillas. Aguardaba instrucciones, sin registrar lo incómodo de la situación y sin ninguna vergüenza. Llegó mi padre, y murmurando algunas palabras tranquilizadoras la empujó nuevamente al baño, se metió con ella y cerró la puerta detrás de él.

Excluida

Evidentemente, esto era mucho más que un problemita de memoria, ya que su desorientación y la perplejidad por lo que ocurría a su alrededor iba en aumento. En los comienzos, su falta de comprensión se revelaba como cierta ingenuidad no carente de encanto; parecía tan inocente, que todos sus comentarios espontáneos e inesperados despertaban simpatía. Bromeábamos, como si esta ingenuidad le sentara bien. A veces decía: "¡Cielos! Estoy tan olvidadiza. ¿Estaré empeorando?".

Al principio, después de un incidente incómodo, ella salía del paso con algún chiste, entornando los ojos como hacíamos todos cuando alguien decía tonterías (en lugar de responder, cruzábamos nuestras miradas bizcas y estallábamos en carcajadas). Cuando ella hacía esto, todo parecía haber vuelto a la normalidad, al menos por el momento. Pero luego, cada vez le costaba más retomar la senda de la normalidad. A veces los huecos en su conciencia eran tan grandes que parecía que su mente hubiera colapsado, como la carpa de un circo gigantesco. Cuando esto ocurría, se sentía desbordada por el pánico. Después de calmarse, decía: "Estoy tan asustada. Me siento tan inútil".

Con el tiempo, cada acontecimiento era una prueba; vivía en una total incertidumbre. A medida que su situación empeoraba, cada vez hablábamos más de ella y menos con ella. No obstante, todavía no nos dábamos cuenta de lo terrorífico que sería para ella enfrentarse con una memoria que le fallaba, con el juicio de los demás y, además de todo eso, con el miedo al futuro. Al final, nuestra atención se centró casi por entero en el cuidado físico. Sin dudarlo, mi padre asumió esta tarea como una responsabilidad de veinticuatro horas al día. Al borde de los ochenta, ser su cuidador le consumía toda su energía. Hacía las tareas del hogar, cocinaba, lavaba la ropa y vigilaba a mi madre constantemente.

Parecía prudente evitar la sobreprotección y permitir que ella cuidara de sí misma en la medida de lo posible. Mi padre le elegía la ropa todos los días, pero por mucho tiempo ella se vistió sola. La alentábamos a mantener sus pasatiempos, sin pensar que podría vivirlo como una presión. Siempre le había gustado bordar y hacía manteles y servilletas, forros u objetos para regalo con diseños complicadísimos. Pero ahora sus diseños eran cada vez más simples. Ya no podía concentrarse, y le costaba mantener la coordinación entre la cabeza y las manos.

Aun así, tuvo sus momentos de lucidez hasta el final. Era capaz de salir con preguntas agudas o comentarios que todos pensábamos, pero nunca hubiéramos pronunciado, como por ejemplo: "Yo ya no sirvo para nada". Jamás pidió ayuda ni lástima; odiaba la idea de ser una carga para nosotros. Pero a ninguno de nosotros se nos ocurrió hablar de frente con ella sobre sus inseguridades y sus temores. Todos pensábamos: "Ella no tiene idea de lo que pasa", "No se acuerda de nada". Poco a poco, con nuestra ayuda, se fue retirando de la escena diaria, a pesar de que el aislamiento y la inactividad mental agravarían su estado aun más. Como muchos pacientes con Alzheimer, llegó el momento en que, a los ojos del mundo, simplemente ya no contaba más.

La pérdida del *Yo*

A la luz de su deterioro mental y físico, mi madre perdió el respeto por sí misma y el decoro. Con el pasar de los años, perdió completamente esa personalidad que le había permitido avanzar confiadamente por la vida; se había perdido a sí misma, había perdido su Yo. Desde el punto de vista de la familia, y quizá de ella también, esta pérdida era tan trágica como la muerte, si no más. Mi madre se llamaba "Cecile", pero para la familia y los amigos era "Pop", que significa "muñeca"; sus hijos y nueras le decían mamá. Nunca dejamos de llamarla por su nombre, aunque con la enfermedad era irreconocible como esposa, madre, abuela, vecina, amiga y colega. Pero dejamos de tratarla como la persona que solía ser y no logramos armar un nuevo vínculo con la persona que ella era ahora.

Aun así, la desintegración de su personalidad, su Yo, no tenía por qué ser una tragedia. Aunque el Alzheimer se devoró a la mujer que conocíamos y con la que nos sentíamos cómodos, no afectó su humanidad, su ser. La enfermedad no debe impedirnos sentir amor y compasión. El Yo es, de hecho, la parte menos interesante del ser humano: la menos esencial y la más pasajera. Por fuera, el Yo se presenta como una personalidad coherente, con un sinfín de características, capacidades, sentido del humor y rasgos que la caracterizan. Cuando se detiene el hacer y el conocimiento falla, el ser permanece. Mientras haya un ser, es posible establecer contacto. El contacto de ser a ser nos conecta a todos y es omnipresente, está siempre disponible. Este vínculo entre todos los seres sintientes es la base de la compasión. Aun en la ausencia de dirección mental, el ser de mi madre todavía era capaz de ver, de oír y —muy especialmente— de *sentir*.

La enfermedad de mi madre no unió a la familia. De hecho, nos separamos aun más. Durante los años de su enfermedad casi no nos veíamos, lo cual facilitaba evitar el tema doloroso de su estado. Casi ni nos dábamos cuenta de nuestro propio malestar: estábamos demasiado ocupados con nuestras vidas. Antiguamente, teníamos fama de ser una familia modelo, con estrechos lazos afectivos. Ahora se hizo evidente que mi madre había sido la que había mantenido la comunicación viva todos esos años. Como una fuente central de energía, con su calidez mantuvo abiertos los canales de comunicación que nos unieron a todos. Gracias a ella todos estábamos al tanto de nuestras vidas. Sin su inspiración y su calor, la intimidad familiar se marchitó.

En ese momento no pensamos cómo la pérdida de intimidad familiar había podido afectarla. Su ser estaba a la deriva en un mar oscuro y solitario, sin el reconfortante apoyo del faro familiar. Yo mismo sufrí la falta de sus actos amorosos como un dolor tan profundo, que no lo podía reconocer. Como adulto, podría haber anticipado la inversión de roles que suele ocurrir cuando los padres envejecen. Pero en nuestro caso eso no ocurrió debido a la distancia geográfica que nos separaba. Cuando ella ya no fue capaz de expresar su afecto, yo no supe cómo canalizar mi amor por ella y por mi familia. A la larga me encerré en el silencio, centrándome cada vez más en mi propia vida.

De haber abierto los ojos y enfrentado mis temores, podría haber desarrollado sentimientos de compasión. Pero nunca es demasiado tarde para despertar esa conexión más profunda que surge de la compasión por nosotros y por los demás. El darnos cuenta de nuestro egocentrismo y de haber ignorado el dolor de un ser querido puede despertar sentimientos de compasión por nosotros mismos. Esto nos ayuda a soltar nuestro estrecho foco egoísta y a recordar nuestra conexión con otros seres y todas las manifestaciones del universo. La compasión por los demás surge entonces naturalmente. A través de la compasión, vivenciamos nuestra conexión con la familia humana entera.

El autoconocimiento

El aceptarnos como somos provee una base sana para el amor, la sabiduría y la compasión. Cuanto menos valor le demos a nuestra fachada —nuestra autoimagen—, tanto más sabios y compasivos seremos. Todos tenemos un mundo privado que no solemos compartir con los demás. En estos escondites, nos regodeamos con pensamientos altisonantes y somos indulgentes con nuestras frustraciones y nuestras resistencias. Nadie conoce nuestros profundos deseos o nuestras depresiones; nadie nos ve tal cual somos, o al menos así lo creemos. Para poder crecer como seres humanos debemos desmantelar esas fortalezas secretas. Para desarrollar cualidades humanas básicas como la confiabilidad y la veracidad, debemos sobreponernos al autoengaño y dejar de pensar que somos diferentes de lo que realmente somos. El autoconocimiento nos ayuda a reconocer que nuestra mente está muchas veces envenenada por pensamientos y creencias negativas que alimentan actitudes y acciones malsanas. El autoconocimiento es el comienzo de la sabiduría.

Apoyado por la compasión por nosotros mismos, el autoconocimiento pone en marcha un proceso sanador. Confrontando las emociones que nos gobiernan, nos decimos: "Sí, así era yo antes, pero a partir de ahora puedo ser diferente". Como un avezado psicólogo, nos observamos en situaciones embarazosas y formulamos preguntas inteligentes, sin juzgar y con un corazón compasivo. Poco a poco se ensanchan las grietas en nuestras defensas. Con el tiempo, la compasión por nuestra propia mezquindad calienta nuestro corazón, y se funde la resistencia interior.

El autoconocimiento no nos permite "zafar" de las responsabilidades con coartadas como "Yo soy así", o "Después de todo, soy humano". Por el contrario, cuanto más nos tenemos "calados", más crece nuestro sentido de la responsabilidad. El autoconocimiento nos hace más eficaces para manejar nuestra vida y también colabora en beneficio de los demás. Nos volvemos fuertes e independientes y más seguros para ayudar a los otros. Al mirarnos en el espejo, nos vemos reflejados nosotros y a los demás, porque somos todos cortados del mismo paño. Nada de lo humano nos es ajeno.

Si examinamos detenidamente nuestros intentos de ayuda a los otros, veremos que a veces nuestra preocupación dista mucho de ser genuina. La solidaridad puede servir para encubrir actitudes negativas como la arrogancia o el desprecio. Es fácil engañarnos y desorientar a los otros y a nosotros mismos emprendiendo acciones que parecen altruistas, pero que en realidad son interesadas: "¡Mírenme, soy el Buen Samaritano!". Las exclamaciones de gratitud de los otros quizá enciendan nuestro sentido de la importancia.

Con esto no quiero decir que tenemos que ser santos antes de hacer obras de bien. Podemos reconocer que todo lo que hagamos o dejemos de hacer influye y, por lo tanto, cada granito de arena ayuda. La responsabilidad es nuestra respuesta al hecho de estar vivos. Asumiendo la responsabilidad por nuestros actos, nos volvemos sensibles a la situación que estamos viviendo. Esto profundiza nuestra experiencia de compasión.

Podemos empezar de a poco. Si somos cuidadores de quien recibe nuestros cuidados, podemos partir de esta desigualdad para practicar la compasión. Aun en el caso de no sentir profundamente el sufrimiento —ajeno o propio— podemos ayudar y dejar para más adelante el análisis de nuestras motivaciones. Observemos nuestra satisfacción cuando ayudamos a los demás y luego preguntémonos cómo será estar en el lugar del que sufre. Cuando damos dinero a una persona "sin techo", por ejemplo, pensemos cómo nos sentiríamos si fuera nuestra mano la que recibe unas pocas monedas. Usando nuestra imaginación podremos profundizar en nuestra comprensión del valor de la verdadera ayuda o bondad.

Las causas del sufrimiento

La compasión disipa el sufrimiento. Un gesto comprensivo, una palabra de aliento, una mano tendida, todo eso alivia el sufrimiento aunque sea temporalmente. Brindar nuestro tiempo, mostrar interés o darle lugar a otra persona puede mejorar las cosas. Pero todavía no es compasión. Compasión es la capacidad de sentir una persona o una situación para luego actuar con sabiduría. La compasión asimila el dolor, reconoce las causas del sufrimiento y apunta a aliviarlo. Es un camino de acción.

En la Segunda Verdad Noble, el Buda enseña que la raíz del sufrimiento es el no saber. Cuando la dualidad gobierna la mente, inevitablemente genera las causas del sufrimiento. En tanto vemos a los otros como separados de nosotros, la avaricia, el deseo y el odio entran en escena.

El sufrimiento es exacerbado por nuestra renuencia a admitir las implicancias de la impermanencia. Ciegos a la verdad de que todo es un continuo fluir, hacemos lo posible para ignorar el cambio. Esta ceguera genera una inquietud permanente que a su vez potencia la ansiedad. Reaccionando a nuestra propia emocionalidad, nos aferramos cada vez más a objetos cambiantes e inestables. Y así se perpetúan los ciclos del sufrimiento.

Se ha dicho que, para el budismo, el deseo es la causa del sufrimiento. Es cierto que el deseo es uno de los tres venenos raigales, emociones que corrompen todo esfuerzo humano. Pero el budismo también entiende que, tomado en el sentido de anhelo o aspiración, puede ser una fuerza positiva en la vida. El deseo puede motivarnos a hacer algo útil o beneficioso. Podemos desear tranquilidad o claridad, o mejoras y belleza, o felicidad y ausencia de sufrimiento, o, muy especialmente, podemos desear la iluminación. Pero si perseguimos algo que está sujeto al cambio y contiene el germen del sufrimiento, este deseo genera karma negativo y no puede traer felicidad.

El sufrimiento no es causado por el deseo *per se*, sino por la forma en que actúa la mente codiciosa. Cuando surge un deseo, nos identificamos tan plenamente con el objeto que no podemos ver la dinámica del deseo en acción. Ingenuamente suponemos que la satisfacción del deseo pone fin a la codicia, cuando en realidad ocurre lo contrario: la codicia crece cada vez que nuestra conciencia se une a un objeto del deseo.

Observando a la mente en acción, podremos eventualmente predecir cómo será el proceso de apego. Vemos que el rotular un aspecto de la vivencia como deseable nos lleva a excluir de la conciencia todo lo demás que sabemos y sentimos. Así como la palabra limita lo que pensamos y sentimos, el rotulado congela el sentir y el vivenciar, originando nudos de sufrimiento.

¿Cómo podemos hacer para que la experiencia vuelva a su apertura original? Tradicionalmente se aconseja no aceptar ni rechazar, no retener ni apartar.

Al comienzo, quitamos las causas del sufrimiento no prestando atención al contenido de los pensamientos que susurran en nuestros oídos. Descubrimos que es posible simplemente dejar que los pensamientos vayan de aquí para allá. Poco a poco aprendemos a encontrar seguridad en el espacio, en el silencio detrás de la corriente de pensamientos. El consejo tradicional del Lama es "Déjalo ir, relájate". Cuando el discípulo le pregunta cómo se hace, él responde: "Sólo tranquiliza tu mente; ¡no seas tan serio!".

El amor en acción

Que todos los seres estén libres de sufrimiento
y de las causas del sufrimiento.

Un monje estaba sentado en su cojín de meditación, con un paño sobre la cabeza y llorando desconsoladamente. Cuando le preguntaron los motivos de su congoja, el maestro habló por él: "Recién ha comenzado a practicar el Dharma. Ahora que está viendo la verdad, el sufrimiento de todos los seres lo agobia".[57]

A menudo se traduce la palabra sánscrita *karuna* como compasión. El significado literal de compasión –"sentir con"– sólo alude indirectamente al sentido total de *karuna*. La verdadera compasión es la puerta que separa la estrechez de miras común de la conciencia iluminada. Dicha compasión comienza por la capacidad de sentir lo que le pasa al otro –su situación, su dolor, oportunidades perdidas– sin distinguir entre el yo y el otro. El dolor puede ser insoportable cuando nos damos cuenta de su inutilidad. De todas maneras, saber que el sufrimiento no tiene fundamento nos ayuda a abrazarlo con amor y así reconfortar al sufriente.

Amor y compasión se fusionan en un vínculo indisoluble. Con amor, uno desea que todos los seres sintientes sean felices; con compasión, uno desea ponerle fin a todo sufrimiento. El amor representa el poder de la positividad, mientras que la compasión contrarresta la negatividad. Amor es ser, compasión es hacer. Compasión es amor en acción.[58]

Bajo ciertas condiciones, amor y compasión pueden manifestarse como emociones que revelan los embrollos del interés personal. El amor frustrado puede aparecer bajo la forma de codicia y odio y causar daño a todos los involucrados. Con el ferviente deseo de expresar nuestro amor, nos aferramos al ser amado totalmente preparados para desearle infelicidad si no somos correspondidos. De la misma manera, las distorsiones de la compasión se manifiestan como crueldad y desesperación.

La crueldad es el reverso de la compasión: ansiamos ver al otro sufrir y estamos dispuestos a hacerlo sufrir aun más. La desesperación es la compasión frustrada. Se origina al verse abrumada por el sufrimiento. ¿Qué podemos hacer? Paralizados e impotentes, estamos atrapados sin salida, dispuestos a rendirnos. Pero si sucumbimos a la desesperación cuando las personas que amamos sufren, nuestras emociones sólo aumentarán su sufrimiento. Lo que más necesitan es el remedio de la compasión. Si los usamos como paño de lágrimas porque su enfermedad nos abruma, no podremos ayudarlos. Y la compasión empieza con el deseo de ayudar. Soltando el deseo de que todo sea diferente y la esperanza de que las cosas se arreglarán por sí solas, nos rendimos ante los hechos y los tomamos como punto de partida. La aceptación plena sin juicios ni expectativas trae paz. Desde adentro de este estado relajado y tranquilo surgen los sentimientos de amor, que a su vez tienden un puente a la compasión.

Cuando murmuramos por lo bajo: "Ojalá pudiera ayudar, realmente quisiera ayudar", y en voz alta preguntamos: "¿Cómo puedo ayudar?", seguramente la respuesta surgirá de un lugar inesperado, desde adentro del silencio. Al sentir el problema del otro podemos intuir la causa del sufrimiento y también su remedio, pues la compasión unida a la empatía sabe cuál es la acción correcta. Deseamos cuidar del otro como si fuera nuestro padre o nuestro hijo. Este deseo conecta nuestro corazón con todos los seres vivos, y abre la puerta al camino de la compasión que transitaron los Iluminados del pasado, del presente y del futuro.

Como una madre con su hijo

A las personas criadas dentro de la cultura budista tradicional les sorprende la costumbre moderna de atribuir a los padres el origen de nuestros problemas. Después de todo, ellos nos dieron la vida y lo menos que les debemos es gratitud. El amor de la madre por su hijo, que comienza desde que el bebé está en el vientre, es considerado por el budismo un modelo de desarrollo de la compasión.

Ejercicio: En esta práctica tradicional de la compasión,[59] imagínese habitando en la piel de otra persona. Comience por su madre, su padre o la persona que lo crió. Imagine su niñez, la vida con sus padres y la relación con sus hermanos. Luego visite su colegio, juegue con sus amigos y visualice sus circunstancias. ¿Cómo era vivir su vida? ¿Cómo era para ella estar sola? ¿Cómo era parecerse a ella? Los datos biográficos precisos no tienen importancia. Lo que cuenta es la vivencia de ser ella. Un día conoce a su padre: ¿Cómo fue eso? ¿Cómo fue para ella darle a luz? Imagínese creciendo a través de sus ojos.

Repita este ejercicio por segunda vez. Experimente la vida de su madre en la adultez; imagine su relación con el resto de la familia y con usted. A medida que envejece, ¿qué siente cuando su mente se deteriora? ¿Qué pasa si la familia se mantiene distante? ¿Cómo es para ella vivir en un geriátrico o en un hospital? ¿Puede ver a través de sus ojos y sentir lo que ella podría sentir?

Puede profundizar la práctica de la compasión imaginando cómo todos los seres humanos podrían haber sido alguna vez su madre, su padre o hijo, o lo serán en el futuro. Así, la compasión surge para todos los seres vivos. Reflexione sobre el amor de una madre por su hijo. Imagínese las incomodidades que sufre durante el embarazo por el bien de la criatura. El parto puede ser doloroso, a veces traumático e incluso fatal. Inmediatamente después del parto ella empieza a velar por la salud de su bebé. Sin preocuparse por su propio cansancio, está todo el tiempo atenta a su hijo y a sus necesidades. Al imaginar que es el padre de todos los seres sintientes, desarrolla un sentido de lo que significa el amor incondicional.

En presencia del ser

La visita a una persona enferma o moribunda, sobre todo si se trata de un ser querido, nos brinda la oportunidad de profundizar nuestra experiencia de amor y compasión. Al principio, quizá no sepamos qué hacer. Pero, cuando aceptamos nuestro no—saber, nos ubicamos en el umbral de un amor mayor. ¿Qué tenemos para ofrecer? Probablemente no podamos hacer nada para devolverle la salud. Al soltar la necesidad de manejar la situación, descubrimos una profunda tranquilidad interior. El espacio y el silencio traen la esencia de la situación a la luz. Nos movemos del pensar al ser, de la inquietud al silencio y a la apertura. Nos conectamos con su ser y empezamos a vivenciarla. Surge una empatía natural que establece el tono adecuado. Podemos sostener su mano, o no. Una vez le preguntamos cómo se siente, otra vez no decimos nada. Hay días que quiere decir todo lo que le preocupa, otros en que opta por quedarse callada.

El deseo de ayudar puede estar presente como un mantra continuo. Cuanto más intenso sea nuestro deseo, más fácilmente surgirán las palabras y los gestos adecuados. Es mejor no dar consejos. Cada persona tiene su propia manera de estar enferma y morir. Antes que actuar o hablar es mejor escuchar, sentir, ver y simplemente prestar atención. ¿Podemos verla sin emitir juicios? ¿Podemos escuchar el significado que subyace a sus palabras? Lo que yo pueda hacer carece de importancia; lo que importa es lo que es adecuado en la situación. Si no encontramos el abordaje correcto de entrada, podemos sentir esto y hacer los ajustes necesarios. Quizá lo mejor sea simplemente compartir la comodidad del silencio.

Para beneficio de todos

La capacidad de sentir compasión es inherente a todos los seres humanos, pero está fuera del área de dominio del Yo. Así como el egocentrismo es una característica de la mente pequeña, la compasión es característica de la grandeza. Cuando practicamos la compasión, la frontera entre el Yo y los otros empieza a disolverse y el Yo afloja su control. Nos sentimos despejados y cómodos. La práctica de la compasión ablanda la coraza del Yo, abre el corazón y prepara a la mente para el despertar.

Para desarrollar y fortalecer la compasión en nuestra vida cotidiana, podemos cultivar el deseo "Que todos los seres sintientes se beneficien de mis acciones, ahora y en el largo plazo". Repetimos este deseo en silencio, mientras realizamos las actividades más comunes. Mientras lavamos los platos podemos pedir: "Que todos los seres sintientes se vuelvan puros". Durante las comidas podemos orar: "Que todos los seres sintientes sacien su hambre y su sed". Mientras trabajamos podemos desear: "Que todos los seres sintientes tengan un medio de subsistencia digno". En medio del tráfico podemos pensar: "Que todos los seres lleguen a su destino sanos y salvos". Así, poco a poco, nuestra cotidianidad se impregna de empatía y compasión.

Con la práctica, usaremos la compasión como un catalizador para destrabar las emociones. En situaciones adversas o cuando algo falla en nuestra relación con los demás, es probable que estemos demasiado concentrados en nosotros mismos. Con el apoyo de una compasión más profunda, podemos desplazar el foco de nosotros mismos e identificarnos con los demás. Por ejemplo, podemos preguntar: "¿Y a ti cómo te va?". Un gesto generoso naturalmente cuestiona la preocupación por nosotros mismos y abre nuestra conciencia a una realidad mayor, en la cual nuestra reacción emocional es sólo una parte. Con empatía vemos a los demás y a nosotros mismos bajo una luz diferente.

Cuando alguien a quien amamos cae enfermo, tenemos la oportunidad de probar la profundidad de la compasión. Las personas víctimas del Alzheimer necesitan especialmente de esta, porque como la conciencia deja de funcionar, no sólo pierden su vida tal como la conocieron sino quizá también la oportunidad de transformar el yo de manera consciente, o de lograr la iluminación en esta vida.

Mi madre vivenció la pérdida gradual de quien había sido, de lo que había realizado en su vida y de lo que era capaz de hacer. No le quedaba otra opción más que esperar, impotente, a ver qué le deparaba la vida. Con voz ahogada preguntaba: "¿Qué me queda?". Ya no podía cuidar de sí misma, mucho menos de los demás. No podía ya expresar su amor y su afecto. No estaba acostumbrada a pedir y yo, el hijo menor otrora tan pegado a ella, ahora estaba lejos y rara vez me preguntaba cuáles serían sus más caros deseos. ¿Qué estaba sintiendo? ¿Dónde se encontraba? Parecía estar ya en un mundo diferente, muy lejos de nosotros. Era como si se hallara en un bote sin remos, arrastrado por el viento mar adentro. Y nosotros, observándola impotentes desde la orilla. Llegado el momento, desaparecería completamente de nuestra vista.

12

Armonía y equilibrio

En Holanda, en invierno oscurece a eso de las seis. A los niños que juegan afuera los llaman a cenar, la gente en las calles se apresura para llegar a sus hogares. Hay luces en las ventanas, pero a las once las apagan. Los edificios se recortan como negros bloques en las calles desiertas. La ciudad duerme en silencio.

En el sexto piso de uno de eso oscuros edificios se enciende una luz. Una mujer entrecierra los ojos por el resplandor, parece confundida.

"Podrías avisarme alguna vez", refunfuña el hombre, rodeando la cama. Se inclina sobre ella y tiende las frazadas. "Arriba, levántate".

"No puedo", responde ella, gimiendo.

Trata de darse vuelta, pero no puede. Él la toma de ambas manos, y haciendo un gran esfuerzo la ayuda a sentarse, quedando al descubierto un manchón oscuro en las sábanas.

"Mira lo que hiciste", le dice.

Esas son las mismas palabras que usaba ella para regañar al gato mientras le frotaba el hocico en la mancha de orina para que nunca más ensuciara el diván.

"Todo está mojado; ahora, por favor ve a sentarte allá". Con habilidad él quita todas las sábanas y cubre el colchón con un plástico. Ella lo mira sin entender.

"¿Desde cuando haces la cama? ¿Qué estoy haciendo aquí en esta silla?". Ella tiembla como una hoja, observándolo mientras estira las sábanas. Al rato están los dos nuevamente acostados y él apaga el velador.

Más o menos una hora después él se despierta sobresaltado. El dormitorio se encuentra totalmente oscuro. La oye gritar: "¡Charles!". Él tantea la almohada a su lado y comprueba que está vacía. Una voz entrecortada por el llanto le suplica: "Ayúdame, por favor, ayúdame".

Ella se encuentra de espaldas sobre la alfombra, entre la cama y la pared. Conmocionado, él corre a su lado y tironea como para incorporarla. Pero es demasiado pesada y no se puede mover.

"Por favor, no te duermas ahora. Coopera un poco, ¿quieres? Por favor, Pop". Cuando se inclina para tomarla de las manos, ella empieza a reír.

"¿Te acuerdas esa vez que empujé el auto cuesta arriba en la nieve, contigo adentro? Eso también era tonto", dijo ella.

Y así ocurría, día y noche, siete días a la semana, mes tras mes. ¿Cuántas familias, sobre todo las que cuidan a parientes mayores, deben enfrentar y lidiar con este tipo de sufrimiento? Al principio, los "accidentes" ocurrían cada tanto; con el tiempo, hasta tres veces por noche. Mi padre se despertaba y manejaba la situación lo mejor que podía. Con tozudez, libró una guerra de atrición contra la impotencia y el agotamiento. Las noches parecían interminables.

Ni de noche ni de día hubo respiro para mi madre y mi padre. Ella se encontraba bajo permanente vigilancia para evitar que se lastimara. Esto, además de la necesidad de limpiar tras su incontinencia, mantenía a mi padre en estado permanente de alerta, siempre preparado para la emergencia. Era una tarea ardua, de una exigencia desmedida. Él cargaba con la peor parte; salvo la persona que se encargaba de bañarla todas las mañanas, no había cuidadoras que aliviaran su tarea. La constante presión y la falta de sueño lo volvieron malhumorado e impaciente. Era difícil sentir empatía por la persona que continuamente le robaba un merecido descanso nocturno.

Poco a poco, el cuidado físico de mi madre prevaleció sobre todo lo demás. Sin embargo, debajo de lo aparente ocurría una verdadera tragedia: preocupados por sus necesidades físicas, nos desconectamos de su humanidad esencial. Estábamos perdiendo contacto con ella y con nosotros mismos. A la larga toda nuestra familia, incluyendo los hijos que no estaban directamente involucrados con su cuidado, sucumbió a una especie de agotamiento. En ese entonces no sabíamos que esta fatiga tenía remedio. Las enseñanzas del budismo tibetano sobre las cuatro cualidades inconmensurables el amor, la compasión, la alegría y la ecuanimidad nos podrían haber aportado más armonía y equilibrio.

El curso destructivo del Alzheimer

Era 1987. Mis padres dejaron Elba y regresaron a Holanda. Ese año, los científicos descubrieron que uno de los culpables de la enfermedad de Alzheimer era la partícula (A-Beta) de una molécula mayor (APP). Hasta ese momento no se había mostrado gran interés por la enfermedad, sobre todo porque el diagnóstico sólo podía determinarse después de la muerte, a través de una autopsia del cerebro. Hoy en día, todavía se desconoce la causa directa de esta enfermedad. Los científicos coinciden en que los síntomas son en parte atribuibles a acumulaciones de proteína que se depositan entre las neuronas. Las personas sanas naturalmente generan una sustancia que descompone esta proteína. Por el contrario, en los pacientes con Alzheimer este proceso se ve obstaculizado y un residuo anómalo, la proteína *beta amiloidea* (A-Beta), se acumula en el tejido cerebral y devora las neuronas.

Cuando este depósito proteico tóxico sofoca una neurona sana, se activa una reacción en cadena que acumulativamente forma lo que llamamos enfermedad de Alzheimer.[60] Como un ladrón en la noche, el Alzheimer se roba la fuerza vital de los circuitos cerebrales sanos reemplazándolos con una aglomeración de placas y ovillos (cúmulos de neuronas muertas). Las células de la memoria y otras neuronas son dañadas, produciéndose los sorprendentes cambios en la conducta y la personalidad típicas de la enfermedad. El daño es irreversible; lo más que logran los medicamentos actuales es lentificar el proceso de deterioro por unos años.

En los Estados Unidos, más del seis por ciento de las personas mayores de sesenta y cinco años padecen alguno de los más de sesenta tipos de demencia que existen actualmente. Se supone que el setenta por ciento de los que padecen demencia tienen Alzheimer. No obstante, la demencia ocurre en las etapas tardías del Alzheimer; la enfermedad puede estar activa durante muchos años antes de que se manifiesten sus síntomas. Los comienzos pueden darse tempranamente, a veces a los veinte o treinta años.

Diagnóstico

A partir de la década de 1990, las ecografías cerebrales (MRI y PET) pueden detectar la predisposición al Alzheimer, o revelar un proceso degenerativo en curso. Es difícil determinar los comienzos con precisión puesto que la enfermedad puede estar en desarrollo durante años sin que se manifiesten síntomas externos.

El primer síntoma suele ser una memoria que empieza a fallar. Pueden recordarse vívidamente acontecimientos del pasado, mientras que lo que ocurrió ayer o hace unos instantes desaparece en una bruma cada vez más espesa. Habitualmente se consulta al médico cuando los familiares empiezan a preocuparse por la pérdida de memoria en aumento. Antes, el diagnóstico se realizaba por exclusión de otros trastornos; actualmente se opta por un abordaje más directo. El paciente debe responder preguntas sobre temas triviales como la fecha de nacimiento o el domicilio. Se realizan pruebas de memoria, análisis de sangre y una ecografía cerebral. Muy pronto se sabe si hay o no motivos para preocuparse. Un médico puede confirmar: "Es muy probable que su madre tenga la enfermedad de Alzheimer".

Una vez que el médico da su veredicto, puede quizá prescribir medicamentos para lentificar el proceso. Aparte de seguir unos simples lineamientos para mantener la mente activa durante el mayor tiempo posible, no hay mucho más por hacer. Se recomienda el ejercicio físico, preferiblemente al aire libre, ya que promueve el factor de crecimiento que es fundamental para la producción y conservación de las neuronas. Es beneficioso escuchar cuentos leídos en voz alta, así como también jugar juegos y practicar *hobbies*. El hojear viejos álbumes de fotos y rememorar viejos tiempos puede activar neuronas que se usan poco y estimular partes sanas de la mente. Revivir hasta los recuerdos más comunes y realizar las actividades más simples puede servir como una gimnasia de la memoria. En etapas avanzadas del Alzheimer, cuando la pérdida de la memoria de corto plazo es casi total, es mejor evitar hablar sobre acontecimientos recientes.

Hoy en día, los científicos reconocen tres tipos de memoria: de corto plazo, de largo plazo y de procedimiento. El Alzheimer primero destruye la memoria de corto plazo, y después la de largo plazo. La memoria de procedimiento permanece intacta por más tiempo porque involucra la función motriz; recordamos *haciendo*. No aprendemos a andar en bicicleta leyendo libros o mirando videos; los movimientos se graban en la memoria a través de la repetición. En las etapas tempranas del Alzheimer, el paciente puede seguir aprendiendo de esta manera. Movimientos repetitivos como dar pasos de baile o revolver una olla pueden refrescar la memoria de procedimiento y enriquecer la calidad de vida.

Actualmente se está investigando la relación entre el Alzheimer y la nutrición, y también los efectos de la educación, el estilo de vida y el medioambiente sobre la enfermedad. No cabe duda de que nuestro cerebro es influenciado por lo que comemos. Una dieta sana, baja en grasas hidrogenadas y saturadas, azúcar y sal, es sana para todos, enfermos o no. Además, a las personas con Alzheimer se les aconseja tomar vitaminas C, E, B_{11} y B_{12}, presentes en productos de trigo integral y vegetales específicos como el brócoli, la espinaca, los repollitos de Bruselas y las judías. Algunos suplementos naturales como el gingko biloba pueden ser beneficiosos hasta cierto punto.

Finalmente, antiinflamatorios como el ibuprofeno resultaron tener cierta eficacia en limitar el crecimiento de los radicales libres que sobrecargan el sistema inmunológico.[61] Se están realizando investigaciones con fármacos destinados a tratar otras afecciones como el colesterol elevado o los trastornos vasculares. Por ejemplo, la estatina, que se usa como reductor del colesterol, parece que ayuda a detener la formación de placa. Aun así, su efecto es limitado ya que el Alzheimer puede haberse encontrado activo durante décadas antes de ser detectado.[62]

Investigación cerebral

Con el envejecimiento de la población, hay una incidencia cada vez mayor de la demencia en general, y la enfermedad de Alzheimer en particular. Mantener una mente en buen estado se ha convertido en tema de primordial importancia para millones de personas.

La investigación demostró la existencia de un nexo entre la memoria y la imaginación. Una imaginación activa permite que las impresiones se graben con mayor precisión. La capacidad de almacenaje de la mente es ilimitada, pero lo que recordamos depende de la cualidad de las impresiones. Si las imágenes son borrosas, no las recordaremos. Una mente activa beneficia a la memoria. La ejercitación de la atención plena despierta la mente.

Para los que padecen demencia y enfermedad de Alzheimer, las investigaciones neurológicas recientes sobre la producción de nuevas neuronas revisten particular importancia. Es posible que en el futuro se puedan "cosechar" células neurales madre —un tipo específico de neuronas que genera nuevas células— para reemplazar tejido celular dañado. Por ahora, esta investigación genera muchas controversias porque las células madre más adecuadas para realizar investigaciones provienen de embriones humanos.[63]

Ejercicio: Neuróbicos es una palabra nueva que sugiere aeróbicos para el cerebro. Mientras realiza sus actividades cotidianas, ejercite su memoria fijándose conscientemente en detalles nuevos. Se sentirá mucho más vivo cuando note hasta los más ínfimos detalles. Puede estimular sus sentidos haciendo cambios en su trabajo o en su casa, por ejemplo, introduciendo nuevos colores o fragancias. También puede intentar variar la rutina establecida, con lo cual se rompen viejos moldes o patrones. Estos ejercicios de memoria y atención plena generan nuevas neuronas, un "batido neuronal" que refresca la mente.[64]

Los años dorados

Actualmente se suele llamar a la última etapa de la vida "los años dorados". Para los mayores que ven disminuida la carga de responsabilidad, la promesa de libertad puede resultar tentadora al brindarles la oportunidad de abrir un nuevo capítulo en su vida con actividades interesantes y gratificantes.

Sin embargo, la realidad no suele ser tan atractiva, y muchas veces los ancianos usan la frase con ironía. Muchos viven esta etapa de su vida como un período de lenta decadencia de su salud y sus capacidades. Molestos achaques aparecen para no desaparecer más. Les cuesta moverse; hasta las tareas más insignificantes son fatigosas y dolorosas. Disminuye el apetito, y el sueño profundo parece ser algo del pasado. Ya no pueden realizar algunas actividades que les aportaban placer, y los pasatiempos son cada vez más escasos. Nuestro cerebro que antes era tan aguzado ahora nos traiciona, dejándonos desorientados y vulnerables. El mundo donde antes nos sentíamos cómodos parece ahora un lugar lúgubre e inhóspito.

Frecuentemente, las personas de cincuenta o sesenta años piensan en su vejez de mañana como un destino terrible. Muchos suponen que la sociedad los excluirá cuando ya no puedan sostener el ritmo de la generación más joven. Sus talentos y habilidades pasarán de moda y se ven a sí mismos aislados, sometidos a la depresión y la soledad. Parece que lo único que pueden desear es que la muerte los sorprenda durante el sueño.

Es cierto que con el envejecimiento, la energía disminuye y los sentidos operan más lentamente. ¿Pero acaso eso implica que nuestra mente va a funcionar con menor vitalidad? Algunos ancianos son todavía jóvenes de corazón y mentalmente ágiles y activos. Como dice el refrán: "Lo que no se usa, se pierde". Si usamos bien las capacidades de la mente y la suerte nos acompaña, podremos disfrutar de nuestra vejez sin pérdida de las facultades mentales.

El budismo enseña que la mente no tiene edad, forma, color, comienzo ni fin. Aunque se juegan aspectos filosóficos complejos, es más fácil pensar en términos de que no existe tal cosa como una mente personal; no hay "mi" mente ni "tu" mente, sino una inteligencia o conciencia intrínseca en la que todos participamos. Esta vasta conciencia existió antes de que naciéramos y seguirá existiendo después de nuestra muerte. En este tiempo entre el nacimiento y la muerte, accedemos a esta conciencia ilimitada y atemporal y participamos en ella. Lógicamente, este consejo no les sirve a las personas que llegan a un estado avanzado de deterioro como en la enfermedad de Alzheimer, cuando ya nada se puede hacer puesto que no existe un remedio que pueda revertir el daño cerebral. Llegará el momento en que la persona ya no podrá sumar dos más dos, y más tarde tampoco sabrá qué es una suma. Finalmente, hasta el número dos desaparecerá de la conciencia. Como un dibujo en el agua, el conocimiento desaparece sin dejar rastro.

Cuando mi madre perdió sus capacidades, sus talentos, sus relaciones sociales y su rica vida interior, lo único que la sostenía era la familiaridad del ambiente que la rodeaba. Cuando también le arrebataron eso, perdió su último marco referencial; sólo le quedó la presencia de su esposo. Cuando él se ausentaba, ella deambulaba como alma en pena, perdida entre los despojos de su mente.

En las buenas y en las malas

Cuando un paciente tiene una enfermedad terminal y la realidad indica que no se recuperará, los cuidadores tienden a centrarse en su bienestar mental y emocional. Es sabido que, en el umbral de la muerte, aun es posible sanar la mente y el espíritu, y todos esperan poder gozar de este beneficio. En el lecho de muerte se pueden resolver asignaturas pendientes, restañar viejas heridas y milagrosamente recomponer relaciones destrozadas. El paciente reconoce que el tiempo es precioso y ya no se aferra a los viejos patrones. Los seres queridos tienen una valiosa oportunidad para enfrentar la inminente pérdida y enderezar el pasado.

Para el paciente de Alzheimer, la curación a través de la conciencia y del discernimiento puede ser imposible. Volverse conscientes juntos y compartir en un nivel de intimidad está fuera de discusión. En esta enfermedad, el énfasis está puesto en el cuidado físico, algo que puede resultar extenuante y agotador para los cuidadores. Hasta hace poco, los familiares asumían esta carga por su cuenta y consultando únicamente con el médico. Actualmente se dispone de muchos recursos, entre ellos la ayuda social y distintas formas de asistencia domiciliaria y de enfermería. Aun así, los no profesionales –voluntarios, amigos y familiares– suelen ser los pilares del cuidado. Pero, habiendo una pareja, la mayor responsabilidad recae indudablemente sobre ella.

"El matrimonio es en las buenas y en las malas", solía decir mi padre. Sin quejarse jamás, siempre hizo lo que consideraba su obligación. "¡Qué inútil soy!", decía mi madre cuando lo veía trabajar. Para él era evidente que el cuidado de su esposa era su responsabilidad.

¿Puede el amor soportar el sentido del deber sin esperanzas? ¿Es posible sentir compasión y alegría cuando ya no las anima la fuerza del amor? Mi padre hizo su trabajo con abnegación; sin embargo, su admiración y gratitud por la mujer a la que alguna vez dijo: "Eres la luz de mis ojos" poco a poco se desvanecían. "Me despedí de mi mujer como yo la conocí", dijo con resignación.

Responsabilidad

No es lo mismo deber que responsabilidad. El deber refleja un sentido de obligación; nos comprometemos a realizar algo porque la situación así lo exige. La responsabilidad es nuestra *respuesta* natural al hecho de estar vivos, expresada en un activo cuidado hacia lo que nos rodea. Respondemos a lo que hay que hacer con toda nuestra energía y conciencia. El compromiso que nace de la verdadera responsabilidad no titubea —saber y hacer se fusionan armoniosamente—. Asumir responsabilidades es la esencia de ser humano.

La intuición y el sentido del deber pueden ayudarnos a manejar las cosas, pero no bastan para mantener alta nuestra moral y sostener nuestros esfuerzos como cuidadores, sobre todo cuando sabemos que el paciente jamás podrá recuperarse.

La plena responsabilidad implica conocimiento además de buena disposición y entusiasmo; en este caso, conocimiento de la enfermedad, conocimiento del o de la paciente y sus circunstancias y conocimiento de uno mismo como pareja o cuidador. Por ejemplo, estar familiarizados con el Alzheimer nos permite saber que nuestro ser querido se está hundiendo en una ciénaga. El conocimiento del ser amado nos permite centrarnos en sus necesidades y saber qué tipo de apoyo resultará más beneficioso. El autoconocimiento nos ayuda a reconocer que solos no podemos manejar esta tarea devastadora. Por más sacrificados que sean los cuidadores, ellos también necesitan ser cuidados. Al reconocer sus propias limitaciones, permiten que los demás se acerquen y evitan la victimización de ellos mismos y de los pacientes.

Al asumir plena responsabilidad, se evita que reacciones como la impaciencia, la resistencia y el resentimiento tomen las riendas de la situación. De lo contrario, el resultado sería la derrota y la conclusión: "Esto no puede seguir así".

Cuidar a un paciente con Alzheimer es una batalla agotadora. Las cosas empeoran permanentemente. Apenas logramos adaptarnos a un cambio fuerte cuando la enfermedad nos asesta otro golpe. Poco a poco, todo se desmorona. Lo que antes era agradable ahora es intolerable; las actividades que se daban por entendidas ahora no son más una posibilidad. Lo que ayer era fácil, hoy es una carrera de obstáculos. El deterioro avanza inexorable; nadie puede detenerlo. Hilo por hilo, la trama familiar se va deshilachando. Bajo esas circunstancias, ¿puede el cuidador mantener vivas cualidades como la ecuanimidad, el amor, la compasión y la alegría?

Aparte de realizar adecuadamente sus tareas las veinticuatro horas del día, la principal prioridad de un cuidador es estar consciente de sí mismo. Lo ideal es que un cuidador pueda relajarse mientras trabaja. Pero cuando se encuentra agotado todo se detiene, como un automóvil que se ha quedado sin combustible. El descanso nocturno provee un alivio pasajero. Una charla sincera con un buen amigo o un profesional puede ser un respiro. La autocompasión no sirve, pero sí puede ser reconfortante ver la situación con sinceridad.

La cualidad de nuestra conciencia determina nuestra capacidad de manejar la adversidad. Fortalecemos nuestra conciencia aprendiendo a desarrollar un interés por lo que hacemos y prestando atención.

Independientemente de lo que hacemos, podemos evitar caer en una rutina que adormezca nuestra agudeza mental. El cuidado óptimo requiere una mente atenta e interesada. Podemos fomentar estas cualidades formulando preguntas neutras, sin prejuicios ni emociones: "¿Qué puedo hacer para mejorar mi trabajo?" "¿Necesitamos algo más?" "¿Qué cosa podría beneficiarla?". Las preguntas neutras como "qué", "por qué no" y "de qué otra forma" despiertan la conciencia.

Los amigos, los vecinos y otras personas allegadas a los cuidadores y al paciente pueden ofrecer su ayuda en lugar de esperar que se la pidan, mantenerse a distancia o quejarse y juzgar. Pueden ponerse a disposición y ofrecer sus servicios, su tiempo y energía. El deseo de aliviar la carga ayuda a fortalecer la compasión por el cuidador y el paciente. Entonces no resulta difícil preguntar: "¿Qué puedo hacer para ayudar?".

La alegría

En un corazón fuerte y abierto, las cualidades del amor, la compasión, la alegría y la ecuanimidad −para el budismo, las cuatro inconmensurables− son realmente inconmensurables; su expresión no tiene límites.[65] Estas cualidades son inherentes a la naturaleza humana y surgen cuando la mente y el corazón se vuelven más abiertos y espaciosos. Como un aspecto perdurable del potencial humano, se pueden convocar y fortalecer.

En la práctica tradicional del amor y la compasión, deseamos:

Que todos los seres sean felices y libres de sufrimiento.

Para la práctica de la alegría, se puede seguir con:

Y que todos los seres no sean apartados de la alegría.

La alegría es inseparable del fluir de la vida, así como el ritmo es inseparable de la música. Todos los fenómenos tienen su propio ritmo, a veces moderado (*moderato*) o lento (*largo*), a veces vivaz y alegre (*allegro*). Cuando aprovechamos estos ritmos naturales, la alegría se manifiesta en nuestro ser.

Si es cierto que la alegría se encuentra siempre disponible, ¿qué nos impide experimentarla? El Yo, absorto en sus propias preocupaciones, es renuente a participar en la melodía de la vida. Ya sea forzando el tempo o reteniéndose, el Yo no se encuentra entonado con el ritmo del todo. Ciertamente, el ego está dispuesto a jugar su parte en la medida que reciba sus beneficios, pero nuestra conciencia y energía tienden hacia la resistencia. Querer que todo sea distinto es característico del monólogo interno del Yo: "Si tan sólo −si él− yo hubiera", y "¿Por qué yo?" o "¿Por qué *no* yo?" es su cantinela preferida.

En sus interacciones con los demás, el Yo actúa un repertorio diferente; por lo general, son variantes de chismes, ironía, cinismo y calumnias. Si bien estos temas entorpecen nuestra búsqueda de felicidad y arruinan la alegría ajena, al Yo no le importa. A veces el Yo se siente más a gusto con la música disonante del sufrimiento que con la armonía de la dicha. Salvo que pueda sacar algún provecho, al Yo le molesta el éxito ajeno; es indiferente al sonido de la alegría, que encuentra placer en el éxito de los demás.

La alegría trae un sentimiento feliz, casi eufórico, que inspira gratitud. Cuando estamos agobiados por la tristeza y la fatiga, simplemente pensar en la alegría puede parecer artificial y absurdo. Sin embargo, hasta en las circunstancias más duras es posible dar un pasito que nos reconecte a la cadencia de la dicha. Un gesto afectuoso, una muestra de apreciación o un toque de humor pueden ayudar a despejar y generar un enfoque más optimista. La investigación científica sugiere que la apreciación activa y la gratitud estimulan las funciones cerebrales superiores.[66] La alegría agudiza la inteligencia al activar la espada del conocimiento que corta a través de la emocionalidad, dejando al Yo fuera de carrera y liberando energía vital. Las personas felices no se dejan gobernar por sus emociones.[67]

La alegría interior se relaciona con el tiempo y los ritmos del tiempo, como los que encontramos en la naturaleza. Cuando estamos en sintonía con la naturaleza, con sus cambios estacionales y su luz variable, se reaviva el sentir que estamos vivos. Nuestra respiración se vuelve equilibrada y armoniosa, puesto que el ritmo de esta conecta la conciencia con el tiempo. Cuando nos movemos al son del rítmico fluir del tiempo, la alegría emerge naturalmente, incluso en momentos de crisis. La clave consiste en encontrarse atentos al presente. Estar a tiempo y sintonizar con lo que es oportuno es un buen comienzo.

Para una alegría duradera, es importante construir una relación consciente con la respiración. Cuando somos plenamente conscientes de la respiración, su ritmo pasa a formar parte de la conciencia. Vemos la conexión entre respiración y tiempo: cómo la respiración es corta y superficial cuando tratamos de alcanzar el tiempo, y damos largos y profundos suspiros cuando el tiempo nos pasa de largo. Al traer la conciencia al presente, la respiración se relaja, se hace más suave. En breve, emerge un sentimiento dichoso y delicado revoloteando en el fondo de la garganta. La energía fluye y los sentidos se abren. Sentimientos de felicidad y gratitud inundan nuestro ser. Estamos saboreando el néctar de la dicha.

Una vez acostumbrados a evocar la dicha, podemos usar su calor interior como catalizador para destrabar emociones como los celos y la envidia. Conscientemente pensamos en algo que nos causa envidia y mezclamos esos pensamientos con dicha. Así, la energía malgastada en negatividad y tensión se transforma en actividad carismática, que apunta al éxito de todos los seres sintientes.

Cuando la dicha nos toca de cerca, el éxito de los demás no nos causa envidia; por el contrario, nos regocijamos por su buena suerte y la compartimos. Respondemos con humor a los ardides del Yo para tratar de coartar nuestra alegría, porque el Yo ya no nos somete. Percibimos los celos en el deseo frustrado de ser la fuente de la felicidad del otro, y podemos reírnos de nosotros mismos con indulgencia.

Ahora somos libres para buscar nuestra felicidad y a la vez apreciar a los demás, disfrutando sus éxitos y placeres como si fueran propios. El resultado es la sabiduría: vemos que todo es como debe ser. En silencio deseamos: "Que puedan ser iluminados ahora y siempre y que nunca sean apartados del placer y la felicidad".

Ecuanimidad

La ecuanimidad completa la secuencia de las cuatro cualidades inconmensurables: amor, compasión, alegría y ecuanimidad. La ecuanimidad surge cuando mantenemos a amigos y enemigos a igual distancia en nuestra mente, sin gravitar hacia uno ni rechazar el otro. En la práctica budista, la ecuanimidad se cultiva mediante el deseo:

Que todos los seres sintientes vivan en ecuanimidad,
sin apego ni aversión,
y crean en la igualdad de todos los seres vivos.

Cuando nos sentimos presionados, nos retiramos al bastión del Yo y trancamos la puerta. Este funcionamiento estrecho de la conciencia se hace evidente en las distinciones que hacemos entre las personas. Nos sentimos muy atraídos por unos, sentimos fuerte rechazo por otros. Sin embargo, nuestros amigos de hoy pueden ser los acérrimos enemigos del mañana, y los que hoy odiamos pueden compartir nuestros intereses en el futuro: al hacer tales distinciones, abonamos el terreno para la desilusión.

Ejercicio: Imagínese rodeado por todas las personas que conoció, amigos y enemigos por igual. Deje que se relacionen entre sí libremente, sin tomar en cuenta su relación con usted. En lugar de acercarse a los que ama y alejar a los que rechaza, mantenga una actitud neutral hacia todos. Que tanto amigos como enemigos estén presentes en su mente de la misma manera, cada uno igual que todos los demás. Esta perspectiva neutral reduce el miedo de perder amigos, baja el nivel de envidia e ilumina el valor de los otros. La parcialidad disminuye a medida que desarrollamos una actitud abierta hacia todos. Amigos y enemigos se muestran como individuos independientes de nuestras proyecciones. Nos alineamos con todas las personas en nuestra vida.

La tranquila neutralidad que se halla en la base de la ecuanimidad ofrece un antídoto contra la soberbia y la arrogancia, y las transforma en sabiduría. Una vez que vemos claramente a la persona que tenemos delante, no necesitamos mostrarnos superiores. Nos damos cuenta de que todos los seres humanos son iguales. Más aún, reconocemos que hay sabiduría en todos los fenómenos, incluso en actitudes como la arrogancia. La semilla de la ecuanimidad yace en el corazón de la arrogancia.

Las cuatro cualidades inconmensurables interactúan

Cuando decae la ecuanimidad, la indolencia ocupa su lugar. Decimos: "¿Qué me importa? Que se preocupen los demás". Rápidamente la indolencia degenera en apatía. Cuando esto ocurre, recurrimos al amor para reanimar la conciencia. El sentimiento inconmensurable del amor revela la singularidad de todo y de todos. Una manera de evocar el amor es escuchar atentamente lo que dicen los demás, discerniendo no sólo lo que dicen sino también el significado que subyace a las palabras. Reconocemos lo que es importante para la otra persona y lo que nos importa a todos.

Los sentimientos del amor, en su acepción tradicional, tienen una cualidad restrictiva. Cuando nos encariñamos con otra persona nos volvemos posesivos. Sin embargo, el amor verdadero es incondicional. Amar no da el derecho de manipular o aterrorizar. Los seres amados no nos pueden decepcionar; si ocurre es porque dejamos de escucharlos a ellos para escuchar la voz de nuestra propia preocupación.

Cuando la expansividad del amor se contrae por la preocupación por sí mismo y el apego, la compasión puede restaurar la cualidad de la apertura. Una vez que reconocemos que nos hemos enroscado en la preocupación por nosotros mismos, podemos invitar al otro —e incluso a todos los seres sintientes— a entrar en nuestra conciencia. Podemos imaginar que estamos en el lugar del otro, viviendo su vida, atravesando sus temores y esperanzas. En lugar de preguntar: "¿Qué gano yo con todo esto?", la compasión quiere saber: "¿Cómo se siente ser tú?" "¿Qué puedo hacer para aliviar tu sufrimiento, tu carga?". La compasión nos permite reconocer: soy igual que tú.

El grado de compasión se expresa en el plano de nuestra participación en el mundo. ¿Cumplimos nuestra parte? Para contribuir no hace falta emprender acciones complicadas. Cosas simples como dejar un lugar más bonito que como lo encontramos, o respetar las leyes del tránsito, o recoger algo tirado en el piso expresan un sentido de responsabilidad por el bienestar ajeno. Por supuesto, nuestra mayor contribución al bienestar de la sociedad es a través de nuestra familia y nuestro trabajo.

No importa cuánto contribuimos, a veces sentimos que nada será suficiente. La miseria que encontramos en el mundo externo puede ser tan pavorosa, que no seamos capaces de enfrentarla. Quisiéramos escondernos en la cama y llorar. No hay esperanza. En momentos así hay que invocar la cualidad inconmensurable de la alegría. Aun cuando nos abruma la desesperanza, siempre tenemos la opción de hacer algo constructivo. Todos podemos hacer una diferencia; hasta el gesto positivo más pequeño genera un cambio beneficioso. Entrar en acción pone nuestra energía nuevamente en funcionamiento. Cuando la energía comienza a fluir, el hacer despierta un ritmo placentero que evoca alegría.

Cuando la alegría degenera en euforia —la sensación de que ¡todo está perfecto!— se requiere una dosis saludable de ecuanimidad. Cuando la ecuanimidad degenera en indiferencia y letargo, podemos volcarnos al amor para remozar la conciencia. Cuando el amor se contrae para enfocar sobre el Yo, podemos despertar la compasión, que a su vez es protegida por la alegría. Y así podemos continuar el ciclo. Sea cual fuere la situación, no es necesario sentirnos estancados: una vez reconocidas las fijaciones negativas de cada una de las cuatro cualidades inconmensurables, podemos confiar en el ímpetu de su ciclo para restablecer la armonía y el equilibrio.

Cuando las cuatro cualidades inconmensurables se aplican adecuadamente, la negatividad no puede anclar en la mente ni amargar el corazón. Como un bálsamo sanador, las cuatro inconmensurables actúan como un remedio para las enfermedades del odio, la ira, la pena, la inseguridad, el temor y los celos. Juntas, refuerzan el equilibrio, liberan la energía invertida en emociones y nos protegen de sentir más emocionalidad. En un plano más profundo, protegen la mente iluminada innata.

Cuando mente y corazón se encuentran relajados y en equilibrio, las cuatro cualidades actúan naturalmente. Pero incluso en las circunstancias más adversas, ellas están siempre disponibles para fortalecernos y equilibrarnos; sólo tenemos que convocarlas. Fortalecidos por sus poderes benéficos, encontramos tiempo y energía para hacer algo de valor. Su paraguas nos protege de la oscuridad y la desesperación, y conectamos el cuidado, el entusiasmo y la disposición que necesitamos para hacer lo que haga falta, ya sea como cuidadores o para desempeñar cualquier otro papel en la vida.

El ciclo de la armonía

Así, el hombre que, al buscar refugio,
se convirtió en sitio de crecimiento espiritual
cultivará su mente para el bienestar
de aquellos que están vivos
dejando que la flor de la compasión

florezca en la tierra del amor
regándola con el agua pura de la ecuanimidad
en la fresca sombra de la dicha.[68]

Cada una de las cuatro cualidades inconmensurables ofrece un sinfín de oportunidades para fortalecer la mente y abrir el corazón. Tradicionalmente, se aconseja empezar con la ecuanimidad. Habitualmente, esta se desarrolla a través de la meditación, puesto que la tranquilidad y la claridad naturalmente conducen a la ecuanimidad. En nuestra cultura no es muy común practicar regularmente la meditación, sentado y en silencio; y esto lleva tiempo. De modo que en Occidente, en lo que respecta a la práctica de las cuatro cualidades inconmensurables, da lo mismo empezar por cualquiera puesto que cada una naturalmente conduce a la otra.

En el trabajo, la energía está puesta en un fin común y el tiempo y las acciones son esenciales para su logro. Aquí, la alegría es un buen punto de partida. Compartir genuinamente energía y conocimientos puede ser una fuente diaria de alegría. A través de la plena cooperación y de una comunicación fluida, las personas juntan fuerzas. Cuando se da esta "asociación" de lo que estaba separado, surge la alegría. Esto se transforma en una trama constante y en total integración. La interconexión resultante crea una unidad mayor, donde todo fluye gentilmente. La vitalidad de la alegría tiene una carga casi tangible. Lograr resultados, juntos y al tiempo, crea una chispa especial: la alegría de trabajar bien.[69]

La unión puede ser aun más profunda cuando el tiempo se incorpora a nuestra conciencia.[70] Cuando tiempo y conciencia se vuelven inseparables, sentimos que tenemos más tiempo y que podemos hacer casi cualquier cosa. Cuando aprendemos a manejar el tiempo empezamos a corporizar su energía y a expresar nuestra libertad en la participación y la creatividad. De la unión de apreciación con acción adecuada surge la alegría, que será el combustible para todos nuestros logros.

Las relaciones humanas son ideales para poner en práctica las cualidades del amor y la compasión. Por ejemplo, un padre puede intentar tener un vínculo especial con cada uno de sus hijos. Cada hijo tiene un potencial propio que necesita ser desarrollado, independientemente de su rol en la familia como el mayor, o el menor, o el más difícil. Cuando los padres se conectan profundamente con las cualidades únicas de cada niño, las relaciones entre ellos también son más armoniosas porque no hay motivos para la rivalidad. Lo mismo ocurre con la amistad; podemos desarrollar el amor cultivando el interés por las actividades y el bienestar de nuestros amigos. Al mostrar interés por lo que les pasa y estar dispuestos a ponernos en su lugar, estamos comunicando que somos todos iguales. Todos queremos lo mismo: vivir felices y en armonía.

Cuando el amor se transforma en deber, le toca el turno a la compasión. Pero cuando presenciar el dolor del ser querido se vuelve intolerable, podemos refugiarnos en la alegría. Podemos preguntar: "¿Cómo puedo generar alegría cuando la situación de mi pareja empeora día a día y está mentalmente ausente casi todo el tiempo?". La respuesta yace en nuestro interior. No podemos depender de circunstancias externas para validar el círculo de las cuatro cualidades inconmensurables o mantenerlo en funcionamiento.

Las circunstancias externas sólo pueden movilizarnos a invocar las cualidades inconmensurables, que son parte de nuestra naturaleza humana. Cuando invocamos estas cualidades, ellas actúan como transformadores internos que convierten la energía de nuestra cabeza, el corazón y los sentidos en amor, compasión, alegría y ecuanimidad. Bajo la protección de estas cualidades podemos encontrar armonía y equilibrio en cualquier situación. La elección es nuestra.

El Buda le dijo a Ananda, su primo y más fiel compañero: "Enseña estas cuatro cualidades inconmensurables a los pequeños. Se sentirán confiados, fuertes y alegres y ninguna aflicción afectará su cuerpo ni su mente. Estarán bien equipados para toda su vida".[71]

Plegaria para todos los seres sintientes

Esta oración tradicional sirve para fortalecer las cuatro cualidades inconmensurables: amor, compasión, alegría y ecuanimidad.

> *Que todos los seres humanos sean felices*
> *y encuentren las causas de la felicidad.*
> *Que todos los seres humanos sean libres del sufrimiento*
> *y de las causas del sufrimiento.*
> *Que todos los seres humanos no sean separados de la alegría*
> *y que sus mentes estén tranquilas y claras.*

13

Encontrando refugio seguro

Pocos días después de la visita del médico, mi padre sacó una maleta de color beige. Sin decir palabra la colocó sobre la cama, la abrió y empezó a empacar: ropa interior, un camisón y un delantal que mi madre usaba en Elba. También algunas chucherías y un portarretratos de plata con una fotografía de ella de joven, sentada en un diván con sus cuatro hijitos, leyéndoles el cuento de Babar, el elefantito. Cerró la maleta y la llevó al vestíbulo; ella lo seguía. Luego giró y sin mirarla, dijo: "Debemos irnos". La ayudó a ponerse el abrigo y ella preguntó por enésima vez: "¿Ir adónde?". Mi padre echó llave a la puerta, llamó el ascensor y dijo: "Esto no puede continuar así".

Afuera soplaba un viento helado. Como siempre, se tomaron del brazo y él cubrió sus dedos con su mano. En la otra mano llevaba la maleta. Dieron unos primeros pasos vacilantes y luego acomodaron su andar el uno al otro, siguiendo una costumbre adquirida en sus cincuenta y cinco años de convivencia. Los árboles desnudos se perfilaban contra el cielo gris. En pocas semanas aparecerían las primeras flores de primavera, campanillas seguidas de azafranes. En el jardín de la casa donde habían convivido veintinueve años crecía un manzano silvestre. Cuando estaba en flor, parecía un ramo de novia gigante. Ella susurró: "Quiero ir a casa".

Juntos caminaron hasta el geriátrico, que quedaba muy cerca de su departamento. Se alejaban del pasado, encaminándose hacia un futuro incierto. Mi madre repetidamente preguntó: "¿Adónde vamos?" Él respondió: "Ya te lo dije muchas veces. Allí te van a cuidar bien. Te visitaré todos los días".

En el tercer piso los recibió una enfermera. Los condujo por un corredor que parecía interminable, pasando por un auditorio vacío y una hilera de puertas cerradas. Finalmente entraron en una pequeña habitación. Cuatro camas separadas por mesas de luz alineadas contra la pared. El piso era de linóleo y las paredes estaban peladas. "Esta es su cama", le dijo la enfermera. Luego abrió el armario, donde había unas perchas metálicas. Con rapidez y gran habilidad, la joven guardó la ropa. Colocó el portarretratos con la fotografía en la mesa de luz junto a la cama de mi madre. De pie uno junto al otro, mis padres la observaban. Mi padre finalmente dijo: "Es mejor así", y la besó en la frente. "Enseguida vuelvo."

Una sensación de seguridad

En el estante inferior de la biblioteca de la sala estaban los álbumes de fotos que retrataban toda su vida de casados. Diecisiete álbumes atestiguaban épocas más felices: nacimientos de hijos y nietos, ocasiones especiales, viajes a Indonesia, Surinam y, lógicamente, Estados Unidos, donde vivían tres de sus cuatro hijos. En su momento, todos esos acontecimientos parecían importantes, como peldaños que escalaban hacia un final feliz. Salvo raras excepciones, ellos siempre habían estado juntos desde que se habían casado, y parecía que sólo la muerte los separaría. Esa pareja que fuera tan rica y valiosa ahora estaba destrozada; un profundo abismo se había abierto entre ellos. La mujer mentalmente enferma y su marido ya no vivían bajo un mismo techo.

Ese día mi padre volvió del geriátrico solo, a un departamento vacío. No llamó a nadie para hablar sobre este momento dramático de su vida; no buscó un paño de lágrimas. Era como un prisionero de guerra que había vivido experiencias terribles que le habían congelado el corazón. Aparentemente su vida estaba en orden, con una jubilación a prueba de inflación y ahorros en bonos y acciones. Pero, ¿para qué?

Todos los días, tres veces al día ponía la mesa donde comía él solo; a la noche se cocinaba algo sencillo, siempre lo mismo. Todas las mañanas sin falta iba al geriátrico, donde su mujer lo esperaba, las manos apoyadas en su regazo, sin saber qué estaba esperando. ¿Y qué le pasaba a ella? ¿Cómo era su vida? Las reglas impersonales del geriátrico y el personal siempre cambiante marcaban el ritmo diario. Personas extrañas se ocupaban de su cuidado físico. Su mente se estaba desintegrando. ¿Y su espíritu? ¿Quién cuidaba su alma?

Cuando éramos pequeños, mi madre nos enseñaba la Biblia a nosotros y a otros chicos del barrio. Contaba parábolas sobre los doce discípulos de Jesús, y juntos leíamos una Biblia infantil. Una vez, para demostrar cómo se hacía una ofrenda, sacó de la heladera un bistec para la cena de esa noche, y nos ayudó a realizar una ceremonia solemne en la cocina. Sin embargo, no era obligatorio creer en Dios; eso era una decisión que cada uno tomaba al cumplir dieciocho años, según la costumbre en el círculo Baptista donde ella se había criado. Nadie en nuestra familia iba a la iglesia salvo mi madre, que iba una o dos veces al año. Todos los domingos, mientras tomábamos el desayuno, sonaban las campanas y ella miraba con nostalgia a los vecinos que iban al servicio dominical. Seguramente le hubiera venido bien alguna reflexión sobre el sentido de la vida, pero no era una prioridad.

Si mis padres hubieran compartido la creencia en una realidad trascendente, ese conocimiento podría haber sido un apoyo en esta despedida tras más de cincuenta años de matrimonio. Estos dos viejos podrían haber encontrado consuelo en un sentido de seguridad compartida, y quizá su último viaje juntos hubiera sido menos angustiante. Hubieran entendido el significado de la impermanencia y podrían haberse entregado a su difícil situación. Podrían haber reconocido que todo lo que habían perdido en esos últimos años estaba destinado a desaparecer en algún momento de sus vidas.

¿Qué quedó una vez que el Alzheimer pareció haberlo consumido todo: la mente, el pasado, el presente y el futuro? ¿Qué es lo permanente, lo que no está sujeto a cambios? Cuando todo se derrumba, ¿qué queda que pueda servirnos de refugio?

La espiritualidad en la vida cotidiana

El budismo tibetano no separa la vida civil de la religiosa. Cada gesto, pensamiento o expresión forman parte de un espectáculo mágico donde todo es importante, pero nada dura para siempre. Sólo permanecen elementos como el espacio y la luz, y las verdades perennes y atemporales. Cada vida humana es una ocasión preciosa, cada acción es una ofrenda. El nacimiento y la muerte no son ni comienzo ni fin, sino simples transiciones.

Durante la Edad Media, hasta el Renacimiento, los artistas y los pensadores occidentales dedicaban su inteligencia y sus talentos básicamente al servicio de la divinidad. El objetivo primordial del arte y de la filosofía era conectar lo terrenal con lo divino para crear una base que sirviera de apoyo en tiempos azarosos. Desde el surgimiento de la ciencia en Occidente, los científicos se abocaron sobre todo a profundizar el análisis y describir los fenómenos del mundo externo y físico, separados del funcionamiento mental. Las cuestiones espirituales quedaron relegadas a la religión. Sólo recientemente se empezó a estudiar la naturaleza de la mente humana en relación con el funcionamiento cerebral. No obstante, en la actualidad hay filósofos abocados a la búsqueda de una "teoría general de todo", donde la totalidad de los temas de estudio, incluida la religión, tienen igual valor y participan en un todo integrado.[72] La religión es parte de este proceso integrador.

En nuestra época actual, el talento y la creatividad humana se encuentran principalmente dedicados a perfeccionar lo que es en realidad impermanente. Para algunos, dinero, prestigio y poder son las religiones de hoy. Las instituciones financieras son los templos, y la búsqueda de sentido se reduce a encontrar mejores maneras de acumular riquezas. Desde esta perspectiva, los problemas sociales y personales pueden ser estudiados basándose en un modelo de análisis económico. Dado que todo gira en torno a la manipulación y el control de la economía, nuestro bienestar general se rige por el deseo de poseer más y mejor. Mientras compremos —siempre más, mejor, más grande—, nuestra cultura prospera. Si la dinámica del deseo y el dinero se detuviera abruptamente, el mundo tal cual lo conocemos hoy colapsaría.

El egocentrismo es la norma que rige la vida de muchos de nosotros en la actualidad. Lo que yo quiero y lo que a mí me gusta tienden a determinar nuestros pensamientos y actos. Somos capaces de generar gran fuerza de voluntad y disciplina —piensen en las personas que trabajan dieciséis horas diarias para montar su propio negocio— en la medida en que sirven para alimentar nuestro ego y, por supuesto, cuando se trata de sobrevivir.

Dinero, prestigio y poder pueden perder su encanto de un plumazo cuando la enfermedad y la muerte se instalan en nuestra vida. Todo cambia cuando somos despedidos, cuando un ser querido tiene una enfermedad terminal, o muere en el campo de batalla. Nada de lo que regía nuestra vida antes puede ayudarnos ahora. El golpe puede sacudirnos y transformarnos en una persona diferente. De pronto entendemos qué es lo que verdaderamente importa y juramos solemnemente vivir de acuerdo con esta verdad revelada de ahora en más.

Sin embargo, cabe la posibilidad de que esos fuertes discernimientos pasen a un segundo plano una vez superado el trance o finalizado el duelo. Poco a poco, la vida vuelve a la normalidad. No es que perdamos la experiencia —esta permanece como un cofre de sabiduría en el fondo de nuestra mente—, pero rara vez lo abrimos. En el fondo, podemos sentir cierto remordimiento por haber dejado escapar nuestra determinación. Cada tanto surge la inquietud sobre si las cosas podrían haber sido diferentes. Y nos preguntamos: ¿Será posible llevar una vida bien adaptada y exitosa y al mismo tiempo ahondar más profundamente en el conocimiento de la condición humana?

El momento es ahora

La religión nos invita a darle un sentido a la vida y entender el cosmos como una totalidad en la que cada ser humano tiene su lugar. La palabra "religión" viene del latín *religio* (del verbo *ligare*), "lo que une". La religión enlaza todos los fenómenos que de otra manera estarían dispersos y no tendrían explicación, para formar una unidad. Algunas religiones enseñan que los seres humanos pueden conectarse con un lugar sagrado interior, que debe ser honrado por encima de todo lo demás. Las enseñanzas del Buda apuntan a honrar la verdad siendo auténticos y respetando el valor de todos los seres sintientes y de la naturaleza.

Hay una verdad que no se puede negar: todo pasa. El día de hoy no vuelve. Un día moriremos. Llegado el momento, deberemos despedirnos de todo lo que hoy atesoramos y soltar aquello por lo que hoy estamos dispuestos a luchar. Pero no importa cuán obvio e inminente sea el cambio, las presiones del día a día y la tentadora ilusión del Yo tienden a hipnotizarnos para negar esta verdad. Muchos consideran que detenerse a pensar sobre la propia muerte es morboso.

¿Qué pasaría si abrazáramos el conocimiento de la impermanencia decididamente y viviéramos nuestra vida acorde con su verdad fundamental? Lejos de ser taciturno o fatalista, este enfoque puede ser un buen principio orientador. Cuando internalizamos el conocimiento de que todo es pasajero, reconocemos el valor de este momento y nos decidimos a sacarle el máximo provecho. Este momento nos brinda la oportunidad de manifestar nuestra verdad superior para poder así vivir sin arrepentimiento. Con este enfoque, nuestra actitud hacia la vida cobra la cualidad de urgencia propia del pensamiento y la acción auténticos. Cada pensamiento puede ser constructivo, cada gesto una invitación, cada palabra un puente. Naturalmente, consideramos lo que es bueno para nosotros y todos los seres sintientes, ahora y en el largo plazo.

Vivir en la verdad implica cuestionarnos y atrevernos a actuar según las respuestas que obtenemos. Requiere coraje admitir que nos equivocamos. ¿Cuál es el conocimiento que ya no podemos negar? ¿Qué conocimiento nos servirá de sostén cuando la seguridad de los valores mundanos se derrumbe? Las respuestas a estos y muchos otros interrogantes yacen en nuestra propia mente.

El fondo del ser

Las enseñanzas budistas Nyingma distinguen nueve niveles de conciencia.[73] Seis de ellos corresponden a los sentidos, incluido el pensar o sexto sentido. Estos seis campos de conciencia determinan el contenido de la vida diaria. Se caracterizan por el poder del Yo; decimos "Yo veo", "Yo escucho" o "Yo pienso". A la noche, en la antesala del sueño, los seis campos de la conciencia poco a poco se vuelven menos activos. Quizás observemos restos de pensamientos o escuchemos sonidos como a la distancia, pero la mente no sigue su rastro. También podemos observar este aquietamiento de la conciencia sensorial durante una siesta, cuando la transición entre la vigilia y el sueño suele ser más nítida y por lo tanto más fácil de registrar.

Durante el dormir, antes de empezar a soñar, la conciencia sensorial se detiene. En el dormir sin sueños, cuando los seis sentidos permanecen latentes, entramos en el noveno campo de la conciencia. Este territorio oscuro, quieto y desconocido, se encuentra siempre presente, ya sea que los seis sentidos estén activos o no. En el idioma tibetano, este campo de la conciencia se denomina kun-gzhi, "el fondo del ser".

El kun-gzhi es como un sustrato compuesto por los residuos del pasado. Dichos residuos retienen su carga emocional original y son como filtros que determinan el sabor de cada experiencia. Los residuos emocionales que perduran en nuestra conciencia tornan a nuestra energía en lánguida y pesada, provocando una resistencia interna tan sutil que es apenas perceptible. Hasta tanto los sentidos y la mente se relajan y se abren, este sopor contamina la cualidad de toda experiencia. En meditación, estos residuos aparecen bajo la forma de tensión, una energía bloqueada que refleja el aferrarse del Yo.

Los rastros del pasado, los restos conscientes e inconscientes de nuestra historia, se denominan tendencias latentes o bag-chags en tibetano (bija en sánscrito). Cuando las circunstancias activan esas memorias emocionales, provocan la duplicación de antiguas experiencias. Por ejemplo, cada vez que aparece o simplemente se nombra una persona que alguna vez nos ofendió, experimentamos un estallido emocional. No podemos evitarlo: las antiguas emociones nos consumen en el acto. Nos encontramos a merced de los asuntos inconclusos que yacen enterrados en el rincón más profundo de la mente.

Cuanto más numerosos son estos rastros inconscientes, tanto más pesado y oscuro es el kun-gzhi. Sin embargo, aunque parece un agujero negro, el sustrato también contiene la luz de la conciencia pura, y si bien los rastros subconscientes impiden la conciencia límpida, no afectan a la luz. En meditación, nos proponemos movernos a través del kun-*gzhi*. Recuperamos la luz de la conciencia y resurgimos con ella, permitiendo que ilumine todas las capas de la conciencia. De esa forma, poco a poco, la índole abierta de la mente se revela y queda disponible para la conciencia.

El kun-*gzhi* es como un banco de arena entre la conciencia común y el potencial humano. Cuanto más nos movemos a través de él, más livianos y luminosos somos. Aprendemos a ver y a vivenciar de una manera totalmente nueva. Cuando atravesamos el kun-*gzhi* conscientemente, con una vigilancia flexible, podemos llegar a vislumbrar la claridad y la perfección de la existencia en su totalidad. No obstante, esta experiencia no dura. La conciencia despejada y estable requiere un nivel constante de relajación donde las energías vitales puedan fluir sin impedimentos. Sólo cuando la energía se relaja, es posible profundizar la conciencia lo suficiente para neutralizar el poder de las semillas del Yo. Dentro de la conciencia meditativa libre de apego y que no rechaza ni atrae, las viejas semillas pierden su poder y las nuevas no pueden echar raíces.

Relajarse significa deponer nuestras armas. Soltando nuestra resistencia interna a las experiencias pasadas, seremos capaces de sentir y de comprender totalmente, y de aceptar cada hecho de la vida. Una vez que se asimiló por completo el hecho vital, es que algunos asuntos pendientes se han resuelto. Libre de residuos emocionales, la conciencia es flexible y liviana. Vivenciamos el cierre. Podemos finalmente soltar este aspecto del Yo. Podemos vivir en el presente. Nos liberamos del pasado; el futuro se encuentra abierto.

Un océano de conciencia

El océano es una metáfora tradicional de la conciencia. Las olas, sean pequeñas y apenas perceptibles o elevadas y turbulentas, representan los seis primeros niveles de conciencia, los sentidos que suscitan pensamientos. No obstante, los sentidos no son el origen de los pensamientos; el origen del pensar yace muy por debajo de la superficie del océano. En el fondo de este es posible encontrar una capa inmóvil, un submundo de profunda quietud. Es kun-gzhi, el noveno nivel de conciencia. Los movimientos y la agitación que se dan en todas las capas superiores tienen su origen aquí.

Las capas séptima y octava están entre el estrato silencioso del fondo, el subconsciente y los seis campos de los sentidos. El octavo campo de la conciencia es un movimiento hacia la percepción y el primer impulso a formar pensamientos. Hay ruidos, algo está murmurando, hay algún tipo de actividad ocurriendo; quizá surja algún pensamiento, o quizá no. El séptimo campo de la conciencia es un movimiento hacia el pensar, el comienzo del pensamiento. Aquí está el Yo en su infancia.

En meditación nos proponemos aprender a aquietar los primeros seis niveles de conciencia mientras dejamos tranquilos al séptimo y al octavo, no permitiendo que nos alcancen. Independientemente del movimiento que detectemos, no interferimos. Nos centramos en la quietud del sustrato más profundo del nivel nueve; nuestra práctica nos lleva a estar alertas aquí.

Al entrar en kun-gzhi, nuestra cabeza suele tornarse pesada y nos cuesta mantener los ojos abiertos; estamos acostumbrados a dormirnos tan pronto dejamos de pensar. En el mundo inerte de kun-gzhi parece como que caminamos trabajosamente en una espesa melaza, y es fácil dormitar. No obstante, es posible aprender a mantener la mente alerta y maleable a través de la práctica de Shin-jong. Por ejemplo, la respiración corta y ligera en la parte superior del pecho refresca nuestra conciencia. Este tipo de atención alerta nos permite explorar palmo a palmo este territorio desconocido.

El despertar espiritual implica que los nueve niveles de conciencia, sobre todo el sustrato, se inundan con la luz de la conciencia, que está siempre presente y siempre disponible. Cuando podemos permanecer conscientes en el *kun-gzhi*, los rastros de experiencias pasadas pueden vivenciarse en totalidad y entenderse plenamente y, por ende, se pueden resolver. Las exigencias del Yo, las tensiones kármicas, se alejan; el sustrato oscuro se llena de luz. El mundo de la experiencia directa, donde la realidad no se filtra a través de los juicios, se hace manifiesto.

La visualización

Mucha gente que estuvo al borde de la muerte declara haber visto una luz brillante que inundaba sus sentidos. Podría tratarse de la luz esencial de la mente que nos permite ver. La meditación hace conexión con esta luz de la conciencia pura.

Es posible experimentar directamente la luz de la conciencia plena a través de la visualización. La absorción en el objeto de la visualización penetra el mundo del pensamiento, y la conciencia se vuelve transparente, más liviana y luminosa. Las densas nubes del pensar que conforman la conciencia se disipan. Las experiencias que no se canalizan a través del pensamiento se revelan como experiencia directa.

Al principio, la idea de hacer ejercicios de visualización puede resultar extraña. Quizá supongamos que debemos "ver" algo con los ojos, pero lo que se pretende con la visualización es despertar la imaginación. Esta experiencia puede ser visual, pero a la vez es sentir. De hecho, todo el día nos la pasamos visualizando. No es difícil evocar la imagen de nuestro dormitorio o imaginar que cortamos y exprimimos un limón. Fácilmente podemos evocar una compleja secuencia de movimientos como cuando tendemos la cama, o imaginar toda una serie de interacciones al recordar los detalles de una reunión.

La visualización es más que una gimnasia mental o un ejercicio de imaginación creativa. La luz de la conciencia que proyecta la imagen visualizada gradualmente va penetrando todas las capas de la conciencia. No obstante, dada nuestra tendencia a identificarnos con pensamientos y percepciones, es necesario elegir el objeto de la visualización con sumo cuidado. En principio, cualquier objeto sirve; pero como practicante y objeto se fusionan, un objeto con fuerte carga emocional –como por ejemplo la foto de un ser querido– seguramente va a distraer, mientras que algo como la personificación del mal infundirá intenciones perniciosas y dañinas. Es preferible elegir algo neutro, como una flor o un árbol, o la llama de una vela o incluso una piedra. Mejor aún es cuando el objeto es una imagen representativa de la iluminación, porque entonces la visualización invita a que surjan en la mente las cualidades de la iluminación. Por ejemplo, si nos concentramos en la forma del Buda o de Jesús, nuestra mente se funde con una mente iluminada. Símbolos religiosos como las sílabas *Om Ah Hum* también son apropiados para la visualización porque tienen el poder propio de los símbolos reconocidos de la luz de la conciencia.

Ejercicio: Elija un objeto de visualización que particularmente le llame su atención. Colóquelo a unos 45 cm, a la altura de los ojos. Deje que el objeto penetre en su imaginación para poder *sentir* su forma. Luego de estudiar el objeto por un par de minutos, cierre los ojos y tráigalo a la mente; fíjese en su contorno, los colores, los detalles. Luego abra los ojos y mírelo, tratando nuevamente de sentir a partir de su forma. Cierre los ojos una vez más y absorba esta sensación mientras sostiene la imagen en su mente.

Al principio, quizá tenga que forzar la atención, pero muy pronto hallará el equilibrio entre el esfuerzo desmedido y el excesivamente relajado. A medida que se relaja, le será más fácil visualizar. Finalmente el objeto visualizado permanecerá en su mente sin esfuerzo. La imagen penetra el mundo del pensar desmantelando patrones de pensamiento y uniendo conciencia con el poder del objeto. Cuando ya no se encuentre separado del objeto, está preparado para entrar en la conciencia pura. Termine el ejercicio despidiendo al objeto de la visualización. Al comenzar el ejercicio lo convoca, y al finalizarlo debe disolverlo para que quede espacio vacío. El espacio es la base de todos los actos mentales y el fundamento de la conciencia. Todo lo que aparece surge en el espacio y vuelve a él. El espacio aloja todo; es nuestro hogar. Familiarizarse con el espacio a través de la visualización disminuye el apego a lo que surge a la mente y nos libera de la tendencia a aferrarnos.

A medida que mejora nuestra capacidad para visualizar imágenes, confiamos más en el poder de la mente y reconocemos que casi no hay límites a lo que podemos hacer. Con una mente en todo su poder, podemos ir creativamente en pos de todo lo que es positivo, dejando de lado repeticiones innecesarias de sufrimiento, pensamientos destructivos o patrones mentales limitantes. Los pensamientos pierden poder porque sabemos que podemos despojarnos de ellos y acomodarnos en el espacio que queda vacío.

Al familiarizar la mente con los símbolos que trascienden la impermanencia, nos preparamos para un encuentro con lo que no está sujeto a cambios. Aquí encontramos seguridad, aun en medio del tumulto. La luz de la conciencia plena nos ofrece un refugio seguro. La mente se convierte en nuestro templo, nuestro sagrado santuario.

14

Ni aquí ni allá

Como es habitual en los Estados Unidos, yo me tomaba unas dos semanas de vacaciones por año. Generalmente las aprovechaba para visitar a mis padres, primero en Italia y después en Holanda. El año que mi madre se mudó al geriátrico no fue una excepción.

Tras llevar las maletas al departamento de mis padres y una breve charla con mi padre, partí para el geriátrico. En realidad, corrí como si fuera a perder el tren y sólo disminuí la marcha cuando el edificio surgió ante mi vista. Una puerta giratoria me empujó al vestíbulo. Había una recepcionista en una cabina, rodeada de monitores que mostraban habitaciones vacías. Ella me indicó donde estaba el ascensor.

¿Cómo la encontraría? ¿Sabía que yo iba a verla? Mi padre sólo me dijo: "Cuando llegue el momento de irte, dile que tienes que ir a buscar algo, y te vas rápido. Después ni se va a acordar que estuviste". De no ser por su consejo, yo no estaba preparado para enfrentar la nueva situación. Suponía que las cosas iban a ser como antes; siempre habíamos tenido una relación muy estrecha. Y pensé que iba a poder manejar la situación. "Después de todo, es mi madre. A pesar de todo lo que le pasó, todavía la voy a reconocer".

Saliendo del ascensor, me asaltó un fuerte olor a pañales y vómito, mezclado con desinfectante. Una enfermera curiosamente jovial me indicó: "Tercera puerta a la izquierda, ahí está su madre". Entretanto, un hombre de aspecto distinguido vestido con un traje gris se dirigía hacia mí. Sólo cuando estuvo cerca me di cuenta de su mirada vacía. Me pasó de largo, farfullando en voz baja. Mi primera reacción fue dar gracias a Dios de que mi madre no viera todo esto, hasta que caí en la cuenta de que este era su día a día. Por la tercera puerta a la izquierda ingresé en una sala espaciosa, llena de luz. Junto a la puerta había una mujer acurrucada en una silla y grupitos de personas de aspecto lastimoso desparramados aquí y allá. Con pánico la buscaba; ¿dónde estaba mi madre?

La vi antes de que ella advirtiera mi presencia y me detuve unos instantes para observarla. Tenía puesto un vestido de colores chillones que yo jamás había visto. Una enfermera más tarde me dijo: "Aquí la ropa no tiene mucha importancia". Su cabello ondulado estaba cortado muy corto; su cabeza parecía haber encogido. Sus manos delgadas aferraban con fuerza los brazos de la silla.

"¡Qué bueno verte!" exclamó, cuando me acerqué a ella. Su voz sonaba maravillosamente familiar. Sus ojos arrugados como dos triangulitos brillaban radiantes, como siempre. Parecía ser la única persona normal en toda la sala. Los otros farfullaban o se sentaban inmóviles, como ruinas antiguas y sin vida. "Esto es absurdo", pensé. "¿Qué hace ella acá? ¿No es acaso obvio que mi madre no tiene nada que ver con estos pobres seres desgraciados?".

"Sabes, pasa algo raro", me dijo, cuando me senté frente a ella. "Cuando está papá, él dice 'tengo que ir a buscar algo', y después no regresa". Me corrió un frío de desesperación. ¿Cómo podría dejarla? La injustificada confianza que había sentido hasta ese momento se evaporó.

Me refugié en la alegría y le tomé la mano. Sus manos fuertes y suaves se sentían huesudas y nudosas; se habían convertido en garras que parecían arañar trozos de seguridad. "¿Qué tal si salimos a caminar?", le propuse. Ella asintió, contenta. Le ofrecí mi brazo y, muy feliz, caminó junto a mí hasta la sala.

Nos abordó una enfermera: "¿Llevo a su madre al baño primero?". Mi madre me miró a mí, como preguntándome qué debía hacer. Cuando yo asentí, dócilmente siguió a la mujer y volvió pocos minutos más tarde. Nuevamente puso su brazo en el mío y continuamos la marcha hasta el ascensor. Cada pocos pasos detenía su marcha abruptamente. La sala parecía interminable. El hombre de traje caminaba hacia nosotros; nos pasó de largo sin saludar, ni siquiera registró nuestra presencia. Mi madre se detuvo, se volvió hacia mí y dijo: "Le tengo tanta lástima, hay tanta gente desgraciada viviendo aquí".

"¿Piensan salir?", dijo una voz detrás de nosotros. "Porque si es así, su madre necesita un abrigo. Síganme". Seguimos a la enfermera hasta una habitación con tres camitas. "Este debe de ser su dormitorio", pensé. Me fijé en el lugar de la almohada donde seguramente apoyaba la cabeza y me imaginé cómo sería para ella estar acostada aquí por la noche. ¿Alguien le hablaba antes de dormir? ¿Y si no podía dormir y se la pasaba toda la noche despierta? ¿Había en este lugar alguien que supiera estas cosas de ella? ¿Había alguien que mínimamente la conociera?

Bardo

El mundo anterior de mi madre había desaparecido sin dejar casi rastros. Cada mañana se despertaba en un entorno extraño al cual jamás se acostumbró, sin olores o sonidos conocidos, sin tener a su esposo acostado a su lado. Nada de lo que ella había aprendido a lo largo de la vida acerca del cuidado de su cuerpo y su mente existía ya. Su conciencia se debilitaba día a día. Su enfermedad le impedía refugiarse en pensamientos, recuerdos o formas conocidas de hallar alivio. Estaba desorientada y no tenía adónde ir.

En el idioma del *Libro Tibetano de los Muertos*, mi madre estaba en un bardo. Bardo quiere decir literalmente "entre dos", un hueco desconocido entre dos puntos fijos. Es una fase de transición, un estado donde no se está ni aquí ni allá. En inglés, la palabra tibetana "bardo" se usa habitualmente para describir estados que atravesamos en el momento de la muerte. No obstante, un texto complementario del mismo autor (Padmasambhava) describe seis tipos diferentes de bardos, cada uno con características propias.[74] Hay ejercicios específicos para penetrar la naturaleza de cada bardo.

Los tres primeros bardos ocurren en los momentos cercanos a la muerte. El primero ocurre durante el proceso del morir, justo antes de la muerte misma; el segundo, inmediatamente después de morir; y el tercero ocurre justo antes del renacer, que puede ser mucho tiempo después o en el momento de la muerte.

El cuarto bardo es la vida, el período entre el nacimiento y la muerte. Es el bardo que estamos experimentando en este momento. La incertidumbre característica del bardo impregna toda nuestra existencia, seamos conscientes o no, ya que nadie sabe cuándo morirá. Las enseñanzas del bardo nos animan a no desperdiciar este tramo incierto de tiempo —nuestra vida— en la indolencia y la pereza, sino a usarlo para conocer más profundamente el Dharma y llevar una vida provechosa.

El quinto bardo es el tiempo del dormir y el soñar, que empieza en el instante en que nos dormimos y dura hasta el despertar. Nuestras percepciones durante el sueño y el tiempo onírico son presa de delirios. ¿Qué fantasmas habitan nuestros sueños? Sin embargo, según el budismo tibetano, la vida es una ilusión, igual que los sueños. Si eso es cierto, ¿qué tan sustanciales y confiables pueden ser los pensamientos y las opiniones en los que nos basamos para moldear nuestra vida?

El sexto bardo ocurre durante la meditación, al avanzar a través de bardos. A medida que se hace más profunda la meditación, la conciencia ilumina el proceso de percepción, revelando extensas capas de la mente libres de pensamiento conceptual. En la mente pensante vivenciamos la conciencia como si estuviera partida en pedazos; somos conscientes *de* algo. Así se crea la dualidad. Al profundizarse la meditación, los pensamientos dejan de ser nuestra referencia. La dualidad cede a la apertura. Los textos tradicionales proveen mapas para los mundos de experiencia en los que ingresamos.

Dentro del bardo de la vida hay muchos bardos. Cada vez que algo comienza o termina —un proyecto, una relación, o el día mismo— es como si ingresáramos en un bardo. Cuando no sabemos bien qué pasa o qué nos depara el futuro, habitamos un bardo, donde la incertidumbre y la confusión son nuestros únicos puntos de referencia. Quizá no estemos seguros de si un amigo nos traicionó, o tememos por nuestro trabajo, o aguardamos noticias de un familiar que puede haberse accidentado. En tales momentos, todo está en un limbo. El temor a perderlo todo acecha en las penumbras o se apodera de nosotros; toda nuestra existencia puede tambalear. Tratamos de salvar la distancia lo más rápido posible, para evitar perdernos en ese abismo terrible. Cuando otra experiencia logra distraernos respiramos aliviados: "¡Me salvé por un pelo!".

Algunos bardos son tan breves que ni nos damos cuenta. Si pasáramos un día entero atentos a nuestra vida interior, analizando nuestras reacciones a cada estímulo externo o interno, nos sorprendería la cantidad de bardos de este tipo que nos ocurren. Antes de una reunión, después de una partida, incluso al final de una frase o un gesto, estamos momentáneamente en un bardo. En el momento entre que levantamos el auricular y reconocemos la voz del otro lado del teléfono, estamos en un bardo. Cuando se produce un incómodo silencio en medio de una conversación y no sabemos qué decir, eso es un bardo. Llegar a una ciudad extranjera, el primer día en un trabajo nuevo, ir a una fiesta donde no conocemos a nadie: en cualquier situación donde faltan los puntos de referencia conocidos, estamos en un bardo. La situación no tiene ningún sentido; parece como que flotamos en el espacio, sin saber quiénes somos ni qué se espera de nosotros, lo único que sabemos es que no sabemos.

¿Cómo enfrentamos esa incertidumbre y el consiguiente temor? ¿Cómo manejamos usualmente los sentimientos de confusión y pánico? Tendemos a refugiarnos en las reconfortantes emociones y los pensamientos conocidos. Las emociones fuertes como el odio, la lujuria o la soberbia brindan una sensación de refugio o seguridad pasajera. Nos aferramos a ellas desesperadamente, porque parecen más verdaderas y reales que ninguna otra cosa.

Los pensamientos hacen que la conciencia esté activa, interpretando y tomando decisiones. Una sucesión de pensamientos ofrece refugio pasajero de los huecos aparentemente vacíos entre ellos, aportando un hilo lógico. Como dijo Descartes *cogito ergo sum*, pienso luego existo. Sin embargo, la seguridad que aportan los juicios y las opiniones es ilusoria, porque los pensamientos son demasiado volubles para ser confiables. Es imposible hallar estabilidad en fenómenos que se caracterizan por la impermanencia.

¿Es posible encontrar estabilidad en un bardo? Un bardo indica el vacío entre pasado y futuro, el momento presente. ¿Qué pasaría si encontráramos la manera de relajarnos en este espacio y sentirnos cómodos allí? ¿Y si pudiéramos practicar la atención plena en el presente omniabarcador?

El *Libro Tibetano de los Muertos*[75], una guía entre bardos, se puede interpretar como una enseñanza sobre el espacio. Todo se origina en el espacio y finalmente retorna a él; los pensamientos vienen del espacio y desaparecen en el espacio. El bardo entre pensamientos es una apertura al espacio. Todas las apariciones ocurren contra el telón de fondo del espacio. El espacio es lo que alberga la realidad de nuestra vida. El espacio es nuestro hábitat natural.

Nuestro bienestar depende de nuestro sentido del espacio: cuanto más íntima nuestra relación con el espacio tanto interno como externo, tanto más expansiva será nuestra mente. Mente y espacio son de la misma familia. La sabiduría y el equilibrio pueden crecer allí donde la conciencia es ancha y profunda.

Según el *Libro Tibetano de los Muertos*, cada ser humano es confrontado por bardos deslumbrantes o aperturas al espacio durante el proceso del morir y después de la muerte. Si tenemos la suerte de estar plenamente conscientes al momento de morir, experimentamos un gradual debilitamiento de los sentidos y de la mente racional. La audición y la vista se deterioran y los pensamientos se desvanecen como si nos fuéramos a dormir. Si logramos transitar este proceso manteniendo nuestra mente despejada y estable y sin sucumbir al temor, descubrimos que la muerte no es un fin, sino una transición a una nueva relación íntima con el espacio.

Miedo y conciencia

Las víctimas del Alzheimer no pueden sostener suficiente conciencia como para darse cuenta de que están en un bardo. No sabemos hasta qué punto mi madre permaneció consciente, pero sí era obvio que perdió la mayor parte de sus referencias. Cada día que pasaba se agrandaban los baches en su memoria. A veces sin saber quién era, o qué estaba ocurriendo, parecía una boya a la deriva en un mar de sensaciones, a merced de tormentas borrascosas. Sobre todo sufría ataques de intenso temor, para los cuales no había remedio. El temor es la reacción natural a la experiencia de un bardo. El miedo es el ancla del ego, que depende de la separación entre sujeto y objeto. Está al acecho ahí donde hay dualidad y separación.

Cuando el mundo de los pensamientos se viene abajo, como ocurre en la enfermedad o la muerte o cuando se padece demencia, se abre un dominio donde el Yo no tiene injerencia. Solo, en la oscuridad, desprovisto del apoyo de la polaridad sujeto-objeto creada por la mente pensante, el ego se debilita. Quedan inmovilizados la fuerza de voluntad y el empuje que habitualmente definen nuestra salud mental. Y emergen sentimientos de terror e impotencia que se ocultan justo debajo de la conciencia.

Tratar de ahuyentar estos sentimientos en medio de un bardo sólo exacerba el miedo. El único remedio es la conciencia. Debemos traer la conciencia los sentimientos de terror, impotencia y aislamiento, relajarnos en ellos dándonos cuenta de que todas nuestras experiencias son proyecciones de nuestra mente; de esa manera podemos aprender a sentirnos cómodos en este vacío. Mientras lo hacemos, la conciencia se expande en el espacio y es apoyada por él. Reconocemos que vacío es sinónimo de espacio, y que el miedo es un simple marcador para la apertura. A medida que la sensación de separación se disuelve en la integridad, el miedo se convierte en sensación de libertad.

En el umbral de lo desconocido, el miedo puede ser una señal positiva, un indicador de que algo nuevo se avecina. El miedo simplemente avisa que el cambio y la apertura están cerca, que se aproxima un nuevo conocimiento. Podemos reconocer nuestro temor y simultáneamente aventurarnos suavemente dentro de este nuevo territorio.

Pero a menos que reconozcamos el poder oculto de nuestro miedo, o que tengamos el coraje de encararlo, este seguirá envenenando nuestras mejores intenciones. Para ayudar a enfrentar nuestros miedos, podemos preguntarnos: "¿Qué es lo peor que puede pasarme?", y seguir este pensamiento hasta el final. Cuando la conciencia se abre así al miedo, este pierde fuerza.

Como una brújula en la mente sana, el miedo nos ayuda a reconocer que estamos en un bardo. Este conocimiento aporta seguridad. En un bardo —el espacio entre dos personas, dos situaciones, dos momentos, día y noche, vida y muerte— el espacio nos invita a experimentar su integridad. No hay separación. En el espacio, lo desconocido se estira al infinito. No sabemos dónde estamos, qué ocurre ni cuánto durará esta inseguridad.

Ahora sabemos que no sabemos. Al enfrentar esta verdad nos ponemos en contacto con nuestra capacidad de conocer; no se refiere a conocimiento de datos, sino a la capacidad de conocimiento. A esta capacidad debemos aferrarnos cuando falla todo lo demás. Entonces el vacío del espacio ya no nos asusta y hasta podemos descubrir que nos sentimos como en casa allí.

Siempre que esté presente el Yo existirá el miedo. Conocer el miedo como amigo y aliado nos ayuda a enfrentarlo cuando surge. Cuando nuestra vida llega a su fin, nos encontramos mejor preparados para enfrentar el miedo más profundo, el miedo a morir. Al borde de la muerte, nada ni nadie puede salvarnos. El mundo que conocemos y valoramos se eclipsa, y finalmente se disuelve en el espacio. Llega el final desconocido: los bardos del morir y de la muerte.

Silencio y espacio

Entre el nacimiento y la muerte, nuestras energías actúan en el espacio. Somos una continua corporización de energía en el espacio. Es de vital importancia saber cómo el espacio alberga nuestros procesos cambiantes. Si nos sentimos cómodos con la apertura podemos encontrar un refugio seguro: el espacio como una cualidad de la mente.

El silencio nos ayuda a familiarizarnos con el espacio. Al principio puede costar permanecer en silencio, porque estamos demasiado acostumbrados a la actividad y al ruido. La etiqueta social nos exige estar en permanente comunicación, y el silencio es tan ajeno a la vida social

que cuando se produce en un grupo, lo que se dice es "pasó un ángel".
Hasta en el trabajo suele haber una radio o una televisión prendida. Don-
dequiera que vamos, seguramente va a haber ruido de fondo: el ruido
del tráfico o de máquinas, música en los almacenes o quizá los vecinos
cortando el césped.

A pesar de la incomodidad inicial, podemos acostumbrarnos al
silencio, aprender a reconocer nuestros sentimientos de inquietud sin
ceder a ellos. En la medida en que nos mantenemos quietos, el silencio
nos permite empezar a explorar nuestra vivencia interior.

Atreviéndonos a sumergirnos en el silencio, ingresamos en todo
un mundo nuevo. El silencio le brinda espacio a la mente para que esta
pueda expandirse y así la actividad mental se vuelve más transparente.
Cuando somos amigos del silencio, los pensamientos o emociones que
surgen pasarán de largo sin que nos involucremos. En lugar de aferrarnos a las proyecciones de la mente, navegamos con el radar de la conciencia plena.

Mantra: protección de la mente

En la tradición budista tibetana, no se escatiman esfuerzos para crear un
ambiente armonioso. Banderas de oración, ruedas de oración e incienso
impregnan el espacio de bendiciones y bondad. En el lugar donde se eri-
girá una casa o un templo, un Lama hará una ceremonia para consagrar
los cimientos mientras los participantes recitan mantras para purificar
las energías del entorno.

Los occidentales que viajaron a la tierra prohibida del Tíbet a comienzos del siglo XX solían mostrarse curiosos acerca del mantra: ¿Sería
un hechizo mágico? Algunas preguntas no se pueden responder, y quizá
las que se refieren a la efectividad de los mantras entren dentro de esta
categoría. No sabemos por qué funcionan, sólo sabemos que funcionan.

El mantra es como un juego de llaves capaz de destrabar el poder del potencial humano y de la naturaleza. Es energía iluminada codificada en sílabas y sonidos.

Se puede comparar el mantra con la música, que también lleva en sí un significado interior que no puede expresarse en palabras. En Occidente, las técnicas e instrumentos de la música clásica se centran en la armonía, la melodía y la belleza y pureza del sonido. En la tradición tibetana, la música no es tanto una forma de arte, sino un medio para lograr la iluminación. A través del tiempo, los tibetanos han ido perfeccionando sus conocimientos acerca de la manera en que el sonido afecta la mente. La melodía y el fraseo musical desempeñan un papel secundario. Para los oídos occidentales, las recitaciones de mantras pueden parecer monótonas, pero el sonido del mantra actúa de maneras misteriosas.[76]

Como el silencio, los sonidos afectan la mente. La música puede relajar, inspirar, irritar o deprimir; puede aliviar la profunda tristeza y el dolor que las palabras no logran alcanzar. Las melodías pueden impulsarnos a bailar, a competir en la cancha o a luchar. En la Segunda Guerra Mundial, un gaitero solía ir al frente del regimiento escocés. Llenos de fervor por los tonos patrióticos, los soldados marchaban voluntariamente hacia el enemigo y la muerte.

El mantra tiene un poder similar, pero en un plano más profundo. Restablece el equilibrio entre el cuerpo y la mente y entre la humanidad y las fuerzas de la naturaleza. *Man–* significa esencia de la mente, y *tra* se refiere al "instrumento para" la mágica transformación que estimula la energía sutil de la iluminación.[77] Podríamos decir que el mantra es el idioma de la conciencia pura. Cuando entonamos un mantra, nuestras mentes y nuestras almas hallan un santuario en la conciencia plena, incluso en medio del caos y la violencia.

El idioma original del mantra budista consiste en sonidos arquetípicos como *Om*, *Ah* y *Hum*, así como otras sílabas de origen mántrico y palabras en sánscrito. Su ritmo y sonido nos transportan más allá de las imágenes conceptuales y del lenguaje común, apelando a la conciencia abierta e indestructible. La energía así liberada puede desanudar los nudos de tensión emocional en el cuerpo y la mente, con lo cual las energías del cuerpo y la mente se comunican entre sí y se integran, profundizándose la conciencia aun más.

Muchas veces se combina el mantra con la visualización. Durante la entonación de un mantra, convocamos una imagen de armonía y equilibrio, sabiduría y compasión. Esta combinación es sobre todo adecuada para gente muy ocupada, que no tiene tiempo para la práctica regular de meditación sentada. Así como la meditación promueve tranquilidad y claridad, la interacción entre mantra y visualización vuelve a encender nuestra energía y abre el corazón.

Tanto el mantra como la visualización pueden practicarse en cualquier momento y lugar. Se pueden usar como preparación para la meditación o en la meditación misma, y también cantarse al trabajar, o realizar las tareas domésticas, o hablar por teléfono o durante una reunión o en medio de una conversación tensa. Cantado antes o después de las comidas, el mantra las invita a alimentar la bondad dentro de nosotros. Cuando el mantra se incorpora a la vida diaria, su práctica va creando un ímpetu interno positivo que nos sirve de apoyo en las buenas y en las malas.

Hay numerosos mantras budistas, adecuados para diversos fines.[78] Para beneficiarnos con un mantra, sólo hace falta cantarlo, en voz alta o en silencio. Al cantar el mantra, el sonido emerge con conciencia y energía, y la mente y el ambiente entran en armonía.

Si el canto del mantra está destinado a ayudar a otra persona, no hace falta que el otro esté presente puesto que el espacio no conoce límites. Incluso una persona ya fallecida puede beneficiarse del mantra. El mantra no puede aliviar los efectos de una enfermedad como el Alzheimer, pero puede servir de consuelo cuando las palabras y el silencio ya no pueden ayudar. El canto del mantra crea un espacio donde la paciencia, el amor y la sabiduría pueden pasar al frente.

Para mi madre, frecuentemente yo cantaba el *Om Mani Padme Hum*. Este mantra poderoso lleva bendiciones parecidas a las de los sacramentos en el cristianismo. Nos puede liberar del sufrimiento que padecemos como resultado de nuestros actos. Lava los restos de emociones como el odio, los celos, la arrogancia y la estupidez. En esta plegaria de seis sílabas, cada sílaba le habla a patrones emocionales específicos. *Om* cura la ignorancia, *Ma* los celos, *Ni* la arrogancia, *Pad* el ansia insaciable, *Me* el miedo y la pereza, y *Hum* el odio. A veces se agrega la sílaba *Hri* al final; se refiere a la apertura del corazón, que es la culminación de la sanación.

El mantra nos da el poder de perdonar, y perdonarnos por el dolor causado a sabiendas o no. Cuando debemos soltar el mundo conocido, *Om Mani Padme Hum Hri* nos libera del temor, nos guía a través de lo desconocido y nos sostiene en nuestro viaje al camino que conduce a la luz de la conciencia infinita.

Cantar *Om Mani Padme Hum Hri* teniendo a mi madre mentalmente presente me ayudó a aliviar mi tristeza. Cuando la visitaba y nos sentábamos juntos, charlando o mirando por la ventana, cantaba por ella en voz baja, a veces en silencio. Aparentemente la tranquilizaba; parecía menos atormentada. El tiempo que pasamos juntos cobró mayor intimidad. Sin palabras nos encontramos, dos almas en un espacio inconmensurable.

15

Mirándose en el espejo

Una vez que mi madre y yo salimos del geriátrico, íbamos caminando por la vereda, cuando de pronto me sentí tentado a ir directamente a casa. Haríamos de cuenta que habíamos estado de visita en un hospital. En casa tomaríamos el té. Cuando el sol rozara el horizonte, pondríamos las copas de vino sobre la mesa, con queso y galletitas. Después de un rato, mi madre se levantaría y diría: "Voy a improvisar algo para cenar". Me costó un enorme esfuerzo dejar ir estos pensamientos, mientras la acompañaba a un centro comercial.

Caminábamos arrastrando los pies sobre las hojas mojadas de la vereda. Cada tanto mi madre se detenía y se daba vuelta para mirarme con una expresión radiante. Me tomaba del brazo con fuerza, como si estuviera por decir algo, pero no pronunciaba palabra. Cada vez, al retomar la marcha, adaptábamos nuestro andar mutuamente. Cerca había un edificio de departamentos que tenía un portero eléctrico con un montón de timbres. Mi madre me miró pícaramente y dijo: "¿Tocamos todos los timbres juntos?". Ya nos dirigíamos hacia la puerta cuando exclamó: "No, en realidad no podemos hacer eso" y se echó a reír. Por un instante el tiempo se detuvo y yo recordé viejas épocas cuando yo la hacía reír.

Antes de tener edad suficiente para sacar el permiso de conducción, ella me enseñó a manejar en su automóvil. Se sentaba en el asiento del pasajero y yo les tocaba la bocina a todos los transeúntes, saludándolos como si fueran viejos amigos. Nuestras víctimas trataban de reconocernos; por el espejo retrovisor veíamos su expresión confundida, y partíamos a toda velocidad al encuentro de la próxima travesura. Mi madre se divertía con estas bromas y yo la hacía reír siempre que podía. Aún riéndose a carcajadas, se compadecía por los destinatarios de las bromas.

Nos sentamos en sillas de rattan en una terraza, tomando té al calorcito de los últimos rayos del sol. Un grupo de niños ruidosos pasó delante de nosotros. Y yo pensé: "¿Quién de ustedes tendrá Alzheimer cuando sea viejo?". Las estadísticas indican que dentro de cincuenta años se habrá duplicado el número de personas con demencia. Cualquiera puede tener Alzheimer: la ex reina de Holanda la tuvo, también un ex presidente de los Estados Unidos.

Cuando terminamos el té emprendimos el regreso al geriátrico, caminando trabajosamente, como dos convictos que regresaban a la celda después del recreo. Me preocupaba que necesitara ir al baño. El sol desapareció detrás de las nubes y empezó a refrescar. En el ascensor susurró: "Quiero ir a casa". Acariciando sus dedos flacos llenos de anillos que ya le quedaban grandes, empecé a tararear por lo bajo un mantra.

"Hola, señora, ¿estaba lindo afuera?", preguntó la enfermera. "¿Tiene ganas de comer algo?". Mi madre me miró a mí. "¿Comer? No sé". Mi madre y yo nos abrazamos torpemente, mientras la enfermera trataba de hacer más fácil el momento de la despedida. "¿Volverás? Yo también quiero volver a casa", dijo. Me escabullí como una sombra, y me pregunté: ¿Se habría olvidado ya de mí?

Señales de angustia

Cuando los olvidos de mi madre empeoraron y se hizo evidente que padecía una enfermedad incurable, dijimos: "Esto viene de familia. ¿Se acuerdan del tío Gerard? Él tenía lo mismo. La enfermedad de mamá es hereditaria. No se puede hacer nada".

¿Por qué necesitábamos buscar explicaciones? ¿Fue quizá para exonerarnos de toda culpa? Nadie lo pudo haber prevenido, de la misma manera que nadie podía salvarla ahora. No era culpa de nadie. Ni los científicos podían resolver el misterio del Alzheimer. Sin embargo, algo nos corroía por dentro haciéndonos sentir culpables e impotentes, así que poco a poco le fuimos dando la espalda.

No teníamos idea de cómo reaccionar a sus señales de angustia y nos perdonábamos diciendo: "De todos modos, mamá se olvida de todo". Al principio pedía ayuda lamentándose: "Me siento tan inútil". Después, la queja se convirtió en: "Tengo tanto miedo" y "Me quiero ir a casa", y finalmente "Me quiero ir". Cuando la visitábamos en el geriátrico nos sentábamos a su lado, impotentes, hasta que era hora de irnos y volver a la normalidad. Su vida se hizo tan aterradora que nos hacía sentir inseguros. Nos refugiamos en la impotencia. ¿Qué hubiera pasado si uno de nosotros la hubiera defendido y hubiera dicho "Un momento. ¿Qué podemos hacer que realmente la ayude?". ¿Cómo se podría haber manifestado la compasión?

El Alzheimer cumplió su trabajo metódica e implacablemente, ahogando las neuronas, socavando la conciencia y destruyendo toda esperanza de recuperación. Paso a paso se fue desplegando su destino. Era un espectáculo pavoroso: la mujer que todos habíamos respetado, amado y admirado se había convertido en una ruina asustada e indefensa. Pero bueno, teníamos que encontrar la manera de vivir con eso y lo hicimos. Nuestros juicios, respaldados por el miedo y la ignorancia, crearon una historia lógica e impecable que nos permitió mantener una distancia razonable.

Juzgar

No juzguéis, para no ser juzgados
pues así como juzguéis, seréis juzgados.[79]

La sabiduría es inseparable de la compasión. Nunca ofende ni causa daño. Por el contrario, el juzgar tiene muy poca sabiduría y ninguna compasión. Mientras que la compasión salva brechas entre las personas, el juzgar crea separación, aun entre íntimos amigos.

Cuando criticamos nos sentimos invulnerables, como si fuéramos omniscientes. Cuando obedecemos únicamente a los dictados de nuestra mente, cerramos ojos y oídos a las posturas de todos los demás. La comunicación entre cabeza y corazón falla y queda clausurada. Cuanto más fuerte nuestro apego a una determinada convicción, más se rigidiza. Al juzgar se fija aquello que está sujeto al cambio permanente y se cierra lo que es abierto por naturaleza. Los juicios y las opiniones encendidas indican sentimientos de inseguridad, que se originan en el pequeño espacio del Yo: Si no, ¿por qué necesitamos adoptar una postura de superioridad? Escarbando un poco, descubrimos que las opiniones ocultan la resistencia a un conocimiento mayor. Al creernos dueños de la verdad nos disociamos de una realidad mucho más compleja. El juzgar nos da una coartada para no mostrar empatía. Nos da permiso para ahogar nuestros sentimientos y nos justifica por no mostrar compasión.

Esto puede parecer relativamente inofensivo si el único propósito es paliar nuestra inseguridad. Lamentablemente, sacar conclusiones desacertadas puede causar daño a los demás.

Sin consideraciones egoístas
se puede, con afecto, decir a los demás sus defectos,

pensando únicamente en su bien.
Pero aunque sea cierto lo que se dice,
esto provocará una herida abierta en sus corazones.
Palabras gentiles es el consejo de mi corazón.[80]

Cuando la persona que uno despreció empieza a defenderse, sabemos que la crítica caló hondo; el daño ya está hecho. Hemos pisoteado su corazón. El veredicto que acarrea una crítica negativa puede reverberar indefinidamente en el corazón y la mente. El condenado recibe una pesada sentencia: a veces para toda la vida. Los pacientes terminales o con enfermedades crónicas deben lidiar con dos diagnósticos simultáneos: el veredicto clínico del médico y las opiniones de los demás. Aunque no se formulen directamente, los juicios quedan en el aire impidiendo que se produzca una sincera empatía. Cada visita puede convertirse en un suplicio para el paciente. En lugar de recibir el amor y la compasión que tanto anhela, debe soportar la pesada carga de la enfermedad solo, con sentimientos de culpa e inseguridad. La energía que necesita para encarar la enfermedad se transforma en angustia. Darle a la enfermedad la atención que requiere implica un enorme esfuerzo. La enfermedad pasa a ser una prolongada batalla en todos los frentes: físico, mental y sobre todo, espiritual.

> *Las palabras que no tocan al otro gentilmente*
> *el sabio las aparta.*[81]

Según el dicho popular: "Si no tienes algo lindo que decir, no digas nada". Porque, ¿qué motivo tenemos para juzgar? ¿O para tomarle el pelo al otro, que no es más que una forma jocosa de juzgar? Quizá juzguemos para remarcar la distancia entre la gente, para dar rienda suelta a la impaciencia y el desdén, o para reafirmar nuestros sentimientos de superioridad. Los pensamientos y las opiniones generalmente enmascaran el temor a enfrentar aspectos rechazados de nosotros mismos. ¿Es cierto que percibimos una cualidad particular en el otro o simplemente estamos proyectando? Eso que vemos, ¿se encuentra realmente afuera de nosotros?[82] Un buen remedio contra el juicio crítico es tener presente el refrán infantil: "El que lo dice lo es".

El juzgar también ofrece oportunidades; cuando juzgamos, nos miramos en un espejo. Así como el sueño delata los deseos y temores ocultos del soñador, la crítica es el negativo de la mente emocional. Eche una mirada profunda a los problemas irresueltos que contaminan nuestro mundo privado. Con la práctica, podremos aprovechar el juzgar para despertar desde este pequeño mundo de la conciencia, que es apenas más real que el mundo onírico.

Si a nosotros nos critican nos sentimos atrapados sin salida, como una abeja en un frasco. Lo más probable es que el sentirnos atacados refuerce los patrones existentes: esta herida es sólo un golpe más, el último de una larga serie de incidentes que afectaron nuestro desarrollo. No importa cuánto deseamos cambiar, no sabemos ser diferentes.

De todas maneras, podemos estar a la altura del desafío practicando la apertura para recibir la crítica. ¿No es cierto que donde hay humo hay fuego? A veces el problema es sólo cuestión de mala comunicación, no nos dimos el tiempo suficiente para escuchar, pero reaccionamos al instante. Escuchando y reflexionando, tratando de conectar con el significado detrás de las palabras, podemos percibir la sabiduría que hay en ellas. Más importante aún, nos preguntamos: "¿Cómo puedo mejorarlo?". La respuesta se basa en el autoconocimiento. Para enriquecer el autoconocimiento, la tradición budista ofrece muchos métodos.

La rueda de la vida

La rueda de la vida tibetana (srid-pa'i 'khor-lo, literalmente "rueda del devenir") es una de las mejores representaciones del grado del sufrimiento humano. Es una demostración de cómo surge el sufrimiento, cómo se mantiene y cómo cesa.[83] Aun sin descripción, las imágenes transmiten un mensaje de gran fuerza. Al estudiarlas profundamente, quedan grabadas en la mente, brindando discernimientos que ayudan a evitar la duplicación del sufrimiento.

En el centro de la rueda, tres animales se mueven en círculo, tomándose de la cola. Estos tres —el gallo, la víbora y el cerdo— simbolizan los tres venenos que contaminan nuestra vida: la codicia, la aversión y la confusión. Uno detrás del otro, siempre dando vueltas, cada uno de los tres venenos perpetúa la dinámica del sufrimiento.

La metáfora de la rueda describe la tenacidad con que los seres humanos se empeñan en seguir patrones que generan sufrimiento. Como permanentemente recreamos estos patrones, la rueda gira y gira, repitiéndose en cada vuelta una nueva ronda de sufrimiento. Pero la situación tiene remedio: aquello que nos envenena puede también ser la solución de nuestros problemas. Cuando el veneno se transforma en sabiduría, la rueda se detiene, aunque sea por breves instantes, y el sufrimiento cesa.

Los seis reinos

En los seis espacios demarcados por los rayos de la rueda, seis reinos representan los patrones emocionales básicos: odio y agresión, anhelo y avidez, estupidez e ignorancia, pasión y deseo, paranoia y envidia y orgullo egocéntrico.[84]

Cada reino tiene su correlato en la psicología de Occidente. Los seres humanos caen dando tumbos de un reino, o emoción, al otro —en

sentido literal y figurado— cada vez que quedan entrampados en patrones restrictivos de la conciencia que los hace sufrir a ellos y a sus seres queridos.

En la parte superior de la rueda, a la derecha está el reino de los dioses, que incluye el reino de los semidioses de los celos y la envidia. Desde allí caemos al reino de los fantasmas hambrientos, para luego encontrarnos con el del infierno, en la parte inferior de la rueda. Desde allí ascendemos al reino de los animales, al que le sigue el reino humano y comenzamos una nueva rueda en el reino de los dioses.

El *reino del infierno*, con su frío y su calor extremos, es el reino más intenso. El odio que vivenciamos y generamos en los demás domina este territorio. Las imágenes correspondientes en la rueda describen seres del infierno sumergidos en aceite hirviendo, despedazados por animales salvajes y torturados por otros diversos medios. Estas imágenes representan la violencia de la agresión y el odio que todo ser humano conoce tan bien. Algunos seres tiemblan de terror, otros se sacuden con furia. El odio y la agresión nos aprisionan en infiernos de nuestra propia creación.

El *reino de los fantasmas hambrientos (pretas)* representa la voracidad y la avidez insaciables. Sus moradores siempre quieren más de lo que hay y son incapaces de disfrutar lo que tienen. Son descritos como seres voraces con vientres grandes e hinchados y cuellos escuálidos. Atormentados por eternas necesidades y deseos, no tienen esperanza de algún día quedar satisfechos.

El *reino animal* se caracteriza por la estupidez y la paranoia y todo lo que corresponde a esas cualidades. Aquí, la vida gira en torno a la supervivencia: comer o ser comido. Mientras comen, los animales temen que otro les robe el alimento. Cuando no están cazando o comiendo, duermen. Toda sorpresa es vivida con sospecha y desconfianza. La paranoia es una forma de vida. Su radar escudriña todo tipo de objetos, señala sospechosos y percibe toda vivencia como una potencial amenaza. En este reino, los seres humanos buscan la protección de alguna autoridad como son un hermano mayor, la policía, un abogado, un consultor o un terapeuta.[85]

El *reino humano* se caracteriza por la arrogancia y el deseo. El Yo ávidamente va en busca del placer y de nuevas experiencias, ansioso de explorar, pero al mismo tiempo deseando que la vida permanezca predecible. En este reino, deseo y escepticismo van de la mano. Los seres humanos son astutos, esquivos y evasivos. Les gusta probar que son más listos que los demás. Demasiado orgullosos como para cuestionarse a sí mismos, tienden a culpar a los demás por sus descuidos o por no haber actuado cuando era necesario. Pero lo nuclear en el reino humano es la pasión y el instinto de supervivencia.

Los celos y la ira caracterizan a los seres que habitan el *reino de los semidioses (asuras)*. En su implacable envidia de los dioses, los semidioses tratan por todos los medios de sabotear el éxito de los demás. Crecen gracias a la intriga, la manipulación y la agresión directa. Son combatientes que disfrutan con el fracaso ajeno. Siempre quieren algo y se ven impulsados a actuar para conseguirlo. Nunca tienen paz.

Finalmente, el *reino de los dioses* es para los que cierran los ojos a la realidad. Sus moradores están obsesionados por el confort y el disfrute, y evitan el conflicto y la confrontación. Rodeados de belleza e inmersos en todo tipo de placeres sensoriales, se sienten inmortales aunque no lo son. El tiempo vuela; dejan pasar las oportunidades hasta que un día se enfrentan con que todo terminó. Entonces se dan cuenta de que no están en absoluto preparados para enfrentar las duras realidades de la vida y de la muerte.

Llegados a este punto, no tienen de dónde agarrarse. Abrumados por la ansiedad y el pánico, los dioses caen a pique de sus castillos en las nubes y aterrizan en el mundo más bajo de la conciencia: el reino del infierno.

El conocimiento de la libertad

Las cosas no son ni buenas ni malas,
El pensamiento las hace así.[86]

La rueda de la vida describe la condición humana. Cada uno de los seis mundos de existencia simboliza un tipo específico de enredo mental. La conciencia librada a sus propios recursos sería atraída por este drama. No obstante, las enseñanzas de la rueda también revelan que cada reino contiene una solución; cada situación difícil ofrece una vía de escape.

En cada reino, el Buda tiene el remedio que nos puede curar. En el reino del infierno, el Buda purifica el odio con la llama. En el reino de los fantasmas hambrientos, el Buda aparece con un recipiente repleto de alimentos nobles –sabiduría, energía y disciplina moral– que sacian el hambre y la avidez. En el reino de los animales, el Buda ofrece un libro de sabiduría que disipa el letargo y el miedo. En el reino humano, se ofrece un cuenco de limosnas para contrarrestar la arrogancia con humildad y para alentar a los hombres a rogar por el conocimiento de la libertad. Los semidioses reciben una espada para atravesar las falsas ilusiones de la envidia y los celos. En el reino de los dioses, el Buda toca el laúd, no como un entretenimiento, sino para atraer a los dioses amantes del placer a la conmovedora melodía de la verdad.

La originación codependiente

El borde exterior de la rueda de la vida está compuesto por una cadena de doce imágenes eslabonadas. Representa la *originación codependiente* (*pratityasamutpada*, en sánscrito).[87] La lectura de las imágenes en el sentido de las agujas del reloj a partir de la una provee discernimiento sobre la forma en que la ignorancia, el karma y las emociones lanzan rondas incesantes de sufrimiento.

Cada eslabón conduce al siguiente, en un círculo de sufrimiento que se autoperpetúa. Los dos primeros eslabones describen la relación entre ignorancia y karma. En la primera imagen, un ciego deambula con su bastón, tanteando el camino. En la imagen siguiente, una persona compulsivamente intenta modelar arcilla en un torno alfarero en movimiento y no logra controlar ni la arcilla ni la herramienta. Juntos, la ignorancia y el karma conspiran para perpetuar el ciclo de deseo, agresión y confusión.

El estrechamiento de la conciencia que se produce en los dos primeros eslabones continúa a través de los restantes: conciencia, nombre y forma, seis sentidos, contacto, el sentir, la avidez, la codicia, existencia, nacimiento, vejez y muerte, hasta que en la duodécima y última escena aparece un cadáver simbolizando la impermanencia.[88]

Llegados a este punto, se nos brinda la oportunidad de entender que, en última instancia, nuestro sufrimiento, las noches de insomnio y las búsquedas desesperadas de alivio son de escaso valor. Hemos estado engañándonos a nosotros mismos. No existe fuera de nosotros ninguna fuerza más poderosa sosteniendo este ciclo; sólo nuestros actos y nuestras perspectivas hacen que la rueda del sufrimiento siga girando.

Lamentablemente, el impacto causado por este discernimiento dura poco. El ciclo recomienza porque no sabemos hacer de otra manera. Que nosotros sepamos, hacemos lo mejor que podemos y no podemos hacer nada más; la ignorancia nos domina y aprieta nuestros nudos emocionales. Así, por ignorancia, generamos una nueva vuelta de confusión.

Al girar la rueda, la fase siguiente aparece aun antes de haber terminado la última. Todavía estamos viendo cómo lidiar con un problema y ya aparece una nueva dificultad. Nuevamente aparece la compulsión a actuar. Eso es karma: siempre querer hacer algo por algo. Luego de actuar, quedamos momentáneamente satisfechos por la forma en que el

Yo resolvió las cosas, pero poco después —una hora, un día, una semana— nos vuelve a asaltar la impaciencia. Otra vez nos sentimos urgidos a actuar. Cada acción provoca una reacción, y así sigue la rueda en su eterno girar.

Leyendo el borde exterior de la rueda en el sentido de las agujas del reloj, adquirimos discernimiento sobre la manera en que el karma y las emociones arman infinitos ciclos de sufrimiento. Queda claro cómo la confusión tensa los nudos emocionales.

Para profundizar nuestra comprensión sobre cómo desenredar esta cadena de acontecimientos, podemos también leer las imágenes en sentido contrario a las agujas del reloj. Vemos que hay espacio para la sabiduría sólo cuando conscientemente dejamos de reaccionar. Si no nos identificamos con lo que surge a la mente no hay apego, ni reacción, ni codicia. Sin embargo, para que cese el sufrimiento es necesario desarmar al Yo por completo: la rueda de la vida debe detenerse. Esto anuncia el cese del sufrimiento.

Dejar de sufrir no tiene que ver solamente con detener la rueda de la vida. También depende del discernimiento de que la felicidad y la infelicidad no son intrínsecamente diferentes. Una cara alegre y una cara triste siguen siendo la misma cara. Desde la perspectiva de la iluminación, la conciencia detrás, debajo y dentro de "la actividad mental", se encuentra vacía. No hay ningún poder misterioso que todo lo dirige —la mente está abierta. Así como un caleidoscopio arma nuevas formas a partir de unos pocos elementos, también los elementos que causan sufrimiento pueden asumir la forma de la felicidad.

El dios Yama, una imagen iracunda de la compasión, sostiene la rueda de la vida como un espejo para que podamos contemplarnos en él y ver lo que hacemos con nuestra vida. Yama exclama:

¡Debemos comenzar! ¡Debemos salir!
Debemos involucrarnos con las enseñanzas del Buda.
Como elefantes en un lugar lleno de juncos,
debemos atropellar a las tropas del Señor de la Muerte.
Quien cumpla diligentemente con esta disciplina Dharma, con
*   real energía y actitud alerta,*
no será nunca más abandonado al ciclo del renacimiento
y pondrá fin al sufrimiento.[89]

Por haber nacido seres humanos, tenemos la oportunidad única de lograr la iluminación; pero, salvo que decidamos desarrollar nuestro potencial, la rueda de la vida seguirá girando mientras se acumula el karma. Hasta no despertar de este sueño, la pesadilla del sufrimiento continúa. El Buda demostró que es posible detener la rueda y bajarse. Nos ofrece las herramientas para poder hacerlo.

Despertando de un sueño

Primero líbrate del mal.
Luego líbrate del yo.
Por último, líbrate de los pensamientos.
Sabio es aquel que sabe esto.[90]

Por lo general, nuestra conciencia funciona de manera limitada, manteniendo nuestro mundo pequeño. Nos obsesionan nuestros temas: nuestra incomodidad, nuestra irritación, las propias desilusiones y los éxitos. Nos centramos en lo que necesitamos y deseamos. Las necesidades de los demás no nos conmueven. Mantenemos nuestra distancia, para evitar que el sufrimiento ajeno nos afecte. ¿Qué podría causarnos?

Pero, si nos atrevemos a enfrentar el sufrimiento, la mente se expande y profundiza y despierta la conciencia. El sufrimiento se convierte en maestro. El dolor y la tristeza indican que algo que habitualmente ignoramos reclama nuestra atención. En lugar de darles la espalda o tratar de sacarnos de encima esos sentimientos, podemos preguntar: "¿Qué está pasando? ¿A qué le tengo miedo? ¿Cómo preferiría ser?" La observación desapasionada nos revela que el crecimiento se da precisamente allí donde reside el sufrimiento. Donde hay dolor, hay esperanza.

Al despertar la conciencia, naturalmente despiertan también el amor y la compasión. Cuando alimentamos nuestra afinidad por la compasión y el amor, la conciencia se abre aun más. La compasión crea un vínculo con los demás a través del cual circula el amor: nos compadecemos de ellos. Viéndolos sufrir, creamos lazos uniendo su corazón con el nuestro. La comprensión vence a la aversión y el miedo. Caemos en la cuenta de que todos deseamos lo mismo: vivir una vida feliz que valga la pena.

En circunstancias adversas, la compasión y el amor surgen espontáneamente. No obstante, no debemos contar con ello y menos esperar que ocurra. Podemos aprender a cultivar la compasión incluso cuando no estamos con ánimos para hacerlo. Cuando nuestra compasión parece falsa y forzada podemos practicar la compasión para con nosotros mismos, reconociendo que nuestra conciencia se encuentra restringida y angosta.

Tonglen

En el budismo tibetano hay un ejercicio llamado *tonglen*, "dar y recibir", que también se describe como el intercambiarse uno por otro. Esta práctica puede curar la tendencia a juzgar y a ser crítico y ayuda a reparar el daño que se infligió a los demás.

Cierro los ojos. En mi imaginación, camino por el pasillo. Voy directamente a la sala del tercer piso, tercera puerta a la izquierda. Allí está, su cabecita gris, gacha. Le doy un beso, acerco una silla y me siento frente a ella, nuestras rodillas tocándose. Cierro los ojos y me concento en la respiración. Inhalo, exhalo. En cada inhalación incorporo parte de su enfermedad. En cada exhalación le mando más luz y paciencia. Mi aliento transporta su mente desgarrada a la mía. Por un instante, dudo. ¿Puedo manejar esto? ¿O la oscuridad quedará encerrada dentro de mí? Hago caso omiso del miedo; la respiración opera por su cuenta sin intervención de mi parte. Mi madre me da ánimos. Por un instante, su sonrisa de siempre reconforta mi corazón. "Tú sigue adelante", me dice.

En mi imaginación, abro los ojos y la miro, viéndola por los ojos de la impermanencia. Está sola; no me pertenece. Nos rodean otros pacientes, como cruces de madera en un cementerio, perdidos en su propia mente. Yo pienso: "Todos los padres son nuestros padres, todos los niños son nuestros hijos, todos los seres vivientes son nuestra familia".

Inhalo todo el sufrimiento que impregna la habitación, y exhalo luz y paciencia. Todos los pacientes en el geriátrico, y todas las enfermeras, inhalo el sufrimiento de ellos también. Mi padre, mis hermanos, todos; a veces me siento a punto de explotar. Inhalo su tristeza, el miedo y la desesperación, como densas nubes negras. Exhalo luz, paciencia y compasión por todos los seres vivos. Poco a poco, todo se hace más claro; los colores se vuelven frescos y brillantes. Lentamente me incorporo de la silla. Mamá se encuentra sentada inmóvil, pero abre los ojos cuando mi frente toca la de ella. Siento lo mejor de ella fluir dentro de mí.

16

No hay el momento perfecto para morir

Cuando mi padre iba a visitar a mi madre, siempre iba y volvía por el mismo camino. Se ponía saco y corbata y, según la estación, un impermeable gris o un abrigo azul oscuro. Se calzaba un sombrero a cuadros verdes en la cabeza. Al principio iba todos los días sin falta. Después de unos meses, a veces surgía un motivo para no ir, pero nunca dejaba pasar más de un día. "De todos modos, ni se dará cuenta", se decía a sí mismo.

Una vez, en un frío día de enero mientras esperaba el ascensor, se le acercó el director del geriátrico y le dijo: "Su esposa lo busca todo el tiempo". Se abrieron las puertas del ascensor y mi padre se adelantó. El director lo tomó de los hombros con fuerza y le dijo: "Quizá sea mejor que no venga por un tiempo".

Arriba, en la sala, la vio sentada a la mesa redonda junto a la ventana. "Hola, querida", le dijo. Su mujer tenía un aspecto furibundo y salvaje, el cabello erizado, los puños crispados. Sin mirarlo le dijo: "Yo quiero volver a casa. Pero tú no quieres que vuelva". De un golpe, su cabeza cayó sobre la mesa. Horrorizado, él se levantó de un salto y empezó a gritar pidiendo auxilio. Dos enfermeras entraron corriendo y, sosteniéndola por las axilas, la levantaron de la silla y la arrastraron por el pasillo, con mi padre atrás de ellas.

Al final del pasillo abrieron una puerta e ingresaron en una habitación donde sólo había una cama. Las cortinas amarillas estaban corridas. La metieron en la cama con gran esfuerzo. Sus ojos estaban entrecerrados; no emitía sonido alguno. Una enfermera la cubría con una frazada mientras mi padre y la otra intercambiaron miradas. "¿Y ahora qué va a pasar?", preguntó. Sin esperar la respuesta, giró y se encaminó hasta el ascensor, arrastrando los pies. "¿Qué va a pasar ahora?", mascullaba repetidamente. "¿Qué va a pasar ahora?". Ya en su casa, retiró el diario del buzón y subió a su departamento del sexto piso.

Al día siguiente no fue a visitarla. La noche siguiente un ruido lo despertó; la luz estaba prendida y vio a su hijo mayor de pie en la puerta del dormitorio. "No escuchaste el teléfono. Nos llamaron. Mamá no está bien. Debemos ir a verla", dijo.

Parecía estar en coma. Cuando él acercó una silla al lado de la cama, ella pestañeó varias veces. El hijo mayor y su mujer estaban al pie de la cama. Su respiración era irregular: a veces parecían transcurrir minutos enteros antes de la respiración siguiente. La sensación era que estaban reunidos en la antesala de la muerte. Inquieto, mi padre empezó a incorporarse de la silla. De pronto se escuchó la voz de ella, clara y fuerte: "No me dejen sola". Tras una pausa que pareció durar una eternidad, exhaló por última vez y abandonó su cuerpo. Todos quedaron como petrificados. Se había ido.

Oportunidades perdidas

La noche que murió mi madre, yo estaba a miles de millas de distancia y no sabía nada de los cambios ocurridos. Ignoraba totalmente lo acontecido en los últimos días de su vida. Ni siquiera cuando mi padre fue corriendo al geriátrico esa noche, a nadie se le ocurrió llamar. Sólo me avisaron al día siguiente, cuando ya todo había terminado.

Durante muchos años después de su muerte yo sentía un nudo en la garganta cada vez que hablaba de su muerte. Mis ojos se llenaban de lágrimas de dolor y rabia porque no pude estar presente en sus últimos momentos. Sentía que nadie comprendía mi pérdida. Mis emociones estaban atascadas y no tenían dónde ir. Cada vez que decía que no podía entender por qué nadie me había avisado, la gente decía: "Déjalo ir", y "No te aferres a eso". Pero, ¿qué sabían ellos? Por muchos años me estuve preparando para ir corriendo a casa y despedirme de mi madre en su lecho de muerte. En mi imaginación, lo viví muchas veces. Pero ya nada podía volver el tiempo atrás.

Después de que se enfermó, nada funcionaba bien en nuestra familia. La dinámica de nuestras relaciones cambió radicalmente. Ella había sido el pegamento que había mantenido unida a la familia. Si surgían diferencias entre nosotros, ella nos acercaba nuevamente. Para ella, todos nosotros fuimos importantes. En sus últimos años, cuando ya no pudo desempeñar este papel central, pareció moverse del centro de su familia a la periferia. Cuando la enfermedad la tomó por completo, ocupó un lugar vago e indefinido, casi apartado de la familia: se encontraba fuera del circuito. Y, dado que yo estuve ausente cuando murió, ¿quedaría yo también excluido de la familia? ¿Quién más había quedado fuera del círculo? Uno de mis tres hermanos ya había muerto de leucemia siete años antes. Al mayor le habían diagnosticado cáncer de pulmón; murió pocos años después que mi madre. Mi relación con el único hermano sobreviviente nunca fue estrecha. ¿Y mi padre? Después de la muerte de mi madre, se volvió cada vez más ensimismado. La familia estaba en ruinas.

Diez años antes de morir, el 3 de junio de 1984, mi madre me escribió esta carta:

*No tengo nada especial que contarte, sólo deseo comu-
nicarme contigo. Esta mañana, tu padre y yo comentábamos
lo incierta que es la vida –¿qué sabemos acerca del tiempo que nos queda por vivir? Siempre decimos* "carpe diem"
*–aprovecha el día–, pero en realidad eso no es fácil hoy en
día. ¿Por qué? ¡Siento que estamos tan lejos uno del otro!
Una familia extraña, desperdigada. De pronto siento fuertes
deseos de "sentirlos" a todos –en la vida real. Y créeme, espero que, de ser posible, ustedes cuatro con sus seres queridos me rodeen cuando llegue el momento de despedirme de
esta vida. Estoy tan agradecida por el calor y el amor que
todos ustedes me brindaron.*

Estar presentes con los moribundos

En varias ocasiones pude vivenciar la profunda intimidad que se da junto al lecho de muerte, y escuché a otros decir lo mismo. Algunas personas que presenciaron la muerte de cerca consideran que es la experiencia más hermosa de su vida.

No obstante, estar cerca de alguien que se está muriendo también puede generar gran tensión y sacar, no lo mejor, sino lo peor de nosotros. Los familiares que se enfrentan a la pérdida de quien fue su principal fuente de seguridad pueden sentirse abrumados por el miedo. Los sentimientos de culpa pueden alternar con amargos reproches por las oportunidades perdidas o los celos hacia hermanos o parientes. Rivalidades que fueron sofocadas durante toda una vida pueden surgir en ese momento. Quizá surja el impulso incontrolable de "pasarse factura" mutuamente. Todo esto contribuye a crear un clima caótico que perturba la conciencia de la persona que está por morir. Compenetrada en la tarea quizá más difícil de su vida, al mismo tiempo se siente tironeada por las peleas y la agresión entre todos los que la rodean.

A pesar de la fuerza de estas emociones tan negativas, muchas veces los familiares son capaces de deponer su orgullo e intereses personales, al menos por un tiempo. Esto suele suceder cuando sintonizan con el valor de atesorar los últimos momentos de la persona amada y la dejan ir, gentilmente. Si esto ocurre, la energía atrapada bajo el peso del juzgar y del miedo se relaja, y la comunicación se vuelve más cuidadosa. Todos intuyen que no es el momento para tratar cuestiones personales y dan espacio a los otros para que cada uno, a su manera, contribuya con lo mejor para la ocasión, buscando una comunicación sencilla y sincera que genere cercanía e intimidad. El afecto por la persona agonizante puede fomentar la reconciliación, incluso cuando los familiares deben decir un penoso adiós a alguien que sufrió demasiado o murió demasiado joven. Durante el proceso del morir es posible que *Alle Menschen werden Brüder* (todas las personas sean hermanas).[91]

La persona moribunda, cuya conciencia se vuelve cada vez más descarnada y sensible, tiene sed de quietud y armonía. El pasado se desvanece mientras el presente cobra relieve. Pocas cosas importan. Podemos tratar de que se sienta más cómoda: ¿Durmió bien? ¿Cambiamos la posición de las almohadas? ¿Intentamos convencerla de que coma aunque sea un bocado? Pero más que nada, necesita nuestra presencia. Simplemente estar. Eso es lo que importa. Si hace falta hacer algo en concreto, surgirá de la situación misma. Lo mejor es liberarse del impulso a actuar, relajarse lo más posible y centrarse en estar plenamente presentes. Repitiendo la pregunta: "¿Qué es lo que importa ahora?" en silencio, interiormente, podemos relajar el deseo de dominar la escena. Desde el silencio pueden surgir formas de comunicación nuevas y quizá poco comunes. El foco está puesto en ella.

Si la persona moribunda es capaz de entregarse conscientemente, puede irradiar felicidad serena, satisfacción con el pasado y aceptación de lo por venir. Decir adiós, en su sentido más profundo, "Que Dios sea contigo", puede sellar un lazo espiritual entre ella y sus seres queridos. Si ya no puede hablar, o está inconsciente o demente, los que quedan atrás pueden poner en práctica la comunicación silenciosa de mente a mente. Hablarle mentalmente como si ella pudiera entender lo que decimos también puede ser de ayuda, lo mismo que cantar mantras en silencio. La mente de la persona moribunda puede parecer extenderse más allá del cuerpo. Al entrar en su habitación sentimos que podemos tocarla, aunque se halle a cierta distancia. Quizá prefiera que nadie la toque, puesto que en su mente ya nos encontramos muy cerca. Estar sentados en una silla al pie de la cama ya es un contacto de gran intimidad, puesto que nuestro cuerpo toca su mente. En lugar de permanecer en la periferia de la experiencia, podemos visualizar su mente como un círculo en el que podemos entrar suavemente. Dirigiendo nuestra atención al centro del círculo, creamos una puerta de acceso a la intimidad. Estas son formas de mantener y profundizar el contacto con su ser. Nuestra presencia es una plegaria hecha de silencio y luz, nuestra conciencia una guía entre el cielo y la tierra.

La conversación alrededor del lecho de muerte puede ser franca y abierta entre quienes se están ocupando. Puede ser una última oportunidad para el arrepentimiento y la confesión, y para expresar sentimientos sinceros de amor y apreciación. Este es el tiempo de, todos juntos, soltar el sufrimiento pasado. Los deseos y las preocupaciones más profundos se pueden compartir y serán escuchados, puesto que se trata de una vida que llega a su fin. Crece la intimidad entre la persona moribunda y los que la rodean y surge una conciencia común, un encuentro de mentes y corazones. Dependiendo de sus creencias y las nuestras, podemos alentarla en su viaje hacia Dios, hacia el encuentro con un ser amado ya fallecido, o hacia la luz.

El adiós a un ser querido con Alzheimer

Quizá sea imposible la reconciliación con un paciente con Alzheimer, dada la dificultad de saber si nuestros mensajes han sido recibidos. Debemos confiar en nuestras mejores intenciones, y sólo podemos suponer que su ser es receptivo y expresivo a su manera.

La enfermedad de Alzheimer sigue su curso durante un promedio de ocho años. En este lapso, se puede deshilachar todo el tejido familiar, dejando cabos sueltos que ya no se podrán entretejer. Si el principal cuidador es un miembro de la familia, puede sentirse abrumado por la culpa; por más que se esfuerce, no logra paliar el sufrimiento del paciente. Lo que es peor, a veces siente rabia y resentimiento. También la situación es difícil para los familiares que viven lejos, porque les cuesta tener un trato natural con el paciente o el cuidador. En muchos casos, tras la muerte de un ser querido que padeció Alzheimer, la familia se deshace.

Si un ser querido padece Alzheimer, estamos permanentemente diciendo adiós. A medida que empeora, una y otra vez nos vemos forzados a despedirnos de una parte de él: la gran cocinera, la persona del vestir elegante, la que disfrutaba nuestras visitas, la mujer con gran sentido del humor, la madre que llamaba por teléfono solamente para estar en contacto. Casi a diario nos despedimos de una faceta de su persona. Apenas nos acomodamos a la nueva situación, el deterioro avanza un paso más. Nos despedimos de la persona que iba sola al baño, que todavía se acordaba de uno que otro cumpleaños, que a veces podía reconocernos y hablarnos. Y sigue y sigue. Pensamos que tocó fondo y sin embargo sigue avanzando. Al final podemos quedar como entumecidos, sin poder pensar, sin poder sentir.

La persona con Alzheimer quizá no tenga la opción de soltarse conscientemente al momento de morir. Quizá no sean posibles la renuncia y el darse cuenta. La partida no es una experiencia compartida, sino un tiempo privado de resignación y aceptación infundido con la oración "Ve con Dios".

Sin embargo, ni siquiera la muerte es el último adiós. Cuando finalmente le toca a la persona con Alzheimer, los sobrevivientes quizá no logren aceptar su destino. Es cierto, podemos consolarnos pensando: "Por lo menos ya no sufre más". Mi padre repetidamente se decía a sí mismo: "Ya pasó. Es mejor así. Deja de vivir en el pasado y mira hacia el futuro". La muerte puede ser una liberación para aquel que se muere, pero los que quedan pueden ser atormentados por recuerdos dolorosos y sentimientos de culpa recurrentes: "¿Qué más podría haber hecho para aliviar su sufrimiento?".

No existe el adiós definitivo. Cada tanto, la persona que amamos surge a la mente; pensamos en ella varias veces al día o en el transcurso del año. Muchas cosas de la casa o del barrio nos traen recuerdos. Mentalmente hablamos con ella. Con el paso del tiempo, estos momentos se hacen cada vez más esporádicos.

¿Qué queda de aquellos que amamos y la muerte nos arrebató? Una vez le manifesté a mi maestro mi tristeza porque algún día él ya no estaría más. Él respondió: "Pero, ¿por qué, dónde voy a ir?" Porque sólo nos despedimos físicamente. No hay diferencia entre "aquí" y "allá". Puede haber diferentes reinos, mundos y universos, sin embargo todos se alojan en un único gran espacio. En definitiva, no existe la separación.

No obstante, tiene que haber un duelo. El final de cada etapa de la vida invita a un período de duelo; sin él, no se procesa la pérdida. En nuestra mente, podemos revivir el flujo y reflujo de un período de la vida que ya pasó. Lo que alguna vez fue importante para nosotros ya es historia. La relación, con sus altibajos, llegó a su fin. Llegó el momento del cierre.

En este momento, es importante que aquellos que quedan atrás se conecten con las emociones retenidas en el cuerpo antes que dedicarse exclusivamente a pensar. El proceso de activar sentimientos y reciclarlos por todo el cuerpo estimula la sanación. Con el fluir del sentimiento viene la apreciación de la impermanencia, esto es sanador en sí mismo.

Una vez, alguien le preguntó a un maestro espiritual: "¿Cómo podemos ser felices en un mundo de impermanencia donde no podemos proteger a nuestros seres queridos de la enfermedad y del mal?". El maestro levantó su vaso y dijo: "Mira esto. Este vaso cumple maravillosamente su función de contener agua. Brilla a la luz del sol. Cuando lo golpeo suavemente, tintinea. Pero un día una ráfaga de viento o un golpe de mi codo lo arrojarán al piso. Si lo piensas, este vaso ya está roto. Por eso en este momento lo disfruto enormemente".[92]

El proceso del morir

Muchos textos budistas hacen hincapié en la inminencia de la muerte y la importancia de prepararse para cuando esta ocurra. Las precisas instrucciones del *Libro Tibetano de los Muertos* y los comentarios adjuntos —conocidos para muchos occidentales— son una guía para transitar este proceso. Nos ayudan a reconocer las señales en el camino, para poder rendirnos al proceso en lugar de resistirnos a él por ignorancia y temor.

Nacemos solos y solos morimos. En el Tíbet de antaño, muchas veces se dejaba a los moribundos solos en sus últimos momentos, para que la tristeza y el dolor de sus seres queridos no pudieran distraerlos. El desenmascaramiento de la personalidad, el dejar ir el Yo y la disolución de los elementos que componen el cuerpo ocurría sin problemas, sin interrupciones; la mente sin disfraces abandonaba el cuerpo y se fundía con la luz, sin obstáculos.

El budismo tibetano alienta a los practicantes a interesarse en el proceso del morir mientras todavía gozan de buena salud, para poder ayudar a otros que se están muriendo y, simultáneamente, prepararse para cuando les toque a ellos. Una persona que está muriendo necesita escuchar la verdad en palabras que pueda entender, preferentemente de alguien con quien sostiene una relación armoniosa o espiritual.

La verdad es que se encuentra próximo a morir. Los elementos que lo componen se están disolviendo. Un practicante budista necesita escuchar: "Estás separándote del cuerpo. Tus sentidos se desvanecerán, perderás la capacidad de hablar, de ver y de pensar. Recuerda lo que aprendiste sobre este proceso: pronto ingresarás al bardo del morir. No tengas miedo de lo que vas a encontrar. Ve hacia la luz".

Según el *Libro Tibetano de los Muertos*, a medida que se acerca la muerte, los sentidos gradualmente van extinguiéndose. La comida pierde su sabor y no tienta, el apetito desaparece, las voces se hacen más débiles, la vista empieza a fallar, cuesta hablar y el pensamiento se torna errático. Hay un debilitamiento físico, las funciones fisiológicas fallan y las inhibiciones desaparecen. El proceso se parece a cuando se pela una cebolla, se retira una capa tras otra hasta que no queda nada. Durante este período de transición, mientras la persona moribunda poco a poco renuncia al control, la conciencia pasa al frente hasta volverse casi tangible.

La persona moribunda siente las vibraciones de cada movimiento, cada sonido. Puede tener alucinaciones. En un instante puede ver su vida entera desplegarse ante sus ojos. Si está consciente, puede luchar con el arrepentimiento, con el odio o el temor. Las emociones consumen su energía hasta que la resistencia cede y está listo para partir. El dolor —como una nube que tapa momentáneamente el sol y sigue avanzando— puede alternar con el éxtasis. Se produce la apertura.

Justo antes de morir hay un momento fugaz de apertura, un bardo en el que se disipa el mundo del Yo. Se suelta la energía que durante toda la vida alimentó al Yo. Al desaparecer la tensión del ego, lo que queda es la luz de la pura conciencia, abierta y clara. Para poder experimentar esta luz de conciencia pura justo en el momento previo a nuestra muerte, debemos entrenar nuestra mente a familiarizarse con esta apertura desde ahora. Entonces, durante el proceso del morir quizá logremos entender que la vida no era más que un sueño, y que la muerte no es un final, sino una transición.

En el lecho de muerte, se establece entre los cuidadores y la persona moribunda un vínculo que perdura más allá de la muerte. La conciencia de la persona fallecida puede permanecer cerca durante mucho tiempo. Sigue viva en la mente y el corazón de los que compartieron con ella sus últimos momentos, con una intensidad que rara vez encontramos en las relaciones comunes. Cuando esta intensa intimidad empieza a desvanecerse, muchos sobrevivientes lamentan su ausencia.

Purificando la mente al momento de morir

¿Cómo prepararnos para la certeza de la muerte? ¿Qué puede ayudarnos cuando se acerca el momento? Una cosa es segura: lo que ahora nos preocupa, en ese momento ya no tendrá importancia. La popularidad, el conocimiento trivial, las riquezas materiales, el poder, el estatus, nada de esto servirá de guía o solaz en los últimos momentos.

No podemos predecir cómo terminará nuestra vida. Podemos morir jóvenes o viejos, sanos o enfermos, con nuestros proyectos cumplidos o dejando asuntos inconclusos. La muerte rara vez llega en el momento adecuado. Podemos estar en coma o atontados a fuerza de calmantes. Si somos afortunados, moriremos conscientes y en paz. En el Tíbet, hay muchos casos de gente con elevado nivel de desarrollo quienes, en la proximidad de la muerte, se sentaban erguidos y hacían la transición en posición contemplativa.

Es posible purificar la mente ante la muerte, siempre y cuando la conciencia sea lo suficientemente despejada y fuerte. Como nadie sabe en qué momento la muerte toca a la puerta, es importante prepararnos desde ahora, para estar listos cuando nos llegue el momento. Para poder morir en paz, debemos estar tranquilos con el pasado.

Una vez que verdaderamente reconocemos nuestros errores pasados, tenemos la oportunidad de corregirlos. Este proceso de purificación puede realizarse, en la mente y en el corazón, a través de la oración y la meditación. Los mantras desempeñan un invalorable papel. Al respecto, los budistas tibetanos dicen que los mantras *Om Ah Hum* y *Om Mani Padme Hum* transforman las emociones residuales en el cuerpo y armonizan las energías del cuerpo y la mente para que el proceso del morir transcurra en paz.

Corta todo vínculo con esta vida.
Cuando se presente la muerte
eleva una oración a las Tres Joyas,
el Buda, el Dharma y Sangha,
porque ahí está tu única esperanza —
invoca al Lama en los peligrosos
caminos del bardo.
Confiesa todos los actos negativos de esta vida
y ruega puedas lograr la iluminación
inmediatamente después de la muerte.[93]

El perdón

"Los actos virtuosos traen felicidad, los actos que no son virtuosos traen pesar." Éste es un axioma budista. La purificación de la mente ocurre cuando podemos, con toda sinceridad, enfrentar el daño cometido durante nuestra vida —daños infligidos a nosotros mismos y a los demás— y pedimos perdón. Si las personas involucradas están muertas o fuera de nuestro alcance, quizá no podamos pedirles perdón. Pero, según las enseñanzas budistas, el perdón se encuentra contenido dentro de nuestra mente. Es en nuestra mente que debemos confesar nuestras faltas y rogar que los Budas nos perdonen por el sufrimiento que hemos causado ya sea consciente o inconscientemente.

Si sentimos que nos han hecho mal, probablemente tengamos que trabajar nuestra resistencia a perdonar: "No hice nada malo," o "Lo que él hizo es mucho peor" o "Él debe dar el primer paso". Quizá nos empecinemos en buscar explicaciones: "Si pudiera entender por qué me lastimó, entonces quizá podría perdonarlo". La tendencia a racionalizar es muy fuerte: "Siempre fue mezquino", o "Su trabajo es realmente estresante", o "Nunca aprendió a amar a los demás". Buscar motivos de esta manera —y siempre encontrándolos— puede parecer justo y compasivo, pero también puede justificarnos en culpar a aquellos a los que no estamos dispuestos a perdonar. Sutilmente, justificamos nuestra decisión de mantener distancia y separación entre ellos y nosotros.

Incluso cuando existe un fuerte deseo de arreglar las cosas, a veces no sabemos por dónde empezar. Al no tener clara noción del curso a seguir, a lo mejor esperamos que aparezca una oportunidad: "Si hubiera una emergencia no dudaría en ayudarlo", o "Si tuviera una enfermedad terminal, yo la cuidaría". O "Si estallara una guerra, estaríamos del mismo lado". Quizás estemos convencidos de que las cosas cambiarían si tan sólo pudiéramos aclarar los temas o hacer borrón y cuenta nueva. Pero todos estos "si" son simples medidas dilatorias que nos impiden abrir nuestro corazón a una verdad más profunda. En tanto nos aferremos a la lógica común, las emociones recubrirán nuestro corazón y lo harán impenetrable. Perdonar significa soltar nuestra versión de la verdad.

Para perdonar hacen falta tiempo y paciencia. Un primer paso podría ser olvidar. Aunque inicialmente podemos sentir que renunciando a la queja nos traicionamos a nosotros mismos. Sin embargo, un conocimiento más profundo nos muestra que aferrarnos a nuestra visión de las cosas es la causa de nuestro dolor.

Es más fácil olvidar cuando nos centramos en el presente. Haciendo lo que ese momento requiere y prestando atención a los detalles de la tarea y del ambiente, se abre una puerta a la apreciación y el disfrute de la vida. Estando presentes, la apreciación por la vida reconforta nuestro corazón, derritiendo las heladas capas de odio y resentimiento.

La autocompasión es el caldo de cultivo del resentimiento, mientras que el buscar defectos en los demás mantiene viva la amargura. Perdonar no es un despliegue de magnanimidad, sino estar dispuesto a exonerar la estrechez de la mente.

El perdón se encuentra estrechamente unido al profundo arrepentimiento por todo lo ocurrido. Años después de la muerte de mi madre, deseé desde el fondo de mi corazón que las cosas hubieran tenido un desenlace diferente. La situación podría haber sido distinta si yo hubiera actuado de manera distinta, y ahora sé que yo renuncié a esa responsabilidad. Para poder perdonar a los que me lastimaron al olvidarse de avisarme que ella se moría, tuve que estar dispuesto a aprender. El reconocimiento de que yo también tenía cosas que corregir originó un espacio donde desplegar el perdón. El perdón nos benefició a mí y a los otros involucrados, fueran o no conscientes de ello. En un nivel sutil, el perdón impregna cuerpo y alma y se expande en el espacio. Nunca es demasiado tarde para perdonar o ser perdonados.

Perdóname por el daño que hice
a sabiendas o no.
Perdono a todos.
Me perdono a mí mismo.

17

Lo que nace morirá

Cuando me enteré de la muerte de mi madre, tomé el primer vuelo a Holanda. KLM tenía tarifas especiales para este tipo de emergencias. Pasé el viaje aturdido, como bajo los efectos de un anestésico, mirando la oscuridad de la noche por la ventanilla y esperando que amaneciera. Finalmente, el amanecer tiñó el horizonte de un rojo fuerte, eléctrico. Internamente, sentía cada vez más frío.

Ya en el departamento de mi padre en La Haya, con mi mujer y mi hijo recorrimos el angosto hall de entrada. Mi hermano me recibió susurrando: "Ocúpate de decir unas palabras durante la cremación. No lo hagas demasiado religioso". Aparte de eso, no había mucho para decir y los tres partimos para el geriátrico. Cuando llegamos, permanecimos en una sala de mármol y esperamos a que abrieran las puertas. Ingresamos en una habitación suavemente iluminada, con las cortinas corridas. El ataúd estaba ubicado entre dos antorchas eléctricas.

Me acerqué cautelosamente, ansioso por saber qué aspecto tendría mi madre. Me detuve al pie del cajón abierto. Su rostro enmarcado por un halo de cabello gris parecía relajado y pacífico. Sus manos estaban cruzadas sobre el pecho. Esperaba ver un cuerpo deshabitado, como un capullo vacío, y sin embargo me pareció llamativamente familiar. No me hubiera extrañado verla abrir los ojos y decir: "Pero, ¡qué bueno que estés aquí!".

Me incliné suavemente para besar su frente fría, dura. De pequeño, ella me enseñó cómo besaban las mariposas y los ángeles. El suave y tierno contacto de los labios sobre la mejilla o la frente es el beso de una mariposa, mientras que los ángeles besan aleteando las pestañas unas con otras. Esta vez, mi beso era más bien como un sello que confirmaba: "Soy yo".

En las enseñanzas budistas, estar con los muertos es una práctica muy importante. Traté de recordar qué me habían enseñado acerca de esta experiencia y dejé que mi mirada descansara sobre su cráneo; es una práctica tradicional para familiarizarse con la impermanencia. Mientras pensaba cuál sería el próximo paso, mi hijo de doce años se adelantó y empezó a dar vueltas alrededor del cuerpo, en el sentido de las agujas del reloj. Mientras caminaba en redondo, iba colocando sobre el cuerpo las flores que había recogido en el camino, primero sobre la cabeza, luego sobre el corazón, después sobre las extremidades y el torso, hasta que finalmente todo el cuerpo de mi madre quedó cubierto de flores. Entonces, los tres empezamos a caminar alrededor del ataúd entonando suavemente el mantra *Om Mani Padme Hum*.

Después, nos sentamos junto al cuerpo en silencio. ¿Estaba realmente muerta o esto era sólo un sueño? Finalmente, unos caballeros de negro ingresaron silenciosamente en la habitación. Con gestos ceremoniosos indicaron que la visita había terminado. Era hora de colocar el ataúd nuevamente en la cámara frigorífica. Fue un momento desgarrador, como si estuvieran llevándosela viva.

Alguien ya se había ocupado de los preparativos. A mi madre nunca le gustó la idea de ser alimento de hormigas y gusanos, así que mucho tiempo atrás había decidido que quería ser cremada. Mi padre había tratado todos los detalles con el encargado de la funeraria y había enviado el aviso fúnebre a los periódicos. Para el cortejo fúnebre contrató tres limusinas negras. Primero nos llevaron al geriátrico, donde habíamos ido a buscarla para su último viaje. Era una mañana invernal y una fina capa de escarcha cubría el pavimento. En camino hacia el crematorio, el cortejo se detuvo frente al edificio donde mi madre había vivido con mi padre, por unos minutos de silencioso homenaje.

Varios parientes y amigos estaban reunidos en el vestíbulo de la funeraria. Al abrirse las puertas del santuario, cedimos el paso para que salieran los que habían asistido al servicio anterior, evitando mirar a los deudos anónimos. Minutos más tarde ingresamos en el auditorio. Rodeado de flores, el ataúd se encontraba apoyado sobre un podio en un extremo de la habitación. Sobre él sólo estaba la corona de flores de mi padre; las ofrendas florales de los hijos y los nietos se hallaban colocadas al lado del ataúd, en el suelo.

Después que todos se hubieran sentado, se hizo silencio. Mi padre, vestido de traje oscuro, parecía un taciturno maestro de ceremonias. Él era el único representante que quedaba de la pareja de mis padres. De pie, erguido, comenzó a hablar. "Sufrió tanto". Y luego llegó mi turno. "No decimos adiós". Tenía en mis manos un arbolito de azalea con cuatro ramas cargadas de flores. "Mi madre fue el tronco de donde nacieron cuatro hijos, cada uno a su vez creando nuevas vidas. Ella sigue viva a través de nosotros y de los que vendrán después".

El día antes de la ceremonia me preguntaron por sus gustos musicales, y si podría proponer algunas piezas. Quizá los himnos que sugerí eran demasiado largos porque fueron abreviados y tocados de prisa, saltando abruptamente de *Alle Menschen werden Brüder* a *Jesu, Joy of Men's Desiring*.

A los sones del *Adagio* de Albinoni, repentinamente bajaron el ataúd debajo del nivel del suelo. Eso nos chocó, no estábamos preparados para ese momento. No era difícil imaginarse un siniestro submundo en las catacumbas de un edificio donde los operarios paseaban entre los cajones charlando, riendo y fumando cigarrillos, rodeados por pilas de ataúdes. Luego la ceremonia terminó. Nos hicieron pasar delante de otro grupo de deudos que esperaba, mirando hacia abajo, al área de recepción donde se servía café y torta.

Esa ceremonia mezquina, celebrada a los apurones, nos dejó una sensación de ser espectadores impotentes. Se nos había negado la posibilidad de participar plenamente en el rito final; éramos espectadores en una ceremonia realizada por extraños. En muchas culturas, la familia se involucra activamente en los rituales de cremación o entierros, lo cual les permite expresar su pesar todos juntos, transformando el dolor en apreciación. Actividades como confeccionar flores o pájaros de papel, cantar mantras, recitar bendiciones, decorar el ataúd o el velatorio, dan a los familiares la oportunidad de integrar sus sentimientos de pesar. Simplemente estar todos juntos en círculo rodeando el cajón de mi madre, o cantando himnos, nos hubiera ayudado a compartir y a estrechar lazos de intimidad entre nuestros parientes y amigos.

En los años subsiguientes, muchas veces me pregunté qué habrá sido de sus cenizas. Abrumado por la pena, no se me ocurrió preguntar en su momento. Pero poco después del entierro empecé a lamentar que no hubiera una lápida donde pudiéramos traer flores, o un lugar especial donde uno pudiera sentarse y sentirse cerca de ella. Todo lo que quedó era un retrato radiante sobre el tocador de mi padre, con un ramo de flores frescas que se renovaron durante muchos años.

El Libro Tibetano de los Muertos

Donde hay vida hay esperanza. No importa lo deprimente de la situación de mi madre, mientras estaba viva siempre había posibilidad de una charla lúcida o de tomar un café juntos; hasta podíamos soñar con una inesperada mejoría o con el descubrimiento de un remedio mágico.

Total, los milagros existen. Pero ahora era definitivo: estaba muerta. Sin esperanzas.

"No armes tanto lío", diría un Lama tibetano después de la muerte de alguien. "La quietud y la oración silenciosa sirven de apoyo y ayudan, pero si te aferras sólo lograrás confundir a la persona fallecida. De todas maneras, la muerte no es el fin del mundo".

Lo que nace morirá, lo que surge pasará, lo que está unido se separará. Estas son verdades de la vida. ¿Qué ganamos luchando contra estas verdades? ¿Y qué le aporta esta lucha a la persona fallecida?

En Occidente estamos familiarizados con el concepto de vida después de la muerte; nos consuela pensar que el insoportable sufrimiento de los que fallecieron se terminó y que ellos ahora están en paz. Tenemos la esperanza de que vayan al cielo. Las enseñanzas budistas sobre la reencarnación dicen que el sufrimiento no acaba con la muerte. Según el *Libro Tibetano de los Muertos*, después de la muerte los vientos del pasado nos lanzan al espacio. Los Iluminados hallan paz en todas partes, en todos los bardos, pero la mente común es impulsada hacia adelante, de un renacimiento al otro. Sólo hallará reposo después de que el karma ha sido consumido y que el sufrimiento llega a su fin.

El título tibetano del *Libro Tibetano de los Muertos* es *Bar—do'i thos—grol*, que significa *Liberación en el bardo a través de la audición*. El texto es uno de los *terma* o textos del tesoro escondido, que el gran Lama Padmasambhava ocultó hasta que llegara el momento propicio para hacerlos conocer. Esta enseñanza fue compuesta en el siglo VIII por Padmasambhava, escrita por su discípulo Yeshe Tsogyal y descubierta en el siglo XIV por Karma Lingpa, un Lama de la escuela Nyingma del budismo tibetano.

El texto es una guía durante el proceso del morir y el proceso inmediatamente posterior a la muerte, una de una serie de instrucciones en seis puertas a la liberación, a través del oír, de lo que se lleva puesto, el ver, el recordar, el saborear y el tocar. El *Libro Tibetano de los Muertos* pertenece a la categoría de la liberación a través de la audición. En el bardo que sigue a la muerte, la conciencia funciona de manera diferente de cuando se encontraba conectada con el cuerpo y puede ser liberada simplemente escuchando el recitado de las palabras del texto. En circunstancias adecuadas, la liberación puede producirse sin preparación previa, sin ejercicios y hasta sin entender el significado de las palabras. Esto es posible porque el texto le habla directamente a la conciencia pura, sin interferencia del Yo.

El libro debe ser leído en voz alta durante tres fases consecutivas: el bardo de la muerte próxima, el bardo inmediatamente posterior a la muerte, y el bardo de los cuarenta y nueve días que siguen a ella. En cada una de estas fases, se le recuerda a la persona fallecida el Dharma o la verdad. Además, hay enseñanzas específicas para cada bardo.[94] El recitado del texto permite que las enseñanzas penetren en la mente de la persona agonizante o fallecida, brindándole la guía necesaria para evitar el retorno a las infinitas rondas de nacimiento y muerte.

En el primer bardo, el bardo de la muerte próxima, se produce la primera oportunidad de liberación. Esta puede durar apenas un instante. El cuerpo no ha dejado de funcionar totalmente, pero la mente está empezando a desprenderse de él. Aunque la persona agonizante puede sentir la presencia de los familiares, su conciencia ya no puede comunicarse con ellos.

Desconectada del cuerpo, la conciencia se halla en territorio desconocido. Es vulnerable a fenómenos extraños y atemorizantes, pero no puede pedir auxilio. En este momento, es imperioso brindar a la persona moribunda todo el consuelo y el apoyo que necesita. Los allegados pueden ayudar postergando su dolor y continuando su comunicación con ella. La lectura en voz alta del *Libro Tibetano de los Muertos* puede serenarla, ayudarla a conectarse con este entorno desconocido y prepararla para ingresar en las etapas del bardo.

En el bardo de la muerte próxima, a la conciencia le tienta dejarse atraer por caminos conocidos. Esta atracción es resultado del karma. Los patrones que seguimos durante toda la vida ejercen una fuerza magnética, amenazando con llevarnos una vez más a sus dominios. En el caos y la incertidumbre característicos del bardo, los patrones conocidos parecen proveer un punto de referencia mullido y seductor, asociado con el placer y la seguridad.

Sin embargo, sólo hay un curso beneficioso: rechazar los patrones incitantes de la codicia, la aversión y la vana ilusión y elegir el camino de la luz. La luz es deslumbrante, de una intensidad hasta enceguecedora. Si la persona agonizante sabe que este es el camino correcto y deliberadamente elige la luz intensa, resistiendo al poder seductor del karma, se libera de su karma y puede percibir la vida como una ilusión pasajera. La mente ya liberada del peso del cuerpo se torna liviana y abierta. Si se pierde esta oportunidad de liberación aparecerá un segundo bardo.

En el segundo bardo, inmediatamente después de morir, el difunto también necesita apoyo y consejo. Según la descripción en el *Libro Tibetano de los Muertos*, este bardo se caracteriza por el caos y la cacofonía, así que es muy fácil perder el camino. Es importante no asustarse por las apariciones en este segundo bardo, ya sean pacíficas o enfurecidas. Son simples reflejos de la mente, ecos de acciones pasadas tanto buenas como malas, que acompañan a esta como sombras después de la muerte. El difunto debe resistir los vientos del karma, las poderosas corrientes de acciones no resueltas y los patrones emocionales del pasado que intentarán desviarlo de su camino. El consejo es dejar que la mente sea como un espejo reconociendo que todo es una simple proyección de la mente. Si esto se logra, somos liberados.

Si no se produce la liberación en los primeros dos bardos, todavía queda la posibilidad de que esta ocurra en el tercero. La mente vaga durante un máximo de cuarenta y nueve días, o hasta el momento del renacer. Aquí también, el karma es casi irresistible. Para evitar un renacimiento, o si esto no es posible, aunque sea para elegir un renacimiento afortunado necesitamos desesperadamente una guía. De lo contrario, el impulso del karma y las emociones echarán a andar la rueda de la vida nuevamente.

En el tercer bardo, se estimula al difunto a mantener cerrada la abertura al renacimiento o, si esto no es posible, al menos a elegir sabiamente el renacimiento por venir. Es más fácil desconectarse de los viejos patrones aquí, en este espacio abierto después de la muerte, que durante la vida. También es más fácil elegir una existencia mejor. Una elección positiva, motivada por el deseo de beneficiar a los seres sintientes, liberará al difunto de los efectos del karma pasado. Es posible lograr un renacimiento positivo visualizando al Buda o a un Lama mientras se pasa a una nueva vida. Si así ocurre, el recién nacido recibe la transmisión de sus cualidades auspiciosas y las corporizará durante la vida.

Como los otros bardos, el bardo de esta vida —el tiempo que transcurre entre los dos puntos fijos de la vida y la muerte— es un tiempo de gran incertidumbre, puesto que no sabemos cuánto durará. El *Libro Tibetano de los Muertos* ofrece una guía para este bardo también. En el bardo de esta vida debemos abandonar todo intento de hallar certeza en la impermanencia. El darse cuenta de que todas las apariciones son pasajeras e inestables ayuda a disminuir la codicia. Lo que importa es bañar en luz la conciencia y el cuerpo. Los contenidos caprichosos de los pensamientos y las imágenes son irreales. Al ver esto, ya somos libres.

Podemos frenar nuestros patrones destructivos llevando una vida plena y provechosa. No obstante, según aconseja el *Libro Tibetano de los Muertos*, debemos comprender que, aunque las circunstancias hayan cambiado y adoptemos una vida totalmente nueva, los residuos del pasado seguirán acompañándonos hasta que el karma y las emociones pierdan su poder. El karma y las emociones perdurarán en tanto aceptemos su realidad. Seguiremos encontrando los mismos obstáculos hasta tanto no renunciemos al apego a los patrones que los impulsan.

La ventaja del sufrimiento

El sufrimiento es resultado del karma, así que el dolor es un reflejo de nuestra conducta pasada. Al estar duplicando perpetuamente viejos patrones, hacemos sufrir a los demás y a nosotros mismos. Así es como el karma nos tiene totalmente esposados, estableciéndose un círculo vicioso del que parece imposible escapar. A menos que las circunstancias nos motiven a cambiar, la mente y la conciencia permanecerán igual o se afianzarán aún más en la negatividad y los patrones dañinos. La velocidad del karma negativo tiende a aumentar y, a medida que pasa el tiempo, los patrones se consolidan y se hacen cada vez más difíciles de cambiar.

El sufrimiento nos ofrece una oportunidad única para reconciliarnos con el pasado y romper este impulso. El primer paso de un proceso de auténtica transformación consiste en reconocer hasta qué punto nuestro sufrimiento se conecta con el pasado. Si observamos detenidamente, vemos que lo que ocurrió antes ejerce una poderosa influencia sobre nuestros actos hoy. Aunque se trate de cosas que ocurrieron hace mucho tiempo, la energía acumulada de toda conducta pasada, la nuestra y la de otros hacia nosotros, afecta todo lo que hoy entendemos, pensamos y hacemos. Por ejemplo, el padre regañón puede estar siempre presente en nuestra oculta sed de aprobación. Aunque hoy recibamos apreciación, no estaremos satisfechos en la medida en que esa herida temprana permanezca profundamente enterrada dentro de nosotros.

¿Cómo podemos reconciliarnos con el pasado y soltar el dolor guardado que conduce a más sufrimiento? Al principio, el malestar, la insatisfacción y el dolor que sentimos pueden llevarnos a tratar de poner fin a alguna forma de sufrimiento usando nuestra fuerza de voluntad. Podemos intentar extirpar la impaciencia suprimiéndola, pero su poder está arraigado desde hace mucho tiempo y no va a desaparecer simplemente porque nos lo propongamos. Al recalcar el deseo de suprimir quizá reforcemos otros patrones negativos, como "No sirvo para nada", o "Si no me va bien nadie me querrá". Si bien podemos crear karma positivo de esta manera, también existe el riesgo de que simultáneamente agreguemos karma negativo. Cuando las emociones se encuentran embravecidas, es sabio dejarlas solas y no librar una batalla en la que dependeríamos de patrones. Lo más efectivo es relajarse y abstenerse de actuar.

Mejor aún, podemos crear activamente karma positivo. Ajustar la conciencia de esta forma, requiere toda nuestra inteligencia. Necesitamos reconocer cuáles son nuestros patrones nocivos y usar nuestros recursos internos para lograr un cambio positivo. Toda emoción negativa tiene su contraparte positiva, que puede funcionar como antídoto a más sufrimiento y como medio para crear lo que es saludable. Ese es un método para generar karma positivo. Por ejemplo, al admitir que estamos dolidos por la falta de apreciación, podemos empezar a respetarnos y a reconocer más plenamente el valor de nuestra vida. Como resultado, seremos capaces de relacionarnos con los demás con una mente abierta, sin temor al rechazo. Esta manera de cultivar respuestas positivas permite neutralizar el karma negativo y hasta puede disolverlo.

Existen muchas otras formas de generar karma positivo, trabajando sobre viejos patrones. Podemos tratar una emoción como un guardián o un amigo espiritual en lugar de un enemigo. Cuando nos retraemos frente a la crítica, esa contracción que sentimos en el cuerpo puede servir como señal de alarma. La sensación de tensión que se acumula nos pone alerta, es una advertencia de que estamos tomando el rumbo equivocado. Nos indica que debemos cuidarnos y buscar apoyo en nuestro interior, sobre todo en los centros del corazón y el ombligo. La energía que se libera nos hará más cuidadosos, permitiéndonos estar más presentes, más sensibles a la situación. Los viejos patrones aflojan su control, siendo posible lograr nuevas formas de participación.

> *En todos mis futuros nacimientos,*
> *que nunca más deba experimentar*
> *la maduración del karma y la emocionalidad,*
> *o el sufrimiento que ellos generan.*
> *Que maduren sobre mi mente y mi cuerpo*
> *en este nacimiento.*
> *Que nunca más tenga que vivenciar negatividades*
> *que se desarrollen más tarde en esta vida:*
> *que maduren este año:*
> *que pueda yo llevar a buen término este mes*
> *lo que de otra manera maduraría este año;*
> *que pueda madurar hoy*
> *lo que de otra manera maduraría este mes.*
> *Que pueda asumir en este instante*
> *lo que de otra manera maduraría en algún momento de hoy.*[95]

Nada es irrevocablemente fijo

Mi madre partió, pero rastros de ella permanecen. Aunque ya no exista más su cuerpo físico, cada acción y pensamiento suyo dejaron una impronta en el tiempo y el espacio que perdura como un código secreto, atestiguando la persona que fue. El presente está lleno del pasado.

Después de la muerte de mi madre, leí el *Libro Tibetano de los Muertos* en voz alta durante cuarenta y nueve días, noche tras noche. Me encerraba con el libro en una salita de meditación, donde una rueda de oración eléctrica de gran tamaño tarareaba suavemente. La única luz provenía de una vela que ardía día y noche. Seguía las instrucciones del texto al pie de la letra, sentado lo más erguido posible en señal de respeto. A veces mi madre parecía encontrarse muy cerca, otras muy lejos y a veces no lograba hallarla. Finalmente, llegó el momento en que parecía que ella ya no miraba hacia atrás. Que había encontrado su camino.

En el breve período subsiguiente a su muerte, no me entregué al dolor, ni a la autocompasión, ni al remordimiento; todo eso tendría que esperar. Me concentré en ella como si hubiera emprendido un largo camino sin un mapa ni una brújula. Mi mente focalizó en el pensamiento de que *ella debía ir hacia la luz*. La alentaba a resistir los impulsos hacia la codicia, la aversión y la ceguera, tendencias fuertemente arraigadas que la empujarían a elegir un renacimiento apresurado. Cada vez que tenía un momento libre conversaba con ella, le leía o le cantaba mantras. Hice todo lo que se me ocurrió para desearle *bon voyage*. Este deseo poco a poco se convirtió en oración.

No importa cuán preparados estemos, la muerte siempre nos toma por sorpresa; de repente, un ser querido ya no está. Desaparece una persona que fue de vital importancia en nuestra vida, alguien cuya presencia llenaba la habitación. Apartando la vista por un instante nos damos vuelta, esperando encontrarla, pero se ha ido para siempre. Nos quedamos solos con las palabras que nunca llegamos a pronunciar o las cosas que quisimos hacer y no pudimos. Se produce un quiebre en la realidad, una arruga en el tiempo.

Dulces o dolorosos, los recuerdos de un ser querido que perduran ejercen una poderosa influencia. Pareciera que vivimos dos vidas diferentes: una anclada en el pasado y otra en el presente. A menudo estamos distraídos, enfrascados en nuestros pensamientos. Una sutil sensación de insatisfacción nos preocupa internamente. Dado que el pasado no fue totalmente procesado, no podemos vivir plenamente en el presente. Recuerdos perturbadores y residuos de dolor, miedo o pena se alojan en nuestro cuerpo y se retuercen, transformándose en nudos dolorosos dentro de nuestro sistema energético. Intentamos ignorar y suprimir la tensión que provocan, negando su existencia aun ante nosotros mismos. Como las emociones ocultas continúan haciendo desastres en nuestra vida, los nudos se aprietan y se endurecen cada vez más. Hasta que nos animemos a mirar de frente al dolor y a sentir las capas de energía almacenada, gran parte de nuestra vida será moldeada por experiencias sin asimilar.

Analizar los recuerdos lleva tiempo, pero si queremos crecer y prosperar debemos enfrentarlos. No importa demasiado cómo lo hacemos. Quizá elijamos un abordaje psicológico, que se ocupe de "procesar las emociones", o espiritual, que se centre en el "limpiar" y el "perdonar". Ambos tienden a desenredar nudos emocionales y nos apoyan en la tarea de aflojarlos y desentrañarlos. Hace falta coraje para enfrentar un recuerdo doloroso, pero si podemos estar presentes con el dolor y atravesar los sentimientos que durante tanto tiempo tratamos de evitar, la tensión se libera y desaparece.

La sanación se da cuando vivencias antiguas e ignoradas se abren a la conciencia y la energía que estaba atrapada en ellas comienza a fluir. Un remordimiento que no se admitió totalmente en su momento puede ahora revivirse y sentirse plenamente. Perdonar a alguien que una vez nos lastimó nos libera de nuestro aislamiento. Cualquier hecho doloroso puede ser redireccionado positivamente: en nuestra imaginación, hacemos lo que antes no pudimos hacer. Los recuerdos no están tallados en piedra: nada se encuentra irrevocablemente fijo. Como resultado de los hechos que rodearon la muerte de mi madre, sentimientos no reconocidos de la infancia emergieron de golpe. En mi caso, el dolor del niño que se sintió excluido y la agonía del rechazo actuaron como un despertador. Inspirado por las enseñanzas a abrazar la energía de este dolor, empecé a darle nueva forma creativamente.

Cierro los ojos y dejo que mi imaginación vague libremente. Mi madre se encuentra recostada en una cama alta y angosta, en penumbras. Está de espaldas, su cabeza reposa sobre una almohada blanca y grande. Sus ojos están cerrados. Mi padre está de pie, a su lado.

Parece yacer sin vida, pero de tanto en tanto todavía respira. También están mis tres hermanos en la habitación, incluso el que murió varios años antes que mi madre. Yo estoy al lado de su cama. Nadie se mueve. Somos sus testigos, apoyándola en su última escena. Pero también está sola. Su mente parece dudar.

Respira una vez más. Aunque sus ojos se encuentran cerrados, es como si nos mirara. "Ahí están", parece decir. Me acerco más y murmuro: "Estamos todos aquí". "¿Sabes qué?", dice, con un tono realista: "Me quiero ir". Ya no es más el pajarito asustado de los últimos años. Y continúa diciendo: "Sí, ya se terminó". Ya no añora el pasado; está preparada para lo que la espera. "Querida mamá", empiezo a decirle, pero ella no me escucha. Ya está en camino.

18

Despedida del Yo

Durante las visitas cada vez más espaciadas a mi país, solía recorrer los lugares favoritos de mi infancia. Empezaba dando una vuelta en automóvil por la calle donde me había criado, abarcando de una sola mirada nuestra casa con el jardín, y el arroyo con su puentecito. Luego visitaba el colegio del patio embaldosado donde había cursado la escuela primaria, y después mi escuela secundaria, escondida entre los árboles. En una oportunidad fui a pasear por un barrio donde solía ir a patinar en las canchas de tenis heladas, y terminé en un parque que pertenecía a un castillo. Enfrente del castillo había un estanque rodeado de hayas. En el musgo que crecía debajo de los árboles había unos puntitos blancos que brillaban. Observándolos de cerca, vi que eran lirios.

El ramo de novia de mi madre estaba hecho de lirios. Era su flor preferida y le encantaba su perfume dulzón. Cada tallo era un ramo en miniatura, con hojitas verdes envolviendo un delicado ramillete blanco. Me agaché y toqué las flores suavemente, cuidando de no inhalar su aroma. "Este perfume es para ti", dije en voz alta. Este simple regalo de belleza y fragancia me hizo sentir que, aunque pequeño, había algo que podía hacer por ella.

Me imaginé que la tomaba del brazo y salíamos a caminar. Nunca había estado tan pródiga la naturaleza y nos fijábamos en todos los detalles: hormigas marchando por su huella, un mirlo escarbando la tierra con sus patitas para sacar un gusano, una bandada de patos que corrían delante de nosotros graznando. Me recordaban a los patitos en nuestro estanque, que ni bien eran lo suficientemente fuertes, se subían al borde y se apropiaban de nuestro jardín. Al rato pedían pedacitos de pan y muy pronto comían de la mano de mi madre.

En los días subsiguientes, encontré muchos otros momentos que podíamos compartir en mi imaginación. Juntos escuchábamos el concierto para violín de Beethoven, que era una de sus piezas favoritas. Mis hermanos siempre consideraron que era excesivamente romántica, pero a nosotros nos gustaba. Ella estaba presente esa noche, cuando acosté a mi hijo y charlamos sobre lo que había ocurrido durante el día. Poco a poco, gracias a estos momentos compartidos pude sentir su presencia acompañándome en mis actividades cotidianas, como una mano más tocando el piano. Mi vivencia se hizo mucho más profunda y me sentí tan contento como nunca lo había estado después de su muerte. Mi relación con mi madre había encontrado un nuevo camino; había encontrado una manera de mostrar mi agradecimiento, con ella, por la vida. Empezó a tomar forma la idea de que otros pueden beneficiarse de lo que hacemos.

> *Primero, por la mañana cuando estás bien despierto,*
> *desarrolla tu intención, pensando: "¡Que todos los seres sintientes*
> *despierten de la ignorancia!".*
> *Cuando te levantas de la cama, piensa: "¡Que todos los seres*
> *sintientes adquieran el cuerpo del Buda!".*
> *Mientras te vistes, piensa: "¡Que todos los seres sintientes*
> *vistan el ropaje del respeto por sí mismos y el decoro!".*
> *Mientras te ajustas el cinturón, piensa: "¡Que todos los seres*
> *sintientes estén atados a la raíz de la bondad!".*

> *Cuando te sientes, piensa: "¡Que todos los seres sintientes*
> *consigan el asiento Vajra!".*
> *Cuando entras en una casa, piensa: "¡Que todos los seres sintientes*
> *ingresen en la ciudad de la liberación!".*
> *Cuando duermes, piensa: "¡Que todos los seres sintientes*
> *consigan el Dharmakaya de los Budas!".[96]*

Al finalizar un período o un proyecto, incluso al final de la vida, es muy saludable dedicar el mérito acumulado –karma positivo– a una persona o causa. Dar a los otros la bondad adquirida a través de nuestros actos ayuda a preservar el mérito, que de otra manera podría quedar ahogado por la codicia del Yo. Dado que el destino de un individuo está conectado con el de todos los demás, independientemente de tiempo y lugar, la energía liberada puede beneficiar a todos, aun cuando el beneficiario al que estaba dirigido haya fallecido o se encuentre lejos. A fin de que la ofrenda de los beneficios de los actos tenga un alcance más amplio, los budistas pueden decir: "Que la energía positiva de este acto beneficie a todos los seres sintientes".

Los seis paramitas

Cuando le preguntaban al Buda cómo había que hacer para practicar el camino a la iluminación en la vida cotidiana, él respondía que la esencia de esa práctica debía ser un *paramita*. El término *paramita* refiere a una práctica que nos permite transitar desde un mundo de sufrimiento hacia la mente iluminada: significa "haber ido a la otra orilla".

El vehículo de los paramitas focaliza la mente y el cuerpo –los dos recursos internos que constituyen la base del desarrollo humano– en actitudes y acciones que nos conducen desde las riberas de la emocionalidad y la negatividad, hasta las costas de la iluminación. El poder activo de los paramitas despierta la inteligencia plena y los sentimientos positivos e infinitos. Si nos ponemos de lleno en la práctica de al menos un paramita, el karma y la emocionalidad se transforman en bondad.

Las enseñanzas budistas reconocen miles de paramitas,[97] seis de los cuales son fundamentales: generosidad, disciplina, paciencia, esfuerzo, concentración y sabiduría. El entrenamiento de las personas cuya finalidad fundamental en la vida es ayudar a los demás consiste básicamente en la práctica de estos seis paramitas. Los primeros cinco paramitas culminan en el sexto, que a su vez informa la actividad de los primeros cinco. En sánscrito, la palabra sabiduría es *prajnaparamita*, conocimiento iluminado, conocido como "la madre de todos los Budas". Dicha sabiduría revela las cualidades internas de un Buda.

La conciencia ordinaria se rige por un conjunto fijo de patrones, recibiendo y guiando pensamientos e impresiones de manera tal que estos inician una conducta en particular. Cuando practicamos un paramita, se agrega un tipo de actividad diferente a la gama de posibilidades de la mente pensante. Los patrones fijos ceden frente al nuevo elemento y aflojan su control.

Mediante el redireccionamiento constante de la conciencia hacia un paramita, creamos espacio para perspectivas más amplias y nueva energía. Tendencias internas que antes se manifestaban como emocionalidad y bloqueaban la energía se liberan, dando lugar a acciones creativas y positivas que sacan a relucir lo mejor de nosotros. Comienzan a entremezclarse la mente ordinaria con la mente iluminada, fomentando la integración. Nos despedimos de los viejos patrones y de lo que sabemos, porque nos damos cuenta de que nuestro conocimiento actual ya no alcanza. Poco a poco vamos dejando atrás el viejo Yo.

A través de la práctica de un paramita, creamos karma positivo y acumulamos mérito. Esta ejercitación abre la mente a la energía de la iluminación. De la misma manera que los depósitos regulares de dinero en un banco acrecientan la riqueza, así también el direccionamiento consciente de la mente hacia un paramita acumula luminosidad y ligereza del ser. Gradualmente, nos sintonizamos con la iluminación. En última instancia, nos damos cuenta de que no hay diferencia entre la mente ordinaria y la conciencia iluminada. Los paramitas son actividades basadas en esta no-dualidad, que se expresa en una conducta generosa, disciplinada, paciente, vigorosa, concentrada y sabia.

El antídoto para el arrepentimiento, el remordimiento y el resentimiento es la práctica de los paramitas. Cuando dediquemos de lleno nuestra mente, energía y corazón al servicio de los seis paramitas, viviremos sin arrepentimiento.

> *A través de la generosidad se consigue la alegría,*
> *y a través de la disciplina, la felicidad,*
> *a través de la paciencia, la belleza, y*
> *a través de la diligencia, el esplendor;*
> *a través de la concentración, la serenidad, y a través*
> *de la inteligencia alcanzas la libertad.*[98]

Aunque los seis paramitas forman un todo, cada uno contiene a los demás. Después de todo, ¿qué son la generosidad, la disciplina, la paciencia, la concentración meditativa y la sabiduría si falta el esfuerzo? ¿Y qué sería el esfuerzo sin generosidad, sin tener una disciplina, sin desarrollar la paciencia, sin aprender a concentrarse y sin entender cuál es la meta que se persigue? Sin sabiduría, el esfuerzo puede servir para crear confusión. Como cada paramita abarca a todos los demás, se puede empezar la práctica de los paramitas con cualquiera de ellos. Todos culminan en sabiduría y compasión.

Primer paramita: *Generosidad*

El paramita de la generosidad nos ayuda a dejar atrás la avaricia y la mezquindad y alcanzar la otra orilla, donde participamos plenamente en la vida con energía desenfrenada. Todas las cosas vivas participan tanto en el dar como en el recibir. En la naturaleza se observan ciclos espontáneos de dar y recibir que no hacen distinciones entre el que da, el que recibe y el obsequio. El espacio provee un hogar para todas las manifestaciones, buenas o malas. El sol da su calor sin retenerlo. La respiración es el sostén de toda vida. Una flor está dispuesta a recibir todo lo que se le ofrece –luz solar, agua y otros nutrientes– y a su vez ofrece belleza, fragancia y hasta poderes medicinales.

La naturaleza no se resiste, no acapara ni juzga; una planta no tiene aversión ni pereza. Todo lo que puede hacer es funcionar de manera óptima en cualquier circunstancia, invirtiendo toda su energía en crecer y florecer. Sólo los seres humanos pueden elegir entre retener su energía o dejarla fluir, entre resistir o participar. El equilibrio que elegimos entre dar y recibir determina nuestro bienestar físico, emocional, mental y espiritual.

Según las enseñanzas del Buda, los humanos alguna vez fueron seres de luz. La tierra se encontraba cubierta de néctar; había abundancia, comida para todos y no existía el hambre. Con el tiempo desapareció el néctar, y el arroz empezó a crecer espontáneamente y de manera continua. Pero cuando algunos comenzaron a recolectar la cosecha y a guardarla para sí, el arroz dejó de crecer por sí mismo y los seres humanos se vieron en la necesidad de trabajar la tierra. Algunos guardaban más y más para sí mismos y aumentó el acaparamiento y las peleas. Comenzaron a existir el egoísmo y la codicia, y nacieron los vicios de la avaricia, los celos y la envidia.[99]

El aferrarse a un obsequio obstruye la circulación de energía y hace que la conciencia funcione restringidamente. El guardar energía para más tarde o retenerla porque tememos que quede poco para nosotros dificulta el recibir. Nos sentimos encerrados; no hay lugar para nada nuevo. Así como el agua estancada es caldo de cultivo para la enfermedad, también los bloqueos al flujo de energía conducen al sufrimiento. Las dolencias físicas, las emociones, los obstáculos y la incertidumbre espiritual hacen sentir sus efectos. La participación plena y sin reservas restablece el equilibrio y nos trae de vuelta a la armonía con los demás y con nosotros mismos.

La verdadera generosidad, como la del sol, no juzga ni controla ni pasa factura; da desinteresadamente, sin intenciones ocultas, sin esperar nada a cambio. Inspirados por esta generosidad tan desinteresada, podemos descubrir que nuestra aparente dadivosidad a veces contiene aspectos impuros. Quizás alberguemos la secreta esperanza de recibir algo a cambio, una muestra de apreciación o de respeto. Cuando ese reconocimiento no llega, nos sentimos indignados. Con razón, los otros intuyen que algo se esconde detrás de nuestras actitudes aparentemente desprendidas.

Atendiendo a la consigna "¿Y qué hay para mí?", el interés personal nos lleva a retener. Incluso al dar, disimuladamente calculamos si quedará algo para nosotros. Esperamos que el receptor registre nuestra generosidad, y que tome conciencia de lo magnánimos y manirrotos que somos. Así como somos avaros con el dinero, el tiempo y el conocimiento, con el amor somos más mezquinos todavía. Parece demasiado prodigar amor libremente. No obstante, sin un genuino interés, afecto y amor, no damos nada.

La generosidad está enraizada en la preocupación y el cuidado de los otros y de nosotros mismos. Un buen punto de partida para la práctica de la generosidad es preguntar: "¿Qué puedo ofrecer?". Para poder comprender mejor las necesidades reales de los otros y así desarrollar una sólida base para la generosidad, podemos practicar la atención plena. Prestar atención a lo que ocurre en cada momento despierta el cuerpo, la mente y los sentidos, e incrementa nuestra sensibilidad hacia las necesidades propias y las ajenas. Se fortalecen los sentimientos solidarios y somos capaces de dar más. Cuanto más damos, más recibimos. Descubrimos que el dar profundiza nuestro cuidado por el otro y lo infunde de alegría.

Hay algo que siempre podemos dar, y es el regalo de nuestra presencia. Todo ser humano anhela la presencia. De niños, queremos que nuestros padres estén presentes; las parejas esperan que el otro siempre esté disponible y atento; esperamos que nuestros amigos estén aquí, presentes para nosotros. En el momento de la muerte, la presencia es lo único que importa. El obsequio de la presencia está siempre disponible. El paramita de la generosidad ofrece alegría tanto al que da como al que recibe, porque dar es como recibir un obsequio.

Segundo paramita: Disciplina

> *Todos los temores y penas insondables*
> *surgen de la mente.*
> *Así lo ha enseñado*
> *el que Habla la Verdad.*[100]

El paramita de la disciplina se centra en la conducta moral. Transforma los malos hábitos, cultivando en su lugar las actitudes y acciones positivas que nos conducen a la orilla del perfecto bienestar. Para perfeccionar la disciplina, debemos purificar nuestra motivación orientándola hacia la conducta moral, y adecuar nuestros actos a nuestras palabras y nuestros ideales. La disciplina que esto requiere nos permite moldear nuestra vida, puesto que la conducta moral protege el cuerpo y la mente de patrones contraproducentes y garantiza el fruto de nuestros esfuerzos. Nos sometemos a sus normas por elección, no por obligación.

Como discípulos de nuestro propio bienestar, logramos mayor libertad interior.

Para muchos, la palabra "disciplina" tiene connotaciones negativas asociadas a las medidas disciplinarias crueles, el orden y la militarización. Suponemos que se nos obligará a hacer lo que no queremos. Sin embargo, la disciplina saludable no pasa por la imposición, se basa en la comprensión y el cuidado. La conducta moral tiene que ver con hacer lo que es beneficioso y abstenerse de lo que es dañino. Si los patrones negativos nos hacen desviar el curso, la mano permanece firme en el timón, dispuesta a conducirnos nuevamente al camino elegido.

La disciplina nos ayuda a enfrentar con gentileza nuestras peores tendencias, y a perseverar, sean cuales fueren las circunstancias y los sentimientos involucrados. Con su ayuda, vivimos sin ir a los extremos, manteniéndonos en el justo medio.

Si pudiéramos cambiar nuestra conducta con la simple repetición de un pensamiento positivo o una expresión de deseos, la disciplina no sería necesaria. Pero esto no es posible porque hay demasiados factores en juego que determinan nuestra situación. El cambio constructivo es producto de un proceso de aprendizaje. Requiere participación, comprensión y perseverancia; lleva tiempo.

Cuando nos damos cuenta de que nuestra conducta determina nuestra felicidad y nos interesa vivamente el resultado de nuestros actos, acogemos la disciplina con alivio y gratitud. Queremos aprovechar al máximo nuestras dotes y habilidades y realizar cosas de valor.

¿Cómo podemos hacerlo sin disciplina? La disciplina nos ayuda a superar trabas internas y a debilitar el poder de nuestros patrones emocionales negativos. Con el tiempo, la disciplina será nuestra valiosa amiga y compañera y la llave de nuestro éxito. Sentimos alegría al apreciar los logros propios y los de los demás.

Tercer paramita: Paciencia

Si existe un remedio,
¿por qué estar triste?
Y si no hay remedio,
¿por qué estar infeliz?[101]

El paramita de la paciencia nos ayuda a dejar atrás la pequeñez mental, el mal genio y la ira, y cruzar a la otra orilla de la perfecta armonía y la aceptación. La práctica de la paciencia es un proceso de maduración: aprendemos a permanecer constantes, sabiendo que nuestros esfuerzos y nuestra disciplina a la larga darán sus frutos. La paciencia permite que el tiempo, el espacio y el conocimiento se desplieguen al máximo, sirviendo de soporte para que aumente la confianza.

Paciencia significa ver claramente cómo son las cosas, soportar estoicamente los contratiempos, y perseverar sagazmente en el logro de nuestros objetivos. Esto no significa que debamos inhibir nuestros sentimientos o ignorar nuestros discernimientos. Tampoco se trata de postergar, negar ni reprimir. La paciencia nos permite permanecer calmos cuando somos heridos. Sentimos el dolor, pero no nos quejamos, ni siquiera por dentro.

En el espacio que provee la paciencia, las emociones se disuelven. Ocurre como con ese puñado de sal, que en un vaso de agua es imbebible pero si lo echamos al río pasa inadvertido.[102] Esperamos con paciencia, permitiendo que actúen los viejos patrones hasta agotarse, sabiendo que el sufrimiento es producto del karma. Cuando tenemos una actitud de aceptación de cara al sufrimiento y lo atravesamos, no se generará ningún karma nuevo.

La paciencia aplaca el impulso a dominar. Implica aceptar una situación tal como es, con ecuanimidad y no sólo una, sino todas las veces. La actividad de la paciencia requiere inteligencia y entendimiento;

no significa esperar sino estar siempre preparados y dispuestos a actuar cuando surge la oportunidad de beneficiar a otros. La paciencia no es simplemente el resultado de ver las cosas en perspectiva; es tolerancia activa. Con paciencia toleramos el sufrimiento, porque sabemos que la ley del karma está en acción.

La impaciencia es la respuesta de un corazón pequeño y temeroso. Nos sobresaltamos cuando algo se interpone en nuestro camino y reaccionamos con irritación. La impaciencia puede transformar a la persona más tranquila y afable en un monstruo impredecible y lleno de furia, dispuesto a causar daño tanto a sí mismo como a los demás. En un instante, un ataque de ira puede tirar abajo todo lo bueno que fue construyéndose a lo largo del tiempo, destruyendo amistades, confianza y amor.

La impaciencia nos señala dónde debemos desarrollar paciencia. El antídoto para la impaciencia es el autodominio, que puede implicar darse un "compás de espera". Apenas sentimos surgir la impaciencia podemos detenernos y darnos un tiempo y un espacio para que el corazón se tranquilice. Podemos dar un paso atrás y conscientemente observar qué está ocurriendo dentro de nosotros, diciéndonos a nosotros mismos "Veamos", o, mejor aún, "Relajémonos". Estas actitudes nos dan la oportunidad de estudiar toda la situación, y discernir si llegó el momento de actuar o si es mejor esperar. Si hace falta mejorar algo, la paciencia nos indicará el momento correcto.

Al abarcar la perspectiva más amplia que nos ofrece la paciencia, transformamos la visión pequeña que insiste en salirse con la suya. A medida que nos volvemos receptivos a las oportunidades que el tiempo nos ofrece, aparecen nuevas perspectivas e ideas. Percibimos que hay un tiempo correcto para todo. Descansando en la paciencia, yendo ni tan rápido ni tan despacio, perseverando sin jamás darnos por vencidos, hallamos el ritmo y el tiempo que conducen a la realización.

Cuarto paramita: Esfuerzo

> *La iluminación habita en el esfuerzo:*
> *así como no hay movimiento sin viento,*
> *así también la iluminación no aparece sin esfuerzo.*[103]

El paramita del esfuerzo nos ayuda a dejar atrás la pereza y los malos hábitos, y a alcanzar la orilla de la fortaleza y la capacidad perfectas, donde la lucha ya no es necesaria. Simplemente hacemos lo que hay que hacer. Aparte del lógico cansancio físico, ya no nos sentimos agotados, porque nuestra energía es inagotable. Nos reabastecemos continuamente en el proceso de trabajar y de vivir.

Todos hemos sucumbido a la mente perezosa, que ignora el continuo girar de la rueda de la vida y prefiere olvidar la omnipresente posibilidad de la muerte. La pereza es astuta y usa su propia lógica: "Hay tiempo de sobra; lo puedo hacer mañana y, de todas maneras, nadie se dará cuenta", o bien "Con esto basta", o "Hasta aquí llego".

¿Cuántas veces preferimos escuchar esta vocecita antes que ponerle el hombro al esfuerzo, aun tratándose de lograr algo que realmente vale la pena? Quizás intentemos contrarrestar nuestra mente holgazana esforzándonos un poquito, pero el mínimo esfuerzo no alcanza como antídoto para la pereza. No nos damos cuenta de que, al entregarnos a ella, el tiempo nos pasa de largo y aumenta el sufrimiento, sobre todo la aversión y el resentimiento. Como dijo el Buda, no nos damos cuenta de que nuestro cabello está en llamas.

"Ahora que aparece el bardo del nacimiento, abandonaré la pereza para la que no hay tiempo en la vida".[104] El paramita del esfuerzo implica ser incansables, no darnos por vencidos a pesar de las dificultades que debamos enfrentar. Hay un sentido de urgencia, informado por el saber de que este momento llega una sola vez en la vida y nunca más. En un sentido más amplio, sabemos que la vida es corta y que nos queda poco tiempo. Usamos este conocimiento, no como forma de ejercer presión sobre el cuerpo y la mente, sino como una llave que nos ayuda a encontrar el ritmo natural del esfuerzo.

Para ejercer el esfuerzo de una manera equilibrada y que sea sostenible en el tiempo, necesitamos aprender el truco de movernos un poco más rápido y esforzarnos algo más de lo que estamos acostumbrados. Sólo cinco por ciento más de energía y concentración bastarán para derribar nuestros patrones de resistencia. Como novicios entrenándose en un monasterio japonés, nos moveremos velozmente para dejar atrás los malos hábitos y liberar energía nueva.

El esfuerzo se relaciona con el tiempo. Cuando estamos adelantados o atrasados en el tiempo, todo es muy trabajoso. Cuando estamos a tiempo, moviéndonos al ritmo del tiempo en lugar de resistirnos a él, todo lo que hagamos requerirá cada vez menos esfuerzo. A medida que el paramita del esfuerzo se torna más veloz, se sostiene por sí mismo.

Quinto paramita: Concentración

Así, para despejar los oscurecimientos
retiraré mi mente de los senderos equivocados.
Siempre enfocaré sobre la Verdad
y residiré en la ecuanimidad.[105]

El paramita de la concentración nos ayuda a dejar atrás el desasosiego interior y la dualidad y alcanzar la otra orilla de la perfecta paz interior. Este paramita une elementos que habitualmente están separados: energía e inteligencia, cuerpo y mente, interior y exterior. En su expresión más perfecta, el paramita de la concentración hace detener la rueda de la vida para que no se generen nuevos ciclos de sufrimiento.

Cuanto más profundo es el nivel de concentración, más fácil resulta mantenerla. Las enseñanzas del budismo tibetano ofrecen extensos mapas para desarrollar la concentración, describiendo muchos niveles de absorción, cada uno marcado con hitos y referencias para poder verificar si hubo progresos.

En general, los sistemas de meditación apuntan a establecer tranquilidad interior mediante la concentración. No obstante, en las enseñanzas budistas, la meditación también se practica para lograr mayor claridad. La tranquilidad (en sánscrito: *shamata*, en idioma tibetano: *zhignas*) libera la mente de la inquietud, pero no elimina las raíces de la emocionalidad. Para esto es indispensable el discernimiento (sánscrito: *vipashy-ana*, en tibetano: *lhag-mthong*). Estas dos prácticas, tranquilidad junto con discernimiento, conducen a la perfección de la concentración.

Para aprender a meditar es necesario aprender a superar obstáculos. Todo aquello que obstaculiza la quietud y la ecuanimidad –incluyendo la pereza, el olvido de las instrucciones y el entusiasmo desmedido– surgirá durante la práctica de la meditación. Para evitar distracciones, debemos primero ajustar gentilmente el foco o la atención. Luego, gradualmente podemos relajarnos. Con disciplina y esfuerzo se desarrolla un flujo de concentración y la mente se apacigua. Al comienzo, quizá pensemos que la concentración requiere mucho esfuerzo y genera estrés, pero con la práctica, el paramita de la concentración encuentra su apoyo en la energía de la relajación.

Ejercicio: Pruebe experimentar con dos tipos de prácticas: concentración sobre un objeto y concentración sin objeto.

La concentración en un objeto permite controlar una mente inquieta. Así como un lazo al pescuezo de un potro sirve para empezar a domarlo, también la concentración sobre un objeto frena la energía impaciente. Tradicionalmente, esta práctica comienza con la atención en la respiración. Al focalizar suavemente en la respiración, se pueden observar sus idas y venidas. Cuando la respiración sea corta, simplemente registre que es corta; cuando sea larga o agitada, fíjese en eso nada más, sin emitir juicios ni manipularla. Que la respiración entre cuando entra; déjela salir como salga. Poco a poco, la respiración se tranquilizará. Cuando la respiración es pareja, la cualidad de la mente también se vuelve pareja.

Para concentrarse, también puede elegir un objeto físico que específicamente favorezca la calma y la compostura, como puede ser la llama de una vela o una imagen del Buda. Al focalizar sobre el objeto identifíquese con él, fundiéndose poco a poco con sus cualidades. Finalmente, la dualidad entre el meditador y el objeto de la meditación se disuelve. La serenidad del objeto se funde con su ser, trayendo una calma profunda.

La concentración sin un objeto mejora la presencia mental y nos trae al momento presente. Con el cuerpo relajado y quieto como una montaña, deje que su atención se expanda como en una vasta llanura. Los ojos pueden estar entreabiertos, o bien totalmente abiertos, con lo cual la experiencia será diferente. Al mirar a lo lejos en el espacio, se despliega una apertura panorámica. Nada se le escapa; nada perturba su mirada quieta y abarcadora. Conciencia y espacio se funden en uno y promueven una presencia alerta. Entra en el reino de la experiencia directa.

El sostener cualquiera de estos ejercicios durante cinco minutos sin distraerse constituye un hito. De aquí en adelante, la concentración se profundiza. Se dice que existen nueve niveles de concentración que culminan en *samadhi*, o sea la integración del espacio inconmensurable con la conciencia insondable.

Hay infinitos tipos y niveles de samadhi, pero todos avanzan hacia un estado en el que la comprensión se transforma en sabiduría, y la sabiduría se expresa en acción adecuada, llamada medios hábiles.[106]

Sexto paramita: Sabiduría

> *Todas estas ramas de Enseñanza*
> *enseñó el gran sabio por el bien de la sabiduría.*
> *Por lo tanto, todos aquellos que deseen tener paz y poner fin a la*
> *aflicción deberán generar esta sabiduría.*[107]

El paramita de la sabiduría nos permite dejar atrás el sufrimiento innecesario y alcanzar la otra orilla, donde queda revelada la verdad absoluta. A veces es llamado paramita de la inteligencia, refiriéndose a un saber activo que se presenta espontáneamente, conteniendo todo sin excluir nada. Cuando abrimos completamente nuestra mente y nuestro corazón, esa sabiduría dinámica está naturalmente presente. Aunque siempre se encuentra disponible, no puede ser poseída. Debe ser redescubierta una y otra vez.

Las limitaciones que nos coartan son autoimpuestas. Emociones como la frustración, el temor y la duda son señal de la inteligencia inestable subyacente y nos avisan que no estamos aplicando el conocimiento que tenemos disponible. En general, las emociones y la acción kármica pueden interpretarse como un mal funcionamiento de la sabiduría y la inteligencia. El Buda nos enseña que es posible correr los velos que nos impone esta inteligencia limitada y despertar el saber superior que reside en nuestro interior.

Lo mejor es considerar a los paramitas como verbos activos —dar, autodisciplinarse, aceptar, ejercer, concentrarse y conocer de manera integral— que, en conjunto, conducen a la transformación. A medida que practicamos los paramitas, nuestra actividad se centra en el bienestar de todos los seres sintientes y el ego ya no es más el foco de atención. Se disuelve la dualidad yo—otros, permitiendo que surja la sabiduría.

Cuando practicamos cualquiera de los cinco primeros paramitas, la sabiduría comienza a despertar y a avanzar hacia la sexta perfección, la sabiduría omnisciente. Sólo es posible conectarse con la verdad superior a través de la inteligencia consciente. La sabiduría plenamente despierta es "inimaginable, indescriptible e imposible de captar. No ha nacido y no tiene fin; es como el espacio. Sólo la mente despierta la puede contener".[108]

Verdad relativa y verdad absoluta

Relativa y absoluta
son aceptadas como las Dos Verdades.
La Absoluta no está al alcance del intelecto,
puesto que el intelecto se halla atado a lo relativo.[109]

El budismo enseña que hay dos tipos de verdad, la relativa y la absoluta. Una conciencia plenamente despierta comprende ambas verdades simultáneamente. La verdad relativa, convencional, se caracteriza por la aceptación de presupuestos que no han sido cuestionados o explorados a fondo. Dicha verdad se halla sujeta a condiciones y, por lo tanto, es impermanente por naturaleza.

La ley del karma, el concepto de impermanencia y la creencia en la posibilidad de despertar, todos ellos pertenecen al campo de la verdad relativa. Las Cuatro Nobles Verdades y el Noble Camino Óctuple junto con el concepto de la originación codependiente, también pertenecen a ese reino. Desde la perspectiva de lo absoluto, no existe rueda de la vida, ni sufrimiento ni iluminación. No hay Buda, ni Dharma, ni Sangha. No hay sujeto ni objeto, y el concepto de tomar refugio desaparece.[110] En última instancia, estas nociones son como peldaños de una escalera, que nos ayudan a subir más y más alto hasta alcanzar la verdad absoluta.

Podemos preguntar entonces, ¿no existe nada que sea verdadero en todas las circunstancias? Un maestro budista Mahayana podría responder esta pregunta con una sola palabra en sánscrito: *shunyata* (en tibetano: *stong-pa-nyid*).

Desde la introducción del budismo en Occidente, esta palabra dio muchos dolores de cabeza a los traductores. Shunyata no es una construcción intelectual y no hay palabras para describirla. En español se la puede traducir como "vacío" o "la nada", pero estos términos crean confusión. Por ejemplo, en los textos queda bien claro que shunyata no es vacío; tampoco es la ausencia de algo o de todo. No se puede decir nada acerca de shunyata porque cada palabra que elegimos excluye su opuesto: "vacío" excluye "lleno"; "nada" excluye "algo". También se le ha dado a shunyata el sentido de "la dimensión abierta del ser", pero esto excluye una "dimensión cerrada del ser". Como señala un autor, "en shunyata hay lugar para todas las posibilidades y todo encaja perfectamente".[111]

En el sutra del corazón, una concisa enseñanza del Buda que se recita frecuentemente en los monasterios budistas, hay referencias al shunyata. En varias declaraciones lo describen como inseparable de la apariencia, y comienzan diciendo: "Forma es shunyata y shunyata es forma". Lo absoluto y lo convencional son inseparables. La realidad absoluta sólo existe en la realidad convencional: toda apariencia expresa shunyata. Este discernimiento también se transmite en el mantra sáns-crito en el sutra del corazón: *Gate Gate Paragate Parasamgate Bodhi Svaha*, que invoca la total ausencia de dualidad: "ido, ido, ido completamente, ido completamente más allá, iluminación, así sea".

En la vida cotidiana, se puede interpretar shunyata como la verifi-cación de nuestra intrínseca libertad. La libertad no se logra, se la redes-cubre y recaptura. Nosotros ya somos libres. Pero, ¿qué hay de nuestro karma? Nuestro karma durará en la medida en que creamos en él.

Tathagata – Garbha

Según los textos budistas, todo lo que vemos y experimentamos es como un sueño, un espejismo, un eco, una nube formándose en el cielo, un arco iris, el reflejo de la luna en el agua.[112] Así que no nos aferremos a nuestras experiencias y observaciones: no son más que magia efímera. No nos identifiquemos con nuestros pensamientos: son sólo una ola de energía. Todo es abierto. Somos libres de cambiar. Todas las situaciones son maleables y se pueden mejorar. Es un tema de percepción y de acción.

Nuestra mente empieza a funcionar de manera diferente tan pron-to como el vehículo de los paramitas cobra velocidad. Estuvimos ciegos, pero ahora tenemos los ojos abiertos y poco a poco nos acostumbramos a la luz. Nos conectamos con la naturaleza intrínseca que nos convierte en Budas: *Tathagata-garbha*. Esta expresión sánscrita apunta al potencial de iluminación que existe en todos los seres sintientes. "Tathagata" significa "así como ha llegado, así se ha ido", y se refiere a la naturaleza indes-criptible de un Buda. Literalmente, "garbha" significa "vientre", la po-tencializadora matriz que hace que se manifieste la naturaleza de Buda. Ambas palabras combinadas ("Tathagata-garbha") sugieren un impulso creativo, dinámico, hacia la expresión: Nuestra naturaleza es la natura-leza de Buda.

En definitiva, lo único que tenemos que hacer es explorar en lo más profundo de nuestra interioridad para extraer lo más precioso que hay dentro de nosotros. Logramos eso uniendo nuestra inteligencia con la compasión, corporizando el saber que fluye de un corazón fuerte y cálido. Quizá no estemos exentos de sufrir, pero el peso del sufrimiento ya no es tan abrumador porque estamos dedicados a la verdad, al bienestar de los demás y a lo que más importa en la vida. De esa manera, podemos servir mejor a los otros.

El último de los veinticinco tañidos de la campana del templo reverbera y se disipa en la oscuridad del espacio: la ceremonia terminó. Suelto el badajo y me doy vuelta para descender la escalera. Que mi madre descanse en paz. Que mi camino continuo de transformación interior sirva de ayuda a aquellos que quieran transitar por la misma senda. Que el beneficio del trabajo invertido en este libro sirva para ayudar a los enfermos y orientar a sus cuidadores.

Que nuestro trabajo y presencia, cuidados y dedicación, conocimiento y compasión, florezcan y beneficien a todos los seres sintientes. Este es el camino de los héroes.

Al comienzo nada viene.
En el medio nada permanece.
Al final nada se va.
—Milarepa

Four days only, October 2–5, 2008

save
$10†

 star **REWARDS**

Save $10 on a single regular, sale or clearance-priced purchase of $30 or more made with your Macy's Platinum Star Rewards Card
†Exclusions apply. See back for details.

the magic of
★macy's
macys.com

Four days only, October 2–5, 2008

save
$15†

 star **REWARDS**

Save $15 on a single regular, sale or clearance-priced purchase of $50 or more made with your Macy's Platinum Star Rewards Card.
†Exclusions apply. See back for details.

the magic of
★macy's
macys.com

Four days only, October 2–5, 2008

save
$25†

 star **REWARDS**

Save $25 on a single regular, sale or clearance-priced purchase of $100 or more made with your Macy's Platinum Star Rewards Card.
†Exclusions apply. See back for details.

the magic of
★macy's
macys.com

Save $10 on a $30 or more purchase[†]
when you use this Savings Certificate with your
Platinum Star Rewards Card between October 2–5, 2008.

†This $10 Savings Certificate may be used for a $30 or more Macy's Card purchase of regular, sale or clearance merchandise. EXCLUDES: cosmetics and fragrances, fine and fashion watches, Lacoste, Impulse, bridge sportswear, Wacoal, Coach, Dooney & Bourke handbags, designer and bridge handbags and shoes for her, designer comfort shoes for her, selected men's designers, Baccarat, Lalique, Waterford china, crystal and silver, Holiday Lane Dept. cards/trim/wrap, sterling flatware, William Yeoward, All-Clad®, Henckels, Wüstof, Tumi, all electrics and electronics, furniture, mattresses and area rugs. ALSO EXCLUDES REGULAR-PRICED: selected women's designers. Not valid on Everyday Values, fine jewelry Super Buys, Macy's Gift Cards and Gift Certificates, Specials, special orders, previous purchases, restaurants, or nonmerchandise-related services; on purchases from FAO Schwarz, macys.com, macysweddingchannel.com, Gift Registry kiosks, maternity, fine jewelry trunk shows, fine jewelry bridal collections and clearance in ID, OR, UT and WA, eSpot, gift wrap or licensed departments; or as payment on credit accounts. Discount will be deducted from the current price (regular, sale or clearance, as applicable). Returns will be credited as purchase price less the discount, and you will forfeit the discount. Offer valid on a single Macy's Card purchase only. Not transferable. Savings Certificate must be surrendered at time of purchase. No cash value. **Cannot be combined with other coupons/Savings Passes. Valid on transactions made Thursday, October 2–Sunday, October 5, 2008.**

Ringing instruction: 1. Scan all merchandise.
2. Scan barcode last. 3. Tender with Macy's Card.
4. Line through barcode; turn in at closing.

00027904007630030814

- -

Save $15 on a $50 or more purchase[†]
when you use this Savings Certificate with your
Platinum Star Rewards Card between October 2–5, 2008.

†This $15 Savings Certificate may be used for a $50 or more Macy's Card purchase of regular, sale or clearance merchandise. EXCLUDES: cosmetics and fragrances, fine and fashion watches, Lacoste, Impulse, bridge sportswear, Wacoal, Coach, Dooney & Bourke handbags, designer and bridge handbags and shoes for her, designer comfort shoes for her, selected men's designers, Baccarat, Lalique, Waterford china, crystal and silver, Holiday Lane Dept. cards/trim/wrap, sterling flatware, William Yeoward, All-Clad®, Henckels, Wüstof, Tumi, all electrics and electronics, furniture, mattresses and area rugs. ALSO EXCLUDES REGULAR-PRICED: selected women's designers. Not valid on Everyday Values, fine jewelry Super Buys, Macy's Gift Cards and Gift Certificates, Specials, special orders, previous purchases, restaurants, or nonmerchandise-related services; on purchases from FAO Schwarz, macys.com, macysweddingchannel.com, Gift Registry kiosks, maternity, fine jewelry trunk shows, fine jewelry bridal collections and clearance in ID, OR, UT and WA, eSpot, gift wrap or licensed departments; or as payment on credit accounts. Discount will be deducted from the current price (regular, sale or clearance, as applicable). Returns will be credited as purchase price less the discount, and you will forfeit the discount. Offer valid on a single Macy's Card purchase only. Not transferable. Savings Certificate must be surrendered at time of purchase. No cash value. **Cannot be combined with other coupons/Savings Passes. Valid on transactions made Thursday, October 2–Sunday, October 5, 2008.**

Ringing instruction: 1. Scan all merchandise.
2. Scan barcode last. 3. Tender with Macy's Card.
4. Line through barcode; turn in at closing.

00027904007630061818

- -

Save $25 on a $100 or more purchase[†]
when you use this Savings Certificate with your
Platinum Star Rewards Card between October 2–5, 2008.

†This $25 Savings Certificate may be used for a $100 or more Macy's Card purchase of regular, sale or clearance merchandise. EXCLUDES: cosmetics and fragrances, fine and fashion watches, Lacoste, Impulse, bridge sportswear, Wacoal, Coach, Dooney & Bourke handbags, designer and bridge handbags and shoes for her, designer comfort shoes for her, selected men's designers, Baccarat, Lalique, Waterford china, crystal and silver, Holiday Lane Dept. cards/trim/wrap, sterling flatware, William Yeoward, All-Clad®, Henckels, Wüstof, Tumi, all electrics and electronics, furniture, mattresses and area rugs. ALSO EXCLUDES REGULAR-PRICED: selected women's designers. Not valid on Everyday Values, fine jewelry Super Buys, Macy's Gift Cards and Gift Certificates, Specials, special orders, previous purchases, restaurants, or nonmerchandise-related services; on purchases from FAO Schwarz, macys.com, macysweddingchannel.com, Gift Registry kiosks, maternity, fine jewelry trunk shows, fine jewelry bridal collections and clearance in ID, OR, UT and WA, eSpot, gift wrap or licensed departments; or as payment on credit accounts. Discount will be deducted from the current price (regular, sale or clearance, as applicable). Returns will be credited as purchase price less the discount, and you will forfeit the discount. Offer valid on a single Macy's Card purchase only. Not transferable. Savings Certificate must be surrendered at time of purchase. No cash value. **Cannot be combined with other coupons/Savings Passes. Valid on transactions made Thursday, October 2–Sunday, October 5, 2008.**

Ringing instruction: 1. Scan all merchandise.
2. Scan barcode last. 3. Tender with Macy's Card.
4. Line through barcode; turn in at closing.

00027904007630122816

Notas

1 Tarthang Tulku, *Mind over Matter: Reflections on Buddhism in the West* (Berkeley, CA: Dharma Publishing, 2002), 3.

2 Tarthang Tulku, *Openness Mind* (Berkeley, CA: Dharma Publishing, 1978), 8.

3 Longchempa, *Kindly Bent to Ease Us, Part One: Mind*, trad. Herbert V. Guenther (Berkeley, CA: Dharma Publishing, 1975), 6.

4 También consultar Longchempa, *Kindly Bent to Ease Us, Part One: Mind*, Herbert V. Guenther (Berkeley, CA: Dharma Publishing, 1975); Zhechen Gyaltsab, *Path of Heroes*, trad. Deborah Black (Berkeley, CA: Dharma Publishing, 1995); Paltrul Rinpoche, *Kun-zang La-may Zhallung*, trad. Sonam T. Kazi (Upper Montclair, NJ: Diamond Lotus Publishing, 1989).

5 Véase también Dalai Lama & Daniel Goleman, *Destructive Emotions* (New York: Bantam Books, 2003), 3-27.

6 *Dhammapada*, trad. por el personal de Dharma Publishing (Berkeley, CA: Dharma Publishing, 1985), 3.

7 Ye-shes rGyal-mtshan, *Mind in Buddhist Psychology*, trad. Herbert V. Guenther y Leslie Kawamura (Berkeley, CA: Dharma Publishing, 1975).

8 Majid Fotuhi, *The Memory Cure* (New York: McGraw Hill, 2003), 15.

9 Ye-shes rGyal-mtshan, *Mind in Buddhist Psychology*, trad. Herbert V. Guenther y Leslie Kawamura (Berkeley, CA: Dharma Publishing, 1975), 38-39.

10 Ye-shes rGyal-mtshan, *Mind in Buddhist Psychology*, trad. Herbert V. Guenther y Leslie Kawamura (Berkeley, CA: Dharma Publishing, 1975), 38.

11 Véase también Paltrul Rinpoche, *Kun-zang La-may Zhal-lung* (Upper Montclair, NJ: Diamond Lotus Publishing, 1989), 16.

12 *Ways of Enlightenment* (Berkeley, CA: Dharma Publishing, 1993), xx.

13 Richard C. Saltus, *"Evaluating Your Brain's CEO,"* International Herald Tribune (agosto 28, 2003), 7.

14 Majid Fotuhi, *The Memory Cure* (New York: McGraw Hill, 2003), 4.

15 *Ways of Enlightenment* (Berkeley, CA: Dharma Publishing, 1993), 176-90.

16 *Footsteps on the Diamond Path, Crystal Mirror Series I-III, revised and expanded* (Berkeley, CA: Dharma Publishing, 1992), 202-5.

17 *Rose Center for Earth and Space,* American Museum of Natural History.

18 Eclesiastés 3,19.

19 Majid Fotuhi, *The Memory Cure* (New York: McGraw Hill, 2003), 27.

20 *Lalitavistara Sutra, The Voice of the Buddha,* vol. I, trad. Gwendolyn Bays (Berkeley, CA: Dharma Publishing, 1983), 61.

21 Tarthang Tulku, *Time, Space and Knowledge: A New Vision of Reality* (Berkeley, CA: Dharma Publishing, 1977), 177.

22 Rita Levi Montalcini, *Ouderdom bestaat niet* (Amsterdam: Contact, 1999), 12, 52.

23 Majid Fotuhi, *The Memory Cure* (New York: McGraw Hill, 2003), 177.

24 Rita Levi Montalcini, *Ouderdom bestaat niet* (Amsterdam: Contact, 1999), 109.

25 Longchempa, *Kindly Bent to Ease Us, Part One: Mind,* trad. Herbert V. Guenther (Berkeley, CA: Dharma Publishing, 1975), 258.

26 Ibíd., 274.

27 Tarthang Tulku, *Openness Mind* (Berkeley, CA: Dharma Publishing, 1978), 141-45.

28 Ye-shes rGyal-mtshan, *Mind in Buddhist Psychology,* trad. Herbert V. Guenther y Leslie S. Kawamura (Berkeley, CA: Dharma Publishing, 1975) 38-39.

29 Sangs-rgyas chos-dang tshogs-kyi mchog-rnams-la
    (Sangyay cho dang tsok kyi chok nam la)
    Byang-chub bar-du bdag-ni skyabs-su-mchi
    Dag-gi sbyin-sogs bgyis-pa'i bsod-nams kyis
    (dak ki chin sok gyi pay so nam kyi)
    'gro-la phan-phyr sangs-rgyas 'grub-par-shog
    (dro la pen shir sangyay drup par shok)

30 *Sacred Art of Tibet* (Berkeley, CA: Dharma Publishing, 1972), 6.

31 *Lalitavistara Sutra, The Voice of the Buddha*, vol. II, trad. Gwendolyn Bays (Berkeley, CA: Dharma Publishing, 1983), 487.

32 *Ibíd.*, 628-32.

33 Thich Nhat Hanh, *The Heart of the Buddha* (New York: Broadway Books, 1999), 173.

34 Tarthang Tulku, *Knowledge of Freedom* (Berkeley, CA: Dharma Publishing, 1984), 159.

35 Tarthang Tulku, *Kum Nye Relaxation*, Parte 1 (Berkeley, CA: Dharma Publishing, 1978), 282.

36 *Ibíd.*, 202.

37 Majid Fotuhi, *The Memory Cure* (New York: McGraw Hill, 2003), 62-64.

38 Tarthang Tulku, *Kum Nye Relaxation*, Parte 1 (Berkeley, CA: Dharma Publishing, 1978), 1-15.

39 Tarthang Tulku, *Kum Nye Relaxation*, Partes 1 y 2 (Berkeley, CA: Dharma Publishing, 1978) y *Tibetan Relaxation* (Berkeley, CA: Dharma Publishing, 2003).

40 Tarthang Tulku, *Kum Nye Relaxation*, Parte 1 (Berkeley, CA: Dharma Publishing, 1978), 8.

41 *Ibíd.*, 14.

42 Abhayadatta, *Buddha's Lions*, trad. James B. Robinson (Berkeley, CA: Dharma Publishing, 1979).

43 *Crystal Mirror*, vol. VI (Berkeley, CA: Dharma Publishing, 1984); véase también Thich Nhat Hanh, *The Heart of the Buda* (New York: Broadway Books, 1999).

44 *Lalitavistara Sutra, The Voice of the Buddha*, vol. II, trad. Gwendolyn Bays (Berkeley, CA: Dharma Publishing, 1983), 518.

45 Eclesiastés 5,1.

46 Tarthang Tulku, *Skillful Means* (Berkeley, CA: Dharma Publishing, 1991), y *Mastering Successful Work* (Berkeley, CA: Dharma Publishing, 1994); *Ways of Work* (Berkeley, CA: Dharma Publishing, 1987); Arnaud Maitland, *Master Work: Mastering Time* (Berkeley, CA: Dharma Publishing, 2000).

47 Longchenpa, *Kindly Bent to Ease Us, Part One: Mind*, trad. Herbert V. Guenther (Berkeley, CA: Dharma Publishing, 1975), 268, n.13.

48 Majid Fotuhi, *The Memory Cure* (New York: McGraw Hill, 2003), ix.

49 *NRC-Handelsblad* (diciembre 30, 2002), 43.

50 Thich Nhat Hanh, *The Heart of the Buddha* (New York: Broadway Books, 1999), 87.

51 H. Buijssen, *De heldere eenvoud van dementia* (De Stiel 2002), 149.

52 *Ibíd.*, 143.

53 Dalai Lama XIV y H. Cutler, *The Art of Happiness* (Londres: Coronet, 1998), 134.

54 Zhechen Gyaltsab, *Path of Heroes*, trad. Deborah Black (Berkeley, CA: Dharma Publishing, 1995), 424.

55 Pythagoras, *Golden Verses*.

56 Dalai Lama XIV y H. Cutler, *The Art of Happiness* (Londres: Coronet, 1998), 6.

57 Thich Nhat Hanh, *The Heart of the Buddha* (New York: Broadway Books, 1999).

58 Longchenpa, *Kindly Bent to Ease Us, Part One: Mind*, trad. Herbert V. Guenther (Berkeley, CA: Dharma Publishing, 1975), 113-122; véase

también Tarthang Tulku, *Gesture of Balance* (Berkeley, CA: Dharma Publishing, 1977), 37-44.

59 Longchenpa, *Kindly Bent to Ease Us, Part One: Mind*, trad. Herbert V. Guenther (Berkeley, CA: Dharma Publishing, 1975), 117.

60 *Newsweek* (junio 24, 2002); informe especial sobre el cerebro en NRC *Thema Dementie* noviembre 2, 2002; Majid Fotuhi, *The Memory Cure* (New York: McGraw Hill, 2003), 49.

61 Majid Fotuhi, *The Memory Cure* (New York: McGraw Hill, 2003), 130-33.

62 *San Francisco Chronicle*, Sección E (junio 2, 2002; *Newsweek*; julio 14, 2003).

63 *Newsweek* (diciembre 30, 2002), 51.

64 Ibíd., 56-57.

65 Véanse también B. Alan Wallace, *The Tour Inmensurables, Cultivating a Boundless Heart*, Ithaca (New York: Show Lion 1999) y Longchenpa, *Kindly Bent to Ease Us, Part One: Mind*, trad. Herbert V. Guenther (Berkeley, CA: Dharma Publishing, 1975), 13-122.

66 Neocortex prefrontal.

67 *Time Magazine* (febrero 17, 2003), 54.

68 Longchenpa, *Kindly Bent to Ease Us, Part One: Mind*, trad. Herbert V. Guenther (Berkeley, CA: Dharma Publishing, 1975), 113.

69 Tarthang Tulku, Mastering Successful Work (Berkeley, CA: Dharma Publishing, 1994), 65-93.

70 Arnaud Maitland, MasterWork: Mastering Time (Berkeley, CA: Dharma Publishing, 2000), 109.

71 Thich Nhat Hanh, *The Heart of the Buddha* (New York: Broadway Books, 1999), 170.

72 Ken Wilber, *A Brief History of Everything* (Boston: Shambhala, 2000) y *A Theory of Everything* (Boston: Shambhala, 2001).

73 Longchenpa, *Kindly Bent to Ease Us, Part One: Mind*, trad. Herbert V. Guenther (Berkeley, CA: Dharma Publishing, 1975), 56-59.

74 *Natural Liberation, Padmasambhava's Teachings on the Six Bardos* (Boston: Wisdom Publications 1998), comentado por Gyatrul Rinpoche, traducido por B. Allan Wallace.

75 Padmasambhava, *Tibetan Book of the Dead: The Great Liberation through hearing in the Bardo*, traducido por Francesca Fremantle y comentado por Chogyam Trungpa (Boston: Shambhala, 1975).

76 Tarthang Tulku, *Hidden Mind of Freedom* (Berkeley, CA: Dharma Publishing, 1981), 39.

77 Ibíd., 39-42.

78 Ibíd., 40-41.

79 Mateo 7,2.

80 Longchenpa, *Thirty Pieces of Advice from the Heart* (Tiwari's Pilgrims bookhouse), 7.

81 Zhechen Gyaltsab, *Path of Heroes*, trad. Deborah Black (Berkeley, CA: Dharma Publishing, 1995), 486.

82 B. Alan Wallace, *Buddhism with an Attitude* (Ithaca, New York: Snow Lion 2001), 242-3.

83 *Footsteps on the Diamond Path*, series Crystal Mirror series I-III revisadas y ampliadas (Berkeley, CA: Dharma Publishing, 1992), 226.

84 *Ways of Enlightenment* (Berkeley, CA: Dharma Publishing, 1993), 1-29.

85 Padmasambhava, *Tibetan Book of the Dead: The Great Liberation through hearing in the Bardo*, traducido por Francesca Fremantle y comentado por Chogyam Trungpa (Boston: Shambhala, 1975), 1-29.

86 William Shakespeare, *Hamlet*, acto 2, escena 2.

87 Sánscrito, *Pratityasamutpada*, en idioma tibetano rTen- 'brel.

88 *Ways of Enlightenment* (Berkeley, CA: Dharma Publishing, 1993), 176-190.

89 *Footsteps on the Diamond Path*, series Crystal Mirror series I-III revisadas y ampliadas (Berkeley, CA: Dharma Publishing, 1992), 226.

90 Aryadeva, citado en Dalai Lama XIV, *A Flash of Lightning in the Dark of Night* (Boston: Shambhala, 1994), 20.

91 Después de una de las piezas musicales preferidas de mi madre: La Novena sinfonía coral de Beethoven.

92 Ajahn Chah.

93 Dudjom Rinpoche, *Counsels from the Heart* (Boston: Shambhala, 2001), 68.

94 Ibíd., 64-73; *Tibetan Book of the Dead: The Great Liberation through Hearing in the Bardo*, Padmasambhava, trad. por Francesca Freemantle y comentado por Chogyam Trungpa (Boston: Shambhala, 1975).

95 Zhechen Gyaltsab, *Path of Heroes*, trad. por Deborah Black (Berkeley, CA: Dharma Publishing, 1995), 348.

96 Rigdzin Jigme Lingpa, "Entering into the Path of Enlightenment: Taking Daily Activities as the Path, According to the Unified Approach of Sutra and Tantra", en *Enlightened Living*, trad. Tulku Thondup (Boston Shambhala, 1997), 130.

97 *Bhadrakalpika Sutra: The Fortunate Aeon* (Berkeley, CA: Dharma Publishing, 1986), 15.

98 Longchenpa, *Kindly Bent to Ease Us, Part One: Mind*, trad. Herbert V. Guenther (Berkeley, CA: Dharma Publishing, 1975), 67-68.

99 Crystal Mirror VII (Berkeley, CA: Dharma Publishing, 1984), 13-14.

100 Shantideva, *Bodhicaryavatara* 5:6, trad. por Deborah Black del equipo de traducción Yeshe De Project.

101 Shantideva, *Bodhicaryavatara* 6:10, trad. por Deborah Black del equipo de traducción Yeshe De Project.

102 Thich Nhat Hanh, *The Heart of the Buda* (New York: Broadway Books 1999), 198.

103 Shantideva, *Bodhicaryavatara* 7:1, trad. por Deborah Black del equipo de traducción Yeshe De Project.

104 Padmasambhava, *Tibetan Book of the Dead: The Great Liberation through Hearing in the Bardo*, trad. por Francesca Fremantle y comentado por Chogyam Trungpa (Boston: Shambhala 1975), 98.

105 Shantideva, *Bodhicaryavatara* 8:187, trad. Por Deborah Black del equipo de traducción Yeshe De Project.

106 Lama Mipham, *Calm and Clear* (Berkeley, CA: Dharma Publishing, 1973) 82-84.

107 Shantideva, *Bodhicaryavatara* 9:1, trad. por Deborah Black del equipo de traducción Yeshe De Project.

108 Dalai Lama, *A Flash of Ligtening in the Dark of the Night* (Boston, Shambala 1994), 118.

109 Shantideva, *Bodhicaryavatara* 9:2, trad. por Deborah Black del equipo de traducción Yeshe De Project.

110 Véase también Tarthang Tulku, *Openness Mind* (Berkeley, CA: Dharma Publishing, 1990), 144.

111 Tarthang Tulku, *Hidden Mind of Freedom* (Berkeley, CA: Dharma Publishing, 1981), 92-93.

112 Longchenpa, *Kindly Bent to Ease Us, Part Two: Meditation*, trad. por Herbert V. Guentler (Berkeley, CA: Dharma Publishing, 1976).